【現代語訳】

関八州古戦録 上

久保田順一 訳

戎光祥出版

序にかえて

戦国時代は、日本史全体の中でも最も国民の関心を呼んでいる時代の一つである。大河ドラマのテーマにも、この時代の出来事や人物が選ばれることが多い。戦後、日本人は戦争を否定したはずであるが、歴史を省みるとき、戦争の時代に魅せられるのはなぜであろうか。戦いそのものは残虐で非道なものであることは論を待たないが、その極限的な状況の中には日常にはない何か知れない魅力があるのであろう。

また、戦いの時代には個性的な英雄が必ず現れる。例えば、戦国時代に活躍した信長《のぶなが》・秀吉《ひでよし》・家康《いえやす》はそれぞれタイプの異なった指導者であるが、その生き方は個性的でドラマチックであり、競争社会に生きる我々にも教訓に満ちている。さらに、戦いは一方の成功とともに、個人の力ではどうにもならない悲劇をもたらす。日本人は悲劇を好み、滅びるものに美を見い出し、これをテーマにした文学作品も多い。源平合戦を扱った『平家物語《へいけものがたり》』、南北朝の動乱を描いた『太平記《たいへいき》』などが有名である。これらはかつて、琵琶法師《びわほうし》の語りや太平記読みの講談によって、巷間に流布し国民の共感を得てきた。しかし、戦国の争乱を描いた英雄物語はこれらに匹敵するほど成功したものはなかった。

本書は、槇島昭武《まきしまあきたけ》の著書『関東古戦録《かんとうこせんろく》』の巻十までを現代文に改めたものであり、巻十一以降は下巻として刊行する。『関八州《かんはっしゅう》古戦録《こせんろく》』とも呼ばれており、一般的にはこの名で通っている。槙島は自序にあたる「標題」で自ら『関東古戦録』と記しているので、二〇〇二年に刊行した元版では書名を『関東古戦録』としたが、今回は『現代語訳 関八州古戦録』とした。なお、翻案にあたってはできるだけ忠実にその内容を再現することとしたが、表現については現代人に理解しやすいように改めた。誇大な表現や瑣末な点については妥当な表現に変え、除した部分もある。ただし、全体的にはその内容に変更点はない。また、明らかな誤りについては訂正したが、地名・人名などについては特に改めていない。

原本は『史籍集覧《しせきしゅうらん》』に拠った。『史籍集覧』は旧岡崎《おかざき》藩儒者近藤瓶城《こんどうへいじょう》が明治十四年（一八八一）から刊行したもので、本書は翌年十二月に『関八州古戦録』として発刊されている。なお、明治三十三年からは子の圭造《けいぞう》とともに新たな収録書物も加えて『改定史籍集覧』を再版したが、ここにも再録されている。著者の槙島昭武は駒谷散人《こまやさんじん》と号し、近江膳所《ぜぜ》藩本多《ほんだ》家の浪人であるという。生没年等については不詳である。元禄十年（一六九七）に『北越軍談《ほくえつぐんだん》』を著して以後、執筆活動を開始し、「標題」によると本書は享保丙午《ひのえうま》（享保十一年、一七二六）春に発刊された。この時期は彼が執筆活動を始めて三十年余となり、槙島としては円熟を加えた頃と考えられる。「標題」で槙島は個々の事実を重視し、歴史の中の善と悪を示し、人々にその手本（殷鑑《いんかん》）を示すと記している。『太平記』を見本としていることは明らかである。

近世初頭以後に書かれた軍記《ぐんき》類などを数多く博捜したようで、人名についてもそれらしい人物を数多くあげており、かなり細かな地域的な合戦まで掘り起こしているのは驚くべきことである。ただし、全体的には儒教的な歴史観によって個々の史実を解釈しようとする傾向が強く、戦闘場面や君臣のやり取りなどでは文学的な表現に溢れ、登場人物に自らの倫理観を述べさせているのはやむをえないことであろう。

本書では、河越合戦《かわごえ》(河越の夜戦)から書き起こしている。槇島は天文から天正までの関東の合戦を描くことを目標に設定しているが、この時期は応仁《おうにん》の乱《らん》、関東では享徳《きょうとく》の乱《らん》から始まった内乱がいよいよ激しく拡大していた時期で、本来の戦国時代の幕開けとも考えられる。また、河越合戦は、古河公方足利晴氏《こがくぼうあしかがはるうじ》・関東管領山内上杉憲政《かんとうかんれいやまのうちうえすぎのりまさ》が総力をあげて、新興の北条《ほうじょう》氏に挑んだもので、旧勢力と新勢力の交代の時期であろう。これに勝利した北条氏が戦国の雄に成長し、そのことによって越後の長尾景虎《ながおかげとら》・甲斐の武田信玄《たけだしんげん》の関東侵攻を誘うことになり、この構成は戦国時代後半の出発点にふさわしいものといえる。次に、大きな戦いとして描かれているのは永禄七年(一五六四)の国府台《こうのだい》合戦であろう。これによって北条氏の関東における覇権が確立することになった。槇島のこの着眼点はすぐれたものがある。

しかし、本書には江戸時代という時代的制約があり、個々の事実の中には多くの誤りや虚構がある。史料も十分に揃っておらず、史料批判が厳密ではない時代にはある程度は止むえないことであろう。例えば近年、山内上杉憲政の越後入国は永禄元年であることが明らかにされ、長尾景虎の越山《えつざん》は永禄三年が最初で、それ以前はまったく想定されない。小田原《おだわら》（神奈川県小田原市）を直接攻めたのも、翌永禄四年が最初でこれが最後となった。武田信玄の関東進出の最初は永禄四年のことである。武田家が箕輪《みのわ》城（群馬県高崎市）の長野《ながの》氏を滅ぼして、利根川《とねがわ》以西の西上州を完全に制圧したのは永禄六年ではなく、同九年のことであった。また、上杉謙信《うえすぎけんしん》が上野仁田山《にたやま》城（同桐生市）を攻めて楯籠もった男女をことごとく撫で切りにしたのは、本書では弘治元年（一五五五）のこととしているが、史料によれば天正二年（一五七四）の出来事であった。

本書巻十では、高津戸要害山《たかつどようがいやま》城（群馬県みどり市）に楯籠もった里見随見《さとみずいけん》兄弟の悲劇を載せる。兄弟の父里見実堯《さねたか》は安房を逃れて上野に下り、桐生《きりゅう》氏に仕えたが佞臣《ねいしん》の讒言《ざんげん》によって殺される。兄弟はその仇を討つため越後から戻り、黒川谷《くろかわだに》の松島《まつしま》・阿久沢《あくざわ》氏の援助で高津戸に城を構えて仇の石原《いしはら》某を狙ったが、逆に由良《ゆら》氏の手勢に攻め込まれて討ち死にした。このことに関しては同時代の史料にはまったく見えない。これは、軍記物の中で作られた挿話であろう。このように誤った記述を信用してそのまま用い、話を劇的にするため虚構を交えている部分も少なくない。

本書が成って三〇〇年ほどが経過し、戦国時代研究も大きく進歩し、本書とは異なった歴史像が書けるであろう。現在は北条氏・武田氏・上杉氏など戦国大名ごとに研究が蓄積され、研究書が出されている。また、独自に研究をめざしている向きには史料集も刊行され、今まで一部の研究者しか見られなかったものも一般の目にふれることが容易にできるようになった。本書に関わるものでは北条氏の『戰國遺文』後北条氏編や上杉氏関係の『歴代古案《れきだいこあん》』などであり、さらに各県ごとの県史や市町村史も刊行され、資料の編纂と通史の記述が行われている。しかし、関東という大きな地域を対象にして大小の合戦まで網羅することはなかなか困難である。本書は制約もあるが、関東の戦国史の醍醐味をそれなりに味あわせてくれるものである。

目次

巻一

巻十

関東古戦録標題

夫《そ》れ載籍《さいせき》を貫く所者《は》、藏否理乱《ぞうひりらん》あれども書に掲《かか》げて匿《かく》さず。其の事の階《きざはし》、福禍の機《からくり》、昭晰《しょうせき》観《み》る可き也。故に古《いにしへ》の明主、今を以て古を視、古を以て今を視、興廃の萌《きざ》す所を察し、未然を禁じて之が誡《いまし》めと為《な》す。長久にして敗れ不《ざ》れば、諸《こ》れを史籍に採《と》る。世に関《かん》の侍の伝有り。関以東八州の治乱を蒐輯《しゅうしゅう》し、侯伯知県の栄悴《えいすい》を合記す。然れども異同粉拏《ふんだ》し、亦《ま》た粗励《それい》精《くわ》しからず。是れ由《よ》り諸家の蔵書を捜猟《そうりょう》し、参考に補綴《ほてい》し、将《まさ》に実録を備えんとす。蓋《けだ》し記載する編次《へんじ》者《は》、天文に起こり天正に終わる。名づけて関東古戦録と曰《い》ふ。是れ併し、徳を勧め乱を撥《おさ》め、善を彰《あき》らかにし悪を癉《いか》るの微意なり。竊《ひそか》に以て殷鑑《いんかん》に擬するところ有らんと欲す。云爾《しかいう》。

享保丙午《ひのえうま》季《き》春《しゅん》昨旦《さくたん》　賤夫某謹しんで題す

駒谷発人槙郁揖《あつ》める

凡　例

一、本書は槙島昭武が享保十一年（一七二六）に著した『関東古戦録』が原著である。

一、本書は明治十五年（一八八二）、近藤瓶城が『史籍集覧』に納めた『関八州古戦録』（改題）を原本としたものである。

一、翻案にあたっては、原則として原本にできるだけ忠実に再現した。記述の展開には手を加えていないが、説明が重複・冗長な部分は表現を工夫して簡潔にした。

一、地名・人名等、誤植や明白な誤りは必要に応じて訂正した。

一、解説と人物註釈は、現代の視点で判明している事象に基づき訳者によって加えたものである。

一、各章に添えたリード文は編集上の目的で付け加えてある。

一、年表は本書の内容に照らして選んである。

一、本文のうち、原著者の注釈は〔　〕、西暦や現行自治体名等は（　）で表示した。

一、人名や歴史用語には適宜ルビを振った。読み方については、各種辞典類を参照したが、歴史上の用語、とりわけ人名の読み方は定まっていない場合も多く、ルビで示した読み方が確定的なものというわけではない。

一、本書は上・下二巻に分け、上巻は巻一から巻十まで、下巻は巻十一から巻二十までとした。

西暦（和暦）	「関八州古戦録」のできごと	日本のうごき
◆応仁の乱の勃発と終結		
一四六七（応仁元）	1月、畠山義就、政長を京都上御霊社に破る。5月、山名持豊・畠山義就・斯波義廉ら（西軍）挙兵し、細川勝元ら（東軍）もこれに応戦する。以後京都各地は戦場となり、寺社・家々多く焼かれる（応仁の乱）。7月、大内政弘・河野通春らは、持豊に応じて上洛す。	3月、木津の土一揆が徳政を要求して奈良に侵入する。9月、一休宗純、酬恩庵に入る。この年、桂庵玄樹・雪舟等楊ら、遣明使らとともに入明。
一四七一（文明3）	3月、足利成氏、伊豆三島に足利政知と戦う。6月、長尾景信、成氏を古河に破る。	7月、蓮如、越前吉崎に坊舎を建てる。この年、大旱魃、麻疹が大流行。
一四七二（文明4）	2月、足利成氏・結城氏広らの軍勢が古河城を奪還する。5月、横瀬国繁、鑁阿寺に制札を出す（鑁阿寺文書）。	9月、近江坂本の馬借、日吉十禅師社を焼く。12月、細川勝元、医書「霊蘭集」を編み、横川景三が序を書く。
一四七三（文明5）	11月、上杉政真、成氏と武蔵五十子で戦い敗れる。	
一四七五（文明7）	6月、関東管領上杉顕定の家宰長尾景春がそむき、鉢形城に拠る（長尾景春の乱）。	8月、加賀の一向一揆のため蓮如吉崎を去る。
一四七七（文明9）	1月、長尾景春、上杉顕定・定正らを武蔵五十子に襲い、顕定らは上野に逃れる。4月、太田道灌、豊島泰明の平塚城を攻撃する。	11月、応仁の乱、一応終わる。

一四七九（文明11）	1月、太田道灌、下総臼井城を落とす。	4月、蓮如、山科に本願寺を建立。
一四八三（文明15）	この年、多賀谷家植が足利成氏の命令をうけ、常陸・下総の諸城を攻略する。	6月、義政、銀閣寺に移る。
一四九四（明応3）	9月、足利義材、越中で挙兵。相模の三浦義同、義父時高を殺す。10月、上杉定正、上杉顕定と武蔵高見原に対陣す。定正没す。	12月、足利義澄、11代将軍に任命される。

◆北条早雲（伊勢宗瑞）の台頭

一四九五（明応4）	9月、北条早雲、小田原城を襲い、城主大森藤頼を追う。	8月、地震で津波発生、鎌倉の大仏殿倒壊。10月、京都で土一揆が蜂起。
一四九七（明応6）	3月、古河公方足利政氏、赤堀彦九郎の参陣を賀し、父上野介の出頭を促す（赤堀文書）。	この年、陸奥は大飢饉、甲斐は豊作となる。
一五〇四（永正元）	9月、上杉朝良、関東管領上杉顕定と武蔵立河原で戦う。	9月、京都で土一揆、幕府徳政実施。この年東国で飢饉、死者多数。
一五〇八（永正5）	10月、今川氏親、北条早雲に三河の諸城を攻めさせる。	2月、石清水八幡宮焼く。3月、東大寺焼く。8月、幕府、撰銭令を出す。
一五一二（永正9）	6月、足利政氏、古河から逃れて下野の小山政長を頼る。8月、幕府、撰銭令を出す。8月、北条早雲、三浦義同を岡崎城に攻め破る。12月、北条高広生まれる（専称寺過去帳）。	この年、関東飢饉。4月、幕府、諸社祭礼など神事に関する訴訟の日限を定める。9月、朝鮮、日本との間に壬申約条を締結。

一五一六（永正13）	7月、北条早雲、三浦義同・義意父子の新井城を攻略し、義同父子は敗死する。	4月、琉球の使船、薩摩に来る。
一五一九（永正16）	12月、武田信虎、甲府に躑躅ヶ崎館を新築して移る。	
一五二四（大永4）	1月、大内義興、その子義隆とともに周防に陣取り、安芸に尼子経久の軍と戦う。1月、江戸城主上杉朝興が、北条氏綱と高縄原に戦って敗れ、河越城へ逃れる。	この年、「真如堂縁起絵巻」成る。駿河の今川氏親、検地を行う。
一五二五（大永5）	1月、幕府、室町御所造営のため棟別銭を課す。2月、北条氏綱、武蔵岩槻城より太田資頼を追う。4月、守護今川氏親、家法「今川仮名目録」を定める。12月、安房の里見実堯が、北条氏綱と戦う。鎌倉の鶴岡八幡宮、炎上する。	5月、絵師、土佐光信没（92歳）。
一五二六（大永6）	1月、幕府、徳政令を下す。1月、里見実堯、北条氏綱の兵と鎌倉に戦う。1月、鶴岡八幡宮、兵火に遭う。	この年、駿河・今川氏親の妻寿桂尼、幼少の息子に代わり下知状を発して領国を支配する。
一五二八（享禄元）	3月、甲斐の武田信虎、諏訪大社大祝諏訪頼満と信濃境川で戦い敗れる。	
一五三〇（享禄3）	1月、越後守護代長尾為景の部下ら、連署して陣中壁書を定める。6月、北条氏綱、上杉朝興を武蔵小沢原に破る。12月、幕府、徳政令を下す。	3月、幕府、大内義隆の請により遣明使の復活を許す。

◆上杉憲政、関東管領就任

一五三一（享禄4）	9月、上杉憲政、義兄の関東管領上杉憲寛を寺尾城に攻め、上総国へ追い、関東管領に就く。	
一五三三（天文2）	2月、里見義豊、叔父実堯を攻め滅ぼす。2月、北条氏綱の勧請により上野の諸将、鶴岡八幡宮造営に奉加する（快元僧都記）。	この年、博多商人神谷寿禎、石見銀山で灰吹法による銀の精錬に成功する。
一五三四（天文3）	4月、里見義堯、北条氏綱の援けを得て里見義豊を滅ぼす。	9月、将軍義晴、近江坂本から入京する。
一五三五（天文4）	7月、北条氏綱、今川氏輝を援護して武田信虎を甲斐に破る。	この年、紀伊湯浅の赤桐馬太郎、醤油を商品化する。
一五三七（天文6）	2月、今川義元、武田信虎の娘を娶り、北条氏と絶交する。	2月、幕府、洛中洛外の諸関に対し公事銭・舟賃・橋賃の徴収停止。
一五三八（天文7）	2月、北条氏綱、下総葛西城を陥す。8月、武田信虎・大井信達、冷泉為和を京より招き、和歌の会を催す。10月、北条氏綱、足利義明・里見義堯を下総国府台に攻める（第一次国府台の戦い）。	7月、大内義隆、再び朝鮮に大蔵経等を求める。9月、近江の浅井亮政、近江北部に徳政をしく。
一五四〇（天文9）	5月、武田信虎、信濃佐久郡を攻略する。	6月、諸国悪疫流行。

◆北条氏康が家督を継承

一五四一（天文10）	1月、武田信虎、息子晴信に逐われ、今川義元の元に走る。7月、小田原城主北条氏綱が没し、子の氏康が跡を継ぐ。11月、北条氏康、河越城での重田友之の功を賞す（重田文書）。	5月、朝鮮王中宗、大内義隆に書・漏刻器などを贈る。

一五四二（天文11）	6月、上杉憲政、北条氏康の討伐をはかる。9月、武田晴信、諏訪氏の全所領を支配する。	1月、池坊専応、花道の口伝を記す。
一五四五（天文14）	9月、上杉憲政、北条氏康の属城武蔵河越を攻める。10月、足利晴氏、氏康と絶交し上杉憲政を援けて河越城を攻める。	この年、博多織・薩摩木綿、海外に輸出される。
一五四六（天文15）	4月、北条氏康、河越城を救い、足利晴氏・上杉憲政・上杉朝定の軍を破る。6月、武田晴信、家法55ヵ条を定める。	10月、京都で土一揆、朝廷に徳政を要求する。12月、足利義藤、13代将軍になる。
一五四七（天文16）	2月、武田晴信、村上義清と信濃塩田原に戦い敗れる。	2月、大内義隆、渡明船の法度を定め、使節が出発する。
一五四八（天文17）	2月、武田信玄、上田原で村上義清に敗れ、部将板垣信方・甘利虎泰らが戦死する。6月、足利義輝の寵妾小侍従、彦部雅楽頭に仁田山紬等を注文する（彦部文書）。12月、長尾景虎（謙信）、家督を継いで越後春日山城に入る。12月、美濃の斎藤利政（道三）、織田信秀に和を乞い、娘を信秀の息子信長に娶らせる。	4月、下総結城政勝・下野日光山満願寺、皇居修理料を献上する。
一五五〇（天文19）	3月、北条氏康、用土邦房に神田・川除の地を与える。11月、北条氏康、関東諸国に永楽銭の通用を命ずる。	9月、ザビエル、大内義隆の許可を得て布教をはじめる。
一五五一（天文20）	3月、小笠原長時、村上義清の援けをうけ、武田晴信の兵を野々宮に破る。	3月、信長、家督を継ぐ。9月、大内義隆、陶晴賢の攻撃に遭い長門で自害。
一五五二（天文21）	1月、上杉憲政、北条氏康に平井城を逐われる。7月、憲政、関東出陣につき長尾景虎の家臣平子孫太郎に書を送る（武州文書）。	10月、将軍足利義輝、山城に霊山寺城を築いてこれに拠る。

	10月、長尾景虎、庄田定賢の関東出陣の労をねぎらう（庄田文書）。	
一五五三（天文22）	1月、小笠原長時、武田晴信に圧せられ、越後の長尾景虎を頼る。8月、長尾景虎、村上義清をたすけて川中島に武田晴信と戦う。この秋、長尾景虎、朝廷へ参内す。8月、武田晴信、上下諏訪神社の社人に祭祀をはげます（黒沢文書）。	2月、山科言継「源氏物語註」を書写する。4月、言継、三好長慶の願いにより「玉葉和歌集」を書写する。

◆駿甲相三国同盟の締結

一五五四（天文23）	3月、武田晴信、今川義元を援けて駿河の刈屋川にて北条氏康と戦い、後に和す。3月、相模の北条氏康、駿河の今川義元、甲斐の武田信玄が善徳寺にて講和を結ぶ。5月、武田信玄が「甲州法度」の追加を定める。11月、北条氏康、下総古河城を陥し、足利晴氏・藤氏を捕らえて相模の波多野に幽閉する。	5月、毛利元就、陶晴賢を討つため安芸の諸城を攻撃する。
一五五五（弘治元）	7月、長尾景虎、武田晴信と信濃川中島に戦う。	3月、連歌師里村紹巴、連歌会を開く。
一五五六（弘治2）	1月、武田晴信、須藤帯刀に岩村田等の地を与う（須藤文書）。11月、桐生重綱、長沢次郎左衛門に山上、室沢の地を宛てがう（長沢文書）。	4月、周防山口の会堂、兵火に罹り、宣教師らは豊後府内に移る。
一五五七（弘治3）	4月、箕輪長純寺再築に長野氏幕下の諸将奉加す（長純寺文書）。11月、晴信、長野業正の服従を促す（極楽院文書）。	11月、信長、弟信成（信勝）を殺す。この年、イエズス会の司祭アルメイダ、府内に病院を建てる。
一五五八（永禄元）	4月、桐生助綱・親綱、小六に地を預ける（新居文書）。9月、上杉憲政、足利長尾の一跡を白井の長尾憲景に与える（上杉輝虎公記）。	7月、三好長慶、京都市内から地代として地子銭を徴収する。

一五五八（永禄元）	11月、将軍足利義輝、長尾景虎と武田晴信の和議をはかる。	
一五五九（永禄2）	4月、武田晴信、悪銭・新銭の通用を禁止する。長尾景虎、上洛して将軍義輝に謁見する。	この年秋、大友宗麟、府内を開港し、外国商人に交易を許す。

◆謙信越山

一五六〇（永禄3）	3月、北条高広、鶏足寺の制札申請に対し指示を与える（鶏足寺文書）。6月、北条氏康・氏政父子、足利学校主九華から「三略」を聴講し、金沢文庫旧蔵の宋版「文選」を贈り大隅への帰国をとどめる。7月、長尾景虎、内裏修理料献上を賞せらる。8月、越後・守護代長尾景虎、関東管領上杉憲政を奉じ、上野へ出陣する。8月、長尾景虎、関東出陣に際して富岡重朝・長尾景長の参陣を促す（北越家書）。9月、上杉憲政、赤城神社を祈願所とす（赤城神社文書）。9月、北条氏康、景虎の沼田出陣をきき、川越に進出、真壁氏に用心を促す（真壁文書）。10月、武田晴信、北条氏康と謀り、加賀越中の一向一揆に越後へ侵入させることを本願寺光佐に請う。11月、景虎、武州諸将の本領安堵を市田の上杉氏に告げる（武家事紀）。	5月、織田信長、桶狭間に今川義元を破る。9月、近衛前嗣（前久）、越後の長尾景虎を訪れるため下向する。12月、尼子晴久死去（47歳）、子の義久が跡を継ぐ。
一五六一（永禄4）	2月、横瀬成繁、彦部弥太郎の帰属を賞し、広沢千貫の地を与える（彦部文書）。2月、北条氏照、越後勢の赤石進出に対し、武州滝山城を固める（相州文書）。3月、長尾景虎が上杉憲政から関東管領職を譲られ、また上杉家を相続し名を上杉政虎（上杉謙信）と改める。	2月、三条西公実、「源氏物語系図」を書写する。この年春、松平元康（家康）と織田信長とが和睦する。

	4月、長尾景長、秋間斎に所領を与える（秋間文書）。4月、信玄、市川一族の南牧における功を賞し、信州で所領を与える（市川文書）。9月、上杉謙信と武田信玄、川中島で戦う。11月、信玄、氏康に加勢して出馬し、その旨を大戸中務少輔に報ず（浦野文書）。	
一五六二（永禄5）	1月、長尾輝虎、由良成繁・富岡重朝を動員し、館林城を攻める（富岡文書）。3月、北条氏照、天徳寺了伯に、輝虎が佐野から退き、近衛前嗣は厩橋に、赤井照景は忍へ移ったと伝える（栃木県庁採集文書）。9月、信玄、西上州攻略後、東上州に侵略する計画であることを宇都宮広綱に告げる（宇都宮文書）。9月、信玄、浦野新八郎に箕輪領半田（羽田）を与える（浦野文書）。11月、輝虎、松山城救援のため深雪を冒して柏崎に達す（湊文書）。11月、武田信玄・北条氏康、上野・武蔵の上杉謙信の属城を攻略、謙信も関東に出陣する。12月、輝虎、雪の三国越えしてようやく沼田に着陣したことを北条高広に伝える（歴代古案）。12月、輝虎、沼田着陣を那須資胤に告げて出陣を要請す（集古文書）。	1月、松平元康（家康）、織田信長を清須城に訪ね軍事同盟を結ぶ。7月、大村純忠、ポルトガル人のために肥前横瀬に港を開き教会を建てる。8月、幕府、再度徳政令を出す。
一五六三（永禄6）	2月、北条氏康・武田晴信、武蔵松山城を攻め落とし、続いて上野の諸城を攻略する。	9月、伊勢外宮の遷宮、一二九年ぶりに行われる。9月、三河で一向一揆。

◆第二次国府台合戦

一五六四（永禄7）	1月、里見義弘、北条氏康と下総国府台に戦い敗れる（第二次国府台合戦）。	2月、三河の一向一揆、家康に降る。

一五六四（永禄7）	1月、輝虎、前年閏十二月、に厩橋に着き、和田を攻める。佐竹義昭、簗田政信を通じて輝虎に小田城攻めを急ぐよう催促する（白川証古）。2月、輝虎、常陸小田城を降して、館林に至る（上杉文書）。7月、佐竹義昭、輝虎の小田攻略について北条高広の尽力を謝して常陸に地を与える（北条文書）。7月、太田資正、子氏資のため岩槻を逐われる。輝虎、信州川中島に進む（富岡文書）。8月、輝虎、川中島の決戦を期し、佐竹義昭に北条を牽制するよう求む（佐竹文書）。8月、輝虎、富岡重朝に甲・相軍との決戦に参陣を命じる（富岡文書）。9月、北条氏政、武蔵関戸に市掟を掲げる。10月、越後勢の沼田集結の報に、信玄、松井田衆等を派して岩櫃城を固む（小山田文書）。10月、信玄、輝虎の飯山進出の報を真田幸隆に伝え警戒を命じる（真田文書）。	9月、立入宗継、織田信長に皇室御料所の回復を乞う。12月、幕府、粟津商人の関銭を免し、摂津今宮神人の洛中での商売を禁止する。この年、河内の飯盛山城で武士ら多数がキリスト教に入信する。以後、近畿布教の拠点の一つとなる。
一五六五（永禄8）	5月、信玄、安中に進出、輝虎は出馬のためまず上州の兵を集め、越後勢を沼田に急ぎ派遣する（歴代古案）。10月、近江に滞在中の覚慶、上杉謙信に書状を送り、北条氏康と和睦して上洛するよう求める。11月、輝虎、越山につき里見義弘、妙本寺に棟別銭取を赦す（妙本寺文書）。11月、織田信長、武田信玄の子勝頼に養女を嫁がせる。	5月、足利義輝、三好義継・松永久秀らに殺される。7月、義輝の弟一乗院覚慶、近江に逃れる。
一五六六（永禄9）	2月、輝虎、関東諸将の軍役を定める（浅間文書）。閏8月、輝虎、金山城を攻める。北条氏政、弟氏照に後詰めを命ずる（竜光院文書）。由良成繁父子、小田原に属す。北条氏政父子、起請文を与える（由良文書）。10月、北条氏政が領内の一向宗徒に他宗と宗論することを禁じる。	2月、覚慶、足利義秋を名のる。この年、狩野永徳、大徳寺聚光院の襖絵を描く。

一五六七（永禄10）	1月、天徳寺了伯、北条氏に内通する。輝虎、富岡重朝に館林城主長尾顕長へ合力するよう命じる（蠹簡集残編）。1月、輝虎、佐竹義重に、甲相同盟の破綻に乗じて由良成繁を攻めることを求める（編年文書）。4月、輝虎、沼田の諸将に氏政に通じた北条高広の追討を命ず（歴代古案）。8月、今川氏真、遠江・駿河・伊豆から甲斐に送っていた塩の荷をとめ、商人の往来を禁止する。	この春、織田信長、滝川一益を伊勢の諸城に出陣させる。8月、ポルトガル船、長崎に来航する。10月、大和の松永久秀、三好三人衆を東大寺で破る。このとき、大仏兵火にかかる。10月、信長、岐阜城下の加納を楽市とする。

◆越相講和が破談

一五六八（永禄11）	1月、輝虎、河南に孤立する羽生城将を励ます（歴代古案）。2月、氏政、輝虎に講和成立を機に吾妻に進攻して信玄を牽制することを求める（上杉文書）。3月、氏政、しきりに越相講和成立を望み、由良成繁の仲介を求める（藤巻文書）。8月、氏政、松山城を太田資正に渡せという輝虎の要求を拒む（上杉文書）。8月、輝虎、羽生の広田直繁に上杉憲盛と同陣することを命じる（歴代古案）。12月、信玄、駿府に入る。今川氏真、遠江懸川城に逃れる。	9月、信長、義秋（義昭）を奉じ、入洛する。10月、信長、摂津・和泉から矢銭を徴収し、諸国の関所を撤廃。12月、徳川家康、今川氏真の掛川城を攻撃する。
一五六九（永禄12）	8月、氏政、越相講和を断念し、上州は由良に与えると伝う（集古文書）。9月、輝虎、北条高広に、千葉・里見・古河公方義氏に関する意見を述べる（歴代古案）。10月、信玄、北条勢を三増峠に破る（上杉文書）。	2月、信長、堺の民が三好長逸を援けるを責める。4月、信長、ルイス・フロイスの京都居住を許可する。同月、内裏を修復する。
一五七〇（元亀元）	10月、輝虎、沼田に着陣、中風を発す。信玄、撤退する（北条文書）。10月、家康、上杉謙信に誓書を送って同盟し、武田信玄と断交する。	6月、信長、家康とともに浅井長政・朝倉義景を近江姉川に破る。

（一五七〇）〈元亀元〉	11月、信玄、駿河蒲原への出陣に当たり、諏訪両社に起請文を捧げる（陽雲寺文書）。11月、謙信、信玄が重ねて上州に出張するの報に、沼田城へ警戒を命ずる（栗林文書）。	8月、大仏殿の再建始まる。9月、本願寺光佐、諸国の宗徒に檄を飛ばし、挙兵して信長と戦う。12月、信長、勅により浅井長政・朝倉義景と和して岐阜に帰る。
一五七一（元亀2）	4月、信玄、三河吉田城に家康と戦う。	9月、信長、延暦寺を攻め堂塔を焼く。
一五七二（元亀3）	1月、氏政、信玄と同盟し、由良父子に条目を出し、信玄は西上州以外の関東には干渉せずと言う（由良文書）。3月、謙信、関東出馬のため結城左衛門督等に同陣を求める（相馬文書）。8月、上杉謙信、越中に入り一向一揆を攻める。12月、信玄、家康を三方原に破り、その居城浜松に迫る。	7月、信長、近江に入り、浅井長政を攻める。
一五七三（天正元）	4月、信玄没する（53）。9月、家康が、武田勝頼に属す長篠城を攻略する。	4月、信長、義昭を二条城に攻める。
一五七四（天正2）	5月、勝頼、遠江高天神城を破る。	6月、狩野永徳「洛中洛外図屏風」。
一五七六（天正4）	6月、将軍義昭、京都回復を謙信と信玄に説く。	2月、信長、安土城を築く。
一五七七（天正5）	1月、勝頼、分国内の軍役を定める。	6月、信長、安土城下を楽市とする。

一五七八（天正6）	3月、上杉謙信没する（49）。3月、上杉謙信の養子景勝と景虎、家督を争う。景勝、春日山城に入り家督を宣言する。5月、景虎、春日山城を出て府内の御館に拠り上杉景勝に対抗する（御館の乱）。	5月、諸国、大雨洪水に見舞われる。9月、北条氏政、武蔵世田谷新宿を楽市とする。

1．本年表は本書に関連した事項を下記の文献を参照の上作成したものである。使用文献『日本史年表』（歴史学研究会編、岩波書店）、山崎一著『群馬県古城塁祉の研究』補遺編上巻、群馬県文化事業振興会、『日本全史』（講談社）。

2．本年表の冒頭一四六七年（応仁元）～一五四五年（天文14）までは本書の範囲外であるが、参考に資すため加えてある。

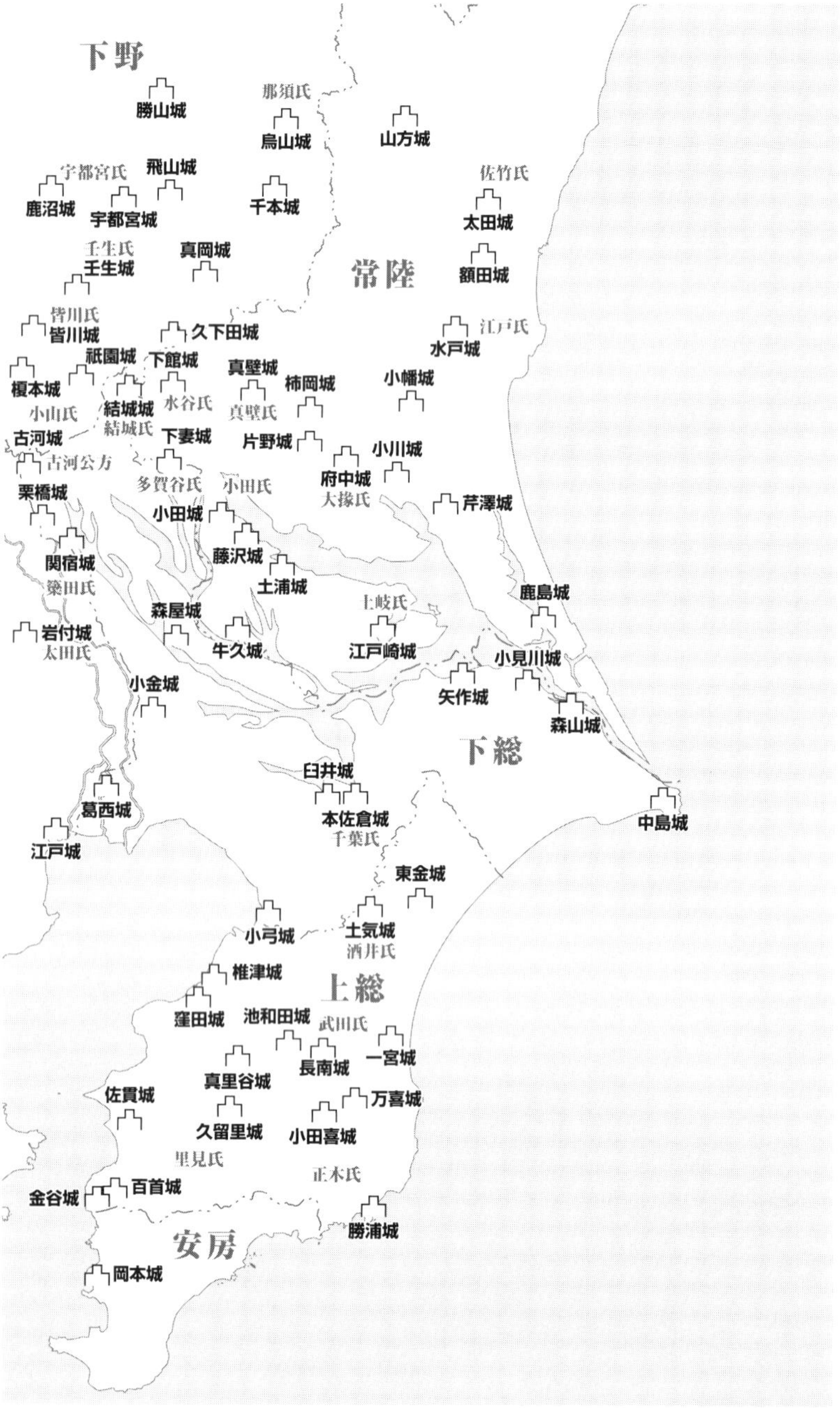
下野
勝山城
那須氏
烏山城
山方城
宇都宮氏
飛山城
鹿沼城
宇都宮城
千本城
佐竹氏
太田城
壬生氏
壬生城
真岡城
常陸
額田城
皆川氏
皆川城
久下田城
江戸氏
水戸城
祇園城
下館城
榎本城
真壁城
柿岡城
小幡城
結城城
水谷氏
真壁氏
小山氏
結城氏
古河城
下妻城
片野城
小川城
古河公方
府中城
多賀谷氏
小田氏
大掾氏
栗橋城
小田城
芹澤城
藤沢城
関宿城
土浦城
簗田氏
鹿島城
土岐氏
森屋城
岩付城
牛久城
江戸崎城
太田氏
小見川城
小金城
矢作城
森山城
下総
臼井城
葛西城
本佐倉城
中島城
江戸城
千葉氏
東金城
小弓城
土気城
酒井氏
椎津城
上総
窪田城
池和田城
武田氏
一宮城
長南城
真里谷城
佐貫城
万喜城
久留里城
小田喜城
里見氏
正木氏
金谷城
百首城
勝浦城
安房
岡本城

戦国時代の関東関係図

名胡桃城
沼田城
上野
大戸城
白井長尾氏
白井城
桐生城
佐野氏
箕輪城
北条氏
深沢城
唐沢山城
厩橋城
金山城
佐野城
倉賀野城
由良氏
藤岡城
信濃
国峰城
平井城
館林城
小幡氏
館林長尾氏
御嶽城
深谷城
忍城
羽生城
天神山城
成田氏
鉢形城
騎西城
松山城
上田氏
石戸城
河越城
武蔵
石神井城
滝山城
八王子城
由井城
甲斐
津久井城
小机城
相模
玉縄城
足柄城
今川氏
駿河
北条氏
小田原城
三崎城
山中城
戸倉城
伊豆
韮山城

巻一

関東鎌倉管領家――台頭する両関東管領家に下剋上の暗雲が漂う

天に代わって民を治める者が君主で、君主を導いて天に従わせる者が家臣である。したがって、賢い者を求めて側近に置くことは優れた君主が世を支配するための常道であり、その能力に応じて任に当たるのが臣たるものの忠義である。

頼朝《よりとも》が伊豆の配所《はいしょ》で兵を興し、関八州を押さえて鎌倉に政権をうちたて、平家《へいけ》を滅ぼして幕府を開き、頼家《よりいえ》・実朝《さねとも》まで源氏三代、ついで頼経《よりつね》・頼嗣《よりつぐ》・宗尊親王《むねたかしんのう》・惟康《これやす》親王・久明《ひさあきら》親王・守邦《もりくに》親王に至り、鎌倉将軍の治世はおよそ百四十五年で断絶した。次に、足利尊氏《あしかがたかうじ》が将軍となり、義詮《よしあきら》に譲って以後、義昭《よしあき》までを室町幕府という。尊氏の次男基氏《もとうじ》は東国の管領《かんれい》となって鎌倉に住み、坂東と陸奥・出羽を支配したが、その子孫が鎌倉公方《くぼう》と仰がれた。千葉《ちば》・小山《おやま》・宇都宮《うつのみや》・結城《ゆうき》・里見《さとみ》・小田《おだ》・佐竹《さたけ》・那須《なす》家らを関東八家と言うが、彼らが京都の幕府の三管四職《さんかんししき》の役割を果たし、公方の手足となって関東を支えてきた。

一方、基氏の執事上杉憲顕《うえすぎのりあき》は伊豆・上野・越後の三国の守護に補任され、一族は山内《やまのうち》・扇谷《おうぎがやつ》に分かれ、その勢いは関東の八家をしのぐものがあった。両上杉家は、永享《えいきょう》の乱《らん》で足利持氏《もちうじ》父子が六代将軍足利義教《よしのり》に討たれた後は、関東の両管領と呼ばれ、その権威はますます強まった。

山内上杉家には家老として長尾《ながお》・大石《おおいし》・小幡《おばた》・白倉《しらくら》、扇谷上杉家には上田《うえだ》・太田《おおた》・三田《みた》・萩谷《はぎや》らがいた。なお、越後は鎌倉から遠いため急の下知は届かないが、山内上杉一族が守護としており、長尾・石川《いしかわ》・千坂《ちさか》・斎藤《さいとう》らが四宿老《しゅくろう》として補佐した。

応仁・文明の頃から天下は大いに乱れ、下剋上の風潮が盛んになり、君臣父子の仁義、兄弟朋友の仲もすたれて、天文以降はまったく戦乱の時代となった。

山内・扇谷両上杉家——公家から武士に転身した上杉氏に挑む北条氏

上杉家は藤原《ふじわら》氏の一族勧修寺《かじゅうじ》流の一門で、もとは公家であった。式乾門院《しきけんもんいん》の蔵人《くろうど》であった左衛門《さえもんの》尉《じょう》重房《しげふさ》が初めて丹波国何鹿《いかるが》郡上杉荘（京都府綾部市）を得て、それ以来上杉を姓とした。重房の子頼《より》重《しげ》は、建長四年（一二五二）三月、後嵯峨《ごさが》上皇《じょうこう》の第一皇子宗尊親王が将軍として関東に迎えられたとき、供奉《ぐぶ》を命じられ鎌倉に下った。これによって上杉氏は武家となった。頼重の嫡子憲房《のりふさ》の妹清子は足利貞氏《さだうじ》の室となって尊氏・直義《ただよし》を生み、その関係から尊氏の事業を助け、一族繁栄の基を作った。憲房の次男憲顕は三ヶ国の守護となり、その子憲方《のりまさ》は鎌倉の山内に住んで、その子孫は山内家を称し、一方憲方の弟重顕《しげあき》の孫顕定《あきさだ》は扇谷に住み、扇谷家の祖となった。

永和四年（一三七八）六月二日、憲方が死に、それより七代後の顕定は永正七年（一五一〇）六月

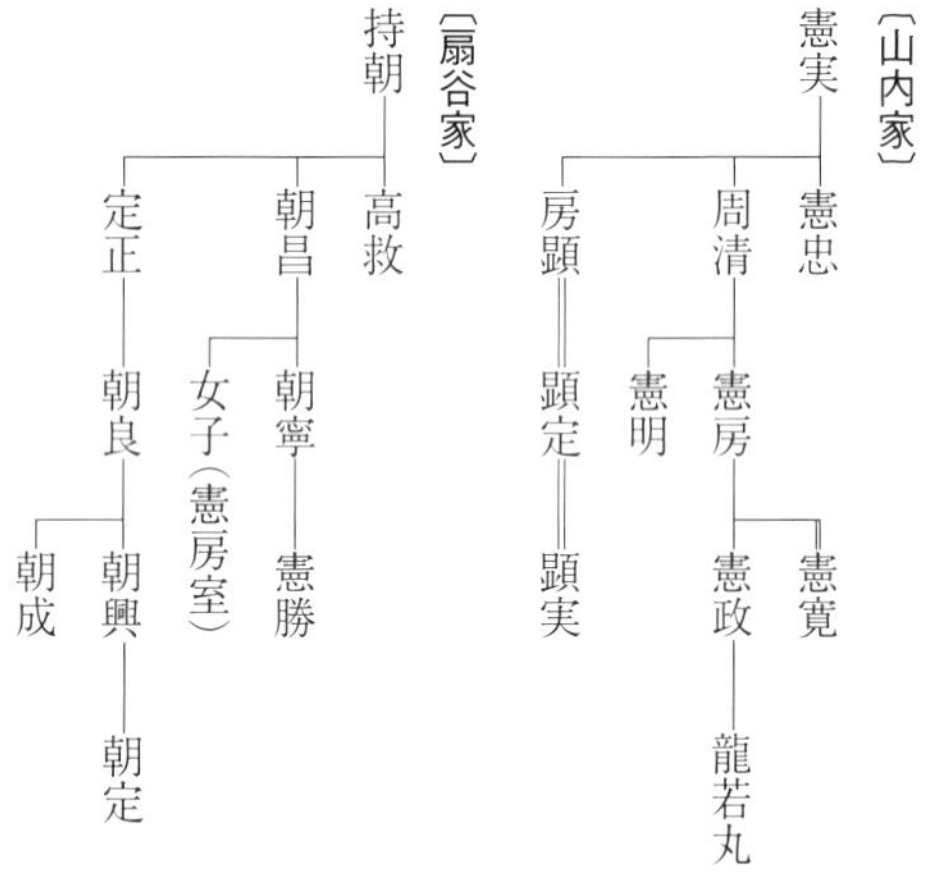

上杉氏略系図

二十日に越後国魚沼《うおぬま》郡長森原《ながもりはら》（新潟県南魚沼市）において、長尾六郎為景《ためかげ》・高梨《たかなし》摂津守政盛《まさもり》らと戦って討ち死にした。顕定には実子がなかったため、古河公方成氏《こがくぼうしげうじ》の次男四郎義継《よしつぐ》を養子としていた。義継は民部大輔顕実《みんぶたいふあきざね》と改め、上杉の家督を継いで武蔵鉢形《はちがた》城に拠ったが、癩病にかかり、信濃諏訪《すわ》の温泉で療養したものの、そこで没した。このため顕定の祖父憲忠《のりただ》の弟で大徳寺《だいとくじ》の僧周晟《しゅうせい》（周清）が出家前に儲《もう》けた子の憲房《のりふさ》を顕定の養子とし、兵庫頭《ひょうごのかみ》と号して家督を継がせた。憲房は顕定横死後、上野緑野《みどの》郡平井《ひらい》城（群馬県藤岡市）に在城し、大永五年（一五二五）四月十六日に五十六歳で没した。

憲房もしばらく子がなかったため、足利晴氏《はるうじ》の一族賢寿王《けんじゅおう》を養子にとって兵部大輔《ひょうぶたいふ》憲寛《のりひろ》と名乗らせて家督を継がせたが、他姓の出のため君臣一体とはならず、憲寛は享禄四年（一五三一）九月二日、憲房の実子で九歳の憲政《のりまさ》に家督を譲り、安房の里見義堯《よしたか》のもと、上総宮原《みやはら》（千葉県市原市）に退去した。憲寛は本姓に復し、足利晴直《はるなお》と名乗ってここで余生を過ごした。一方、扇谷上杉家では修理大輔《しゅりだいぶ》朝興《ともおき》が家を継いで武蔵河越《かわごえ》城（埼玉県川越市）にいた。このように、両上杉氏は何代にもわたって東国を支配し続けてきたが、しだいに力を失い、代わって北条《ほうじょう》家の権威が高まった。上杉家の武将の中には北条家の動きに聞き耳をたてるものもいた。

北条早雲・氏綱父子――北条家の菩提寺早雲寺の創建と、氏綱の威勢

伊豆国韮山《にらやま》城主の北条早雲庵宗瑞《そううんあんそうずい》はいやしい身分の出であったが、武勇にはすぐれていた。明応四年（一四九五）冬、大森式部少輔氏頼《おおもりしきぶのしょうゆううじより》（出家し歌栖庵《かそうあん》という）の子筑前守実頼《さねより》（出家して不二庵《ふじあん》という）が隠居場としていた相模国足下《あししも》郡湯坂《ゆさか》峠の城を落とし、三年後には佐奈田《さなだ》表で大森一族を討ち平らげ、小田原《おだわら》城（神奈川県小田原市）に築城してここに入った。さらに領国をひろげようとしたものの、永正十六年（一五一九）八月十五日、八十八歳を一期に韮山城（静岡県伊豆の国市）で没した。遺骸は同郡内の修禅寺《しゅぜんじ》（同伊豆市）に葬った。

家督を継いだ氏綱《うじつな》も優れた武将で、父にならって両上杉氏の領国に侵略を進めた。大永四年（一五二四）三月十四日、氏綱は扇谷上杉朝興と武蔵野《むさしの》で戦って破り、江戸《えど》城（東京都千代田区）を奪い取って、遠山四郎左衛門《しろうさえもん》を城代として入れた。続いて、天文七年（一五三八）〔天文六年ともいう〕七月十一日、入間《いるま》郡三木（埼玉県狭山市）で激戦を行い、再び上杉方を敗って河越城を奪った。このとき、朝興の弟左近太夫朝成《ともなり》も生け捕られ、朝興の跡を継いだ朝定《ともさだ》は松山《まつやま》城（埼玉県吉見町）へ退去を余儀なくされた。

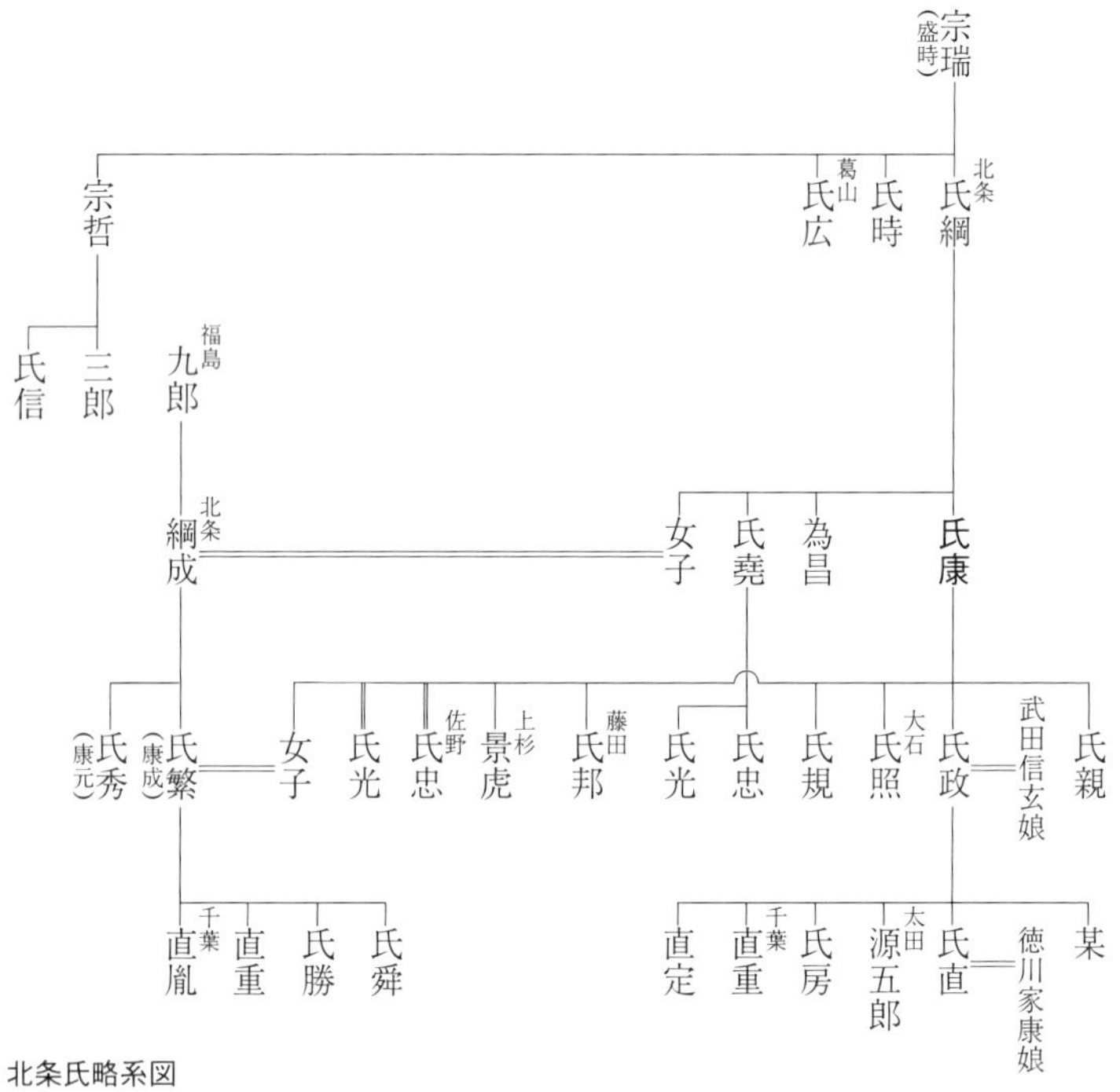

北条氏略系図

氏綱の威勢は高まり、古河公方足利晴氏の室にもその娘を入れた。同年十一月初旬には嫡男氏康《うじやす》を伴って二万余騎を率いて下総国府台《こうのだい》（千葉県市川市）へ兵を進め、生実《おゆみ》御所足利義明《よしあき》〔足利高基《たかもと》の弟で発性院という〕・里見義堯の軍勢と戦い、義明を討ち取った。このように、氏綱は北条家の領地を大きく広げたが、天文十年（一五四一）七月十九日に五十五歳で死去した。なお、氏綱は父早雲庵の生前の遺言で、小田原城下湯本《ゆもと》郷に一宇の伽藍を建て、京都紫野《むらさきの》の大徳寺より大隆禅師《たいりゅうぜんじ》を招いて住持とした。これが金湯山《きんとうさん》早雲寺である。山門《さんもん》・仏殿《ぶつでん》・法堂《はっとう》・鐘《しょう》楼《ろう》・食堂《じきどう》を整え、五百人の僧侶を置き、一千貫余の寺領を寄進し、長く北条家の菩提所とした。

さらに、氏綱は後奈良《ごなら》天皇の勅をうけ、御即位の費用に米と黄金二十枚を贈るため使者を遣わした。使者は伊豆の浦から海路で伊勢へ渡海し、京都に赴いて献上した。後奈良天皇もこれに感じて、氏綱を左京太夫に任じただけではなく、氏綱の死後になったが、早雲寺を勅願所とする綸旨《りんじ》を発した。その薄墨《うすずみ》の綸旨に、

当寺　勅願の浄刹となして弘法の紹隆《しょうりゅう》に致し、宜しく　皇家の再興を行い奉る、てえれば　天気此の如し、よって執達件の如し、

天文十一歳六月廿四日　　左大弁

早雲寺大隆禅師禅室

とあるが、まことに有り難いことで、氏綱の威光はここに極まったのである。

上杉憲政、河越城を攻める――河越城に楯籠もる北条綱成を大軍で囲む憲政

河越城は上杉朝興没落後、北条家のものとなり、福島《くしま》左衛門太夫綱成《つなしげ》が城代として守っていた。綱成は源頼国《よりくに》の十四世の子孫福島左《さ》近将監《こんしょうげん》基宗《もとむね》の後胤《こういん》で、父は兵庫頭正成《まさしげ》という。今川義忠《いまがわよしただ》の宿老で遠江土方《ひじかた》（静岡県掛川市）の城主であった。文明八年（一四七六）四月六日、義忠が遠江塩見坂で死去したとき、その子修理太夫氏親《うじちか》は龍王丸《たつおうまる》と名乗りわずか七歳の少年であったため、家中は二派に分か

れて争うようになった。龍王丸は山西に退去して、母方の叔父伊勢新九郎長氏《しんくろうながうじ》〔北条早雲庵〕に頼ったが、その尽力によって講和がなり、龍王丸は無事駿府《すんぷ》（静岡市葵区）に帰ることができた。正成はその後駿東《すんとう》郡に逼塞していたものの、甲斐国を征伐して自立を図ろうと決意し、旧知の武士およそ一万五千を集めて、大永元年（一五二一）十月中旬に富士山の麓の川内通りから甲斐山梨郡内に侵入して陣を張った。

このとき、甲斐の国主は武田左京大夫信虎《のぶとら》であった。信虎は二十八歳の若さで勇猛ではあったが、政道に誤りが多かったため人々の信頼がなく、従う者は少なく、集まった軍勢はわずかに二千ほどにすぎなかった。信虎は集まった軍勢を率いて福島の軍勢と対陣し、六十日余りも戦い続けた。武田軍は力尽き、このままでは信虎討ち死にかと思われたとき、武田家譜代の家臣萩原常陸介の計略が功を奏した。十二月二十三日、一条河原《いちじょうがわら》〔飯田《いいだ》河原ともいう〕の合戦で正成が原《はら》能登守友胤《ともたね》によって、同時に正成の叔父山県《やまがた》淡路守も小畑《おばた》山城守虎盛《とらもり》に討ち取られるという出来事が起こった。このとき、正成の子綱成は七歳の童であったが、家人らに守られて小田原に落ち延び、ここで成長したという。

その後、綱成は成人して北条氏綱に仕えた。氏綱の覚えはめでたく、近臣として重く用いられ、また武将としても幾多の戦いで才能を発揮したため、氏康の妹婿に望まれ、北条一門に列せられた。なお、綱成は武道にひとかたならぬ志を持ち、毎月十五日には身を整えて武の神である八幡社へ詣出て、武運を祈ったという。戦場で使う差物《さしもの》は朽葉色《くちばいろ》に染め四半の練絹《ねりぎぬ》に八幡と墨書したものを用い、諸人に先駆けて進み、「勝つ。」と声を掛けて勇気を鼓舞し廻った。綱成の軍勢は神がかりともみえるほどで、人々はこれを地黄《じき》八幡《はちまん》と呼び習わしたという。

ところで、駿河長窪《ながくぼ》城（静岡県長泉町）は元は今川方の城であったが、今は北条氏が奪い取り、氏綱の弟葛山長綱《かつらやまながつな》〔後に幻庵《げんあん》と号す〕が守っていた。今川義元はこれを奪い返そうと考え、上野平井城の上杉憲政に使者を送り、同盟を結んだ。義元は駿河・遠江の軍勢を率いて、天文十四年秋（一五四五）〔一説に天文十二年ともいう〕、長窪城へ押し寄せた。氏康は長窪の後詰のため援軍を送ろうと軍議をしている所に、憲政・扇谷上杉朝定らは上野・下野・北武蔵・常陸・下総から六万五千余騎の軍勢を集め、平井城を出発した。彼らはまず河越城を攻め落とし、次に長窪に向かおうとして、九月二十六日には入間郡柏原に進み、先陣は河越城をびっしりと囲んだ。

黄八幡の旗　真田宝物館蔵

上杉方の武将はまっ平らな武蔵野に、城戸《きど》を設けて家ごとに陣を並べて旗や陣幕を張りめぐらせたが、その様はキラ星が連なるようで、人々の目を大いに驚かせた。城主福島綱成と副将朝倉《あさくら》能登守・師岡《もろおか》山城守ら三千の兵は堅固な意思を持ち、命を捨てて防戦に努めたため、寄せ手の損害も多く、城兵は屈する気配はなかった。河越城危急の報に接した氏康は、長窪への出陣を見合わせて武蔵への出陣を検討したものの、病に倒れたため近日中の出発が困難となり、北条方は対処に窮してしまった。

ここで、古河公方晴氏は憲政に使者を送り、講和を進めた。憲政はこれに応ぜず、紀州高野山《こうやさん》の僧芳春院《ほうしゅんいん》を晴氏の許に遣わし、次のように伝えさせた。

このたび、晴氏様に援助を頂いて氏康を攻めるのは、北条一家を全滅させ、晴氏様を鎌倉にお迎え申しあげて、当家も昔のように管領の職に復して、君臣ともに栄えんがためであります。今を逃しては復活の機会はありません。

これを聞いて晴氏は、上杉は代々の旧臣、氏康は妻の実家でどちらを取るか決めかねた。晴氏の動揺を知った氏康も古河に使者を送って、

両上杉が言上したことに惑わされてはなりません。いやしくも氏康は縁続きの身であり、公方の地位にある晴氏様に対して少しの野心もありません。どうして北条家に対して憤りの気持ちをもたれたのでしょうか。今度の戦いではどちらが勝っても公方としての御政道を左右しかねず、国家安泰のためには一方につくのはよろしくない。よくよくお考えになることが大切です。

と申しあげさせた。北条家の使者が事細かに説明したため、晴氏も「そうか。」と思われたのであろう、憲政への加勢の話はそこで止まってしまった。これに対して、難波田《なんばた》弾正左衛門・小野《おの》因幡守は晴氏の前に進み出て、次のように言上した。

今回の氏康の申し入れについて、憲政への合力を引き延ばすとの御様子ですが、これは再考の余地があります。およそ、関東管領上杉家は初代基氏様以来の股肱《ここう》の家臣であり、上杉家に代わるものはいません。北条家は一時縁組したとはいえ、早雲以来、その本心は公方を欺いて足利家の御運を傾けようとしており、氏康は憲政との戦いに晴氏様の権威を借りるためだけに足利家を持ち上げているのです。上杉家が滅亡すれば、足利家の威光は奪われることは明らかです。どうか、熟慮によって憲政をお助けください。

晴氏は再三の諫言に押されて上杉の援助を決断し、十月二十七日、二万余騎にて古河を出発して河越に動座した。河越では憲政は兵粮攻めを進めており、長陣となっていた。

一方、北条方は相州の風間小太郎《ふうまこたろう》の配下の二曲輪猪助という忍びの者をひそかに柏原に入れて、上杉方の陣立を細かに調べて通報させていた。猪助らの動きはやがて露顕し、扇谷家の手の者が彼らの居所を襲った。猪助はとっさに逃れたが、追手の中で太田犬之助という足の早い男が五・六里ほどその跡を追いかけた。猪助は手柄や高名は必要ない、命ばかりが大切と、また氏康の下知を受けた身であれば復命のためには何としても逃げ延びなければと、ただひたすら急いだ。つかれきってここまでと思ったとき、海辺のほうの農家に馬がつながれて草を食《は》んでいるのが見えた。彼はこれは天の助けとばかり馬の手綱を太刀で切り、後をも見ずに小田原に駆け込み、ようやく命を全うした。この日、何者のしわざか、扇谷の陣の前に落首があった。

駆け出され逃れたる猪助ひきよう者
よくも太田か犬之助かな

暮れて天文も十五年（一五四六）の春となった。

福島勝広、河越城に駆け入る――巧妙な策略を駆使した北条氏康の防御の一戦

河越城は兵糧を絶たれたまま時が過ぎ、しだいに苦しくなってきた。北条方では援軍を送って城兵を救おうと策を練っていたが、ついに氏康は奇策を考え出した。城を持ちこたえさせてその策を成功させるため、大軍に囲まれた河越城の中に氏康の下知をいかに伝えるかが評議にかかったとき、福島伊賀守勝広《かつひろ》が進み出て申し上げた。

お話を聞くと、危急存亡のときを迎えたようです。もし使者となった者が敵の捕虜となり、拷問によって自白し、この策が敵に知れたら味方の損害は大きい。そうは言っても城中にこの密計を知らせないと、援軍を送る前に降参して城を明け渡すか、討ち出て切り死にをするか、はたまた援軍が到着した所でこれ幸いと打ち出るか、そうでなければ飢えの余りうろたえて何もできないか、のいずれかでしょう。某《それがし》は味方の秘策を知らせるために、身命をなげうって無二無三に城中に駆け入り、秘策を伝える所存です。ただし、運が尽きて捕らえられ、どんな拷問を受けても、弓矢八幡にも照覧あれ、決して白状はしない。これは幼いときからうけた主君の恩に報いるため、

また兄の綱成に運を添える気持ちから出たもので、心からの気持ちです。他人には任せられない事です。

勝広は福島兵庫頭が甲斐西郡で討ち死にしたとき、生まれたばかりの赤ん坊で、家臣らの養育によって兄綱成と共に小田原に赴き、童の形になったが、姿形も美しく育ったため、氏康の寵を得て、傍輩の中でも出世頭となった。氏康はしばらく答えなかったが、少し考えて言った。

お前の望みに任せて河越城に遣わす。生涯の働きはこのときである。才覚によって無事に城内に入ってしてほしい。

氏康はハラハラと涙を流し、これが最期とばかり盃を与えた。福島は今年二十六歳、もともと美男でほっそりしているが、武勇は兄の綱成に少しも劣る所はなかった。氏康の密命を受けて座を立ったが、宿舎に帰らず、忍びの者を招いて敵方の合言葉を確かめた。腹巻《はらまき》の上に直垂《ひたたれ》を着て、小田原を立って河越に向かった。敵陣の近くに着くと、家臣・若党《わかとう》を小田原に返し、ただ一騎で敵の陣中を通り抜けて、難なく城門まで着いた。軍神が忠義に感じて加護を加えたのであろうか、数万の敵兵のうち一人として咎め怪しむ者もなかった。綱成配下の木村平蔵《きむらへいぞう》が外張《とばり》の柵の内側からこれを見つけ、城戸を開いて迎え入れた。すぐに綱成が対面して策略の手だてを聞き、氏康の命を城兵に伝えると、城内はたちまち沸き返り、城兵は意気揚々として元気を取り戻した。

異説に、河越の夜戦は氏康二十四歳の天文七年（一五三八）七月十五日のことという。福島勝広も弁千代丸《べんちよまる》と称して十八歳で元服前の小姓《こしょう》であったという。今考えると、天文七年の戦は河越城の近くの三木において上杉朝定と氏綱が戦ったもので、北条方が勝って河越の城も奪い取り、朝定は松山へ逃れた。その後、福島綱成が河越に入った。この年丙午（一五四六）四月二十日が真説であろう。そうであれば、弁千代丸の年齢やその父兵庫頭が大永元年（一五二一）に討ち死にしたことも問題はない。同じ大永元年、武田信玄が生まれ、父信虎はこれを喜び、幼名を勝千代丸《かっちよまる》と名付けている。

河越の夜軍――日本の三大合戦に数えられる激戦、河越夜戦

さて、氏康は小田原の留守はいうまでもなく、韮山・長窪・三崎《みさき》・荏柄《えがら》などの要害にも五百・三百または百・二百騎の人数を振り分け、不慮の事態への備えを万全にして、天文十五年（一五四六）四月朔日《ついたち》、八千余騎を率いて武蔵入間川の辺、砂窪《すなくぼ》（埼玉県川越市）に出陣した。敵陣をみると、公方・管領両家に属する軍勢はおよそ八万六千余騎、足の踏場もなく野山に充満していた。敵と味方を比べれば九牛の一毛、大きな蔵の一粒の米で、剛力の韓信《かんしん》・李広《りこう》にもどうにもできなかったと考えられる。しかし、氏康は大軍を恐れず小敵をあなどらなかった後漢の光武帝《こうぶてい》の度量を持つ良将であったので、少しもわるびれず、「戦は軍勢の多少によらず、上杉方の武将のお手並は面々が知り尽くしている。すぐに一戦して勝利すべし。」と広言して、士卒を励ました。

まず、計略の一つとして、公方を混乱させようと、晴氏に属して出陣している常陸下妻《しもつま》（茨城県下

妻市）の多賀谷《たがや》下総守家重《いえしげ》に使者を送って、氏康の内意を申し伝えたところ、家重にはこれを拒否された。次に、武蔵寺尾《てらお》（横浜市鶴見区）の住人諏訪《すわ》右馬介《うまのすけ》を仲介にして、小田氏治《おだうじはる》の陣代《じんだい》を勤める常陸突倉の城主菅谷隠岐守を通じて晴氏に次のように言上した。

河越城に籠もっている家臣どもはどうしてよいかわからない。御慈悲を賜わって助命があれば、城から退いて明け渡します。氏康も今後は家臣の礼をとって忠節に励むことでしょう。

と、まことしやかに申し入れ、憲政にも使者を送り、次のように伝えさせた。

公方がお許しになって情けをかけてくれれば、氏康も憲政と同様に晴氏様につくし、関東は丸く収まるでしょう。

これに対し、両家ともまったく承知しなかった。「氏康の申し入れに耳を貸すな。ここに足を留めさせるな。」と、城を囲んだ兵の中から、成田《なりた》・萩谷・木部《きべ》・白倉・上原《うえはら》・倉賀野《くらがの》・和田《わだ》・難波田・大胡《おおご》・山上《やまがみ》・那波《なわ》・彦部《ひこべ》ら二万ばかりに城攻めの包囲を解かせて、北条方の本陣である砂窪に向かって押し寄せさせた。これを見た北条勢は、法螺《ほら》を吹いて武蔵府中《ふちゅう》（東京都府中市）へ退いた。憲政は刃に血を塗らずして敵を蹴散らしたことに満足し、笑いののしった。

氏康は臆病な大将だ。はるばると後詰めに参りながら、何もできず、合戦もせずにただ恐れ、鬨《とき》の声を出しながら逃げ去った体たらく、言語道断の結果だ。

氏康は忍びの者からその噂を聞いたが、知らぬ顔で再び砂窪に出陣した。上杉方は好機とばかりまた大懸りに攻めかけた。氏綱は今度も軍を引いて府中へ退いた。このとき、憲政に戦略についての方策があれば、河越城を囲む兵を引き上げて、一万ばかりを柏原の攻め口に残し、もし城中より打ち出てくる者共があれば、横から突いて駆け散らし、すぐに城中へ付け入れよと命じておき、七万余りの軍勢で氏康を追って、府中を攻め取ってさらに小田原まで押し詰めれば、勝利は疑いないものであった。そうでなくても、公方と管領の二旗が揃っているので、八万余騎を二手に分け、一手は入間川端に堅陣を敷き、氏康が来たならば一気に討ち果たす形を見せ、一手は城へ向かって短兵急に攻めれば、みな敗走して北条氏は滅亡したはずである。踵《きびす》を回してはいけないところであったのである。

晴氏は暗将で、憲政は考えが幼稚である。上杉方は東国の面々が集まって威勢は高いが、北条氏を弱敵と見て侮り、氏康の軍勢の配置を子供の遊びとみて、しかも攻め込むとすぐ逃げたことから、これ以上の力を振るうこともない。攻め返してきたら十倍の大軍で四方八方から取り巻いて、一兵も漏らさず根切《ねぎ》りにして、めでたく凱旋すべしとあざけり、ゆうゆうと構えていた。

氏康はこの間、笠原《かさはら》越前守を間者として用い、敵陣中に入れてさまざまなうわさを詳しく聞きまわり、迷いを捨てて決戦を決めた。「勝利の時が来た。者ども、攻めよ。」と再び砂窪に現れた。

時は天文十五年（一五四六）卯月二十日、宵闇《よいやみ》の月が山の端に差し登る頃、空は曇って薄暗い中、氏康は八千余の兵を四つに分け、一備は遊軍として多米《ため》大膳亮《だいぜんのすけ》に預け、戦いが終わるときまで見物して見守り、備えを乱すなと命じ、三備は戦いに向け、その一部は先陣として突き進み駆け抜ける、そのとき二備が進み乱れる敵を切り巻いて駆け通り、先備と一つになって三備が懸かるのをみて、引き返して全体で鬨をあげて縦横無尽に敵を切り崩す。夜戦なので深追いせず、敵の頸は大将頸以外は討ち捨てにせよ、味方の印は白なので、たとえ敵と見受けても白物を着たものは避けて討つな、もし敵を切り倒したときも、味方から引き揚げの法螺が吹かれれば、捨て置きにして引き上げ一ヶ所に集合せよ、などと軍律を厳しく下知した。また、重い甲冑や鎧をやめ、合言葉を決め、松明《たいまつ》を手に持ち、柏原に控えた両上杉陣に子《ね》の刻《こく》（午後十一時頃）に鬨の声をあげて攻めかかった。

河越夜戦跡碑　埼玉県川越市・東明寺

上杉方は油断していたので、寝耳に水のように慌てて、刀は槍はと上へ下へと探すところに北条軍が隙間もなく駆け入って刃を振り回した。同志討ちする者、真っ裸で迷う者も多かった。氏康も自身で長刀を取って勇猛果敢に戦い、獅子奮迅の働きによって左右に十四人までなぎ倒した。大将がこのあり様で、清水《しみず》・小笠原《おがさわら》・諏訪・橋元《はしもと》・大藤《だいとう》・荒川《あらかわ》・大道寺《だいどうじ》・石巻《いしまき》・富永《とみなが》・垪和《はが》・内藤《ないとう》以下の勇士が十文字や巴の字のように動き回り、我を忘れて攻めたてた。

この猛攻によって、上杉方の旗本は蜘蛛の子を散らすように乱れて崩れた。扇谷上杉朝定も討たれ、難波田弾正左衛門は灯明寺口《とうみょうじぐち》

の朽ちた井戸に落ちて死んだ。その他、倉賀野三河守・本庄《ほんじょう》藤九郎・難波田隼人正《はやとのかみ》・本間《ほんま》近江守・小野因幡守以下の名のある侍三十四人は、大将憲政を逃がそうと踏みとどまって奮戦したが、雑兵らに切り伏せられ屍《しかばね》を野にさらす結果となった。その隙に憲政は平井城に向かって落ちのびた。

北条方は勝勢にのって追いかけまくり、討ち取った者の数は知れない。このとき、北条方の遊軍にいた多米大膳亮が引き揚げの合図の法螺貝を吹き、遊軍を前に進めながら、千余人を丸く密集させ、周囲に注意を向けて新手で氏康の旗本を守りながら、総人数をまとめて勝鬨《かちどき》の声をあげさせた。また、彼は氏康を諫めて、

敵の敗北ははっきりしましたが、さすがに彼らも恥を知る東国武士です。もし、兵を押し返すことがあれば、疲れた味方は抵抗できません。勝って兜の緒をしめよという言葉もあります。夜が明けたところで、新手を先陣に立て、もう一度合戦を行うべきでしょう。

と言い、芝の上に旗本を集め、堅い陣を張って夜を明かした。

このとき、城中の福島綱成は敵方の旗指物がなびき、裸馬が東・西と逃げ去るのを城の櫓の上からみて、味方が勝ったことを知った。綱成は運を開くのはこのときとばかりと、城門を開いて例の黄八幡の小旗をひるがえして、「勝った。勝った。」と叫びながら馬に乗って駆けだした。付き従う三千余騎馬も負けじと全力で喚声をあげながら駆けだし、晴氏の陣所にまっしぐらに討ちかかった。古河勢は管領家の陣に夜討ちがあるとみて、その場合に備えて陣を立て直し、氏康の軍へ向けて待機してい

たが、思いも寄らないことに、明け方になってから城中から攻めかけられたので、狼狽の余りまったく支えることもできず、右往左往するばかりであった。城兵は勝ちに乗じて追い立て攻めれば、簗《やな》田《だ》・一色《いっしき》・結城《ゆうき》・相馬《そうま》・原《はら》・萱谷・和知《わち》・二階堂《にかいどう》などは晴氏を先に逃がしたが、散々に討たれて敗退した。綱成は深追いはせず、速やかに城内へひきあげた。

今夜の戦いで、古河公方家と上杉家の戦死者は一万三千人余りという。戦いが終わった後、氏康は綱成を招いて旧年よりの長い籠城に対してその辛労をねぎらった。

何度も死ぬと思ったが、ようやく生きて会えてうれしい。お前の忠義は有り難い。また、弟伊賀守も今度命をなげうって働いた。神・仏の助けがなければ、今度の結果はなかったであろう。これはお前たちの忠義の賜物である。

と、氏康は何度も何度も繰り返して感謝した。綱成兄弟は大いに面目をほどこし、謹んで応答し、また城にもどっていった。

長尾一声斎の忠義――勝機に乗った北条氏康が武州松山城を奪い取る

さて、氏康は河越合戦で計略を用いて十倍の敵に勝ったことによって、飛竜が天に昇るような羽振りとなった。その結果、両上杉家の股肱《ここう》とも称された武州滝山《たきやま》城主大石源左衛門尉定久《さだひさ》・同秩父《ちちぶ》郡井《い》戸天神《どてんじん》城主藤田《ふじた》右衛門佐邦房《くにふさ》らは最初に旗を巻いて降参した。氏康は大いに悦び、敵が怖じ気づいている内に松山城を手に入れて、中武蔵を切り従えようと、多米大膳亮・垪和刑部少輔《ぎょうぶのしょう》を中心にして武蔵野の陣を払って松山表へと向かわせた。

松山城は扇谷上杉家の宿老であった武州安戸《やすど》城主上田左衛門太夫が初めて築き、家臣難波田弾正左衛門を置いていた。しかし、今度の夜戦で難波田父子が討ち死にし、上田又次郎政広《まさひろ》〔左金吾《さきんご》の子〕がわずか九騎まで討たれてようやく松山城に逃れて来たものの、茫然とした状態で物の役にたちそうな者は一人もいなかった。守備兵も北条方の旗がひるがえるのを見て、片っ端から逃亡してしまい、守る方法もなく、上田自身も安戸の砦へと退去した。

全くの空城となった松山城を、北条方は造作もなく手に入れた。氏康はしばし在城して、忍《おし》の成田・鷹ノ巣《たかのす》の小幡も味方に引き入れ、垪和刑部少輔を松山に置き、防御の備えを施して小田原に凱旋した。

これより前、上野白井《しろい》の城主長尾左京亮《さきょうのすけ》景盛入道一声斎《いっせいさい》は曽祖父昌賢《しょうけん》〔左衛門尉景仲《かげなか》〕から父伊玄《いげん》〔四郎太郎景春《かげはる》〕まで三代の間管領家の腹心で、家臣の頂点にあったが、近年家は衰えた。また、病身のため世事《せじ》を逃れて居城に蟄居《ちっきょ》していたが、忠義の心は変わらなかった。朝晩心を傷めていたが、婿の長野信濃守業正《なりまさ》に相談し、憲政の近臣の中で猪俣《いのまた》左近太夫則頼《のりより》と本馬近江守が信義を持った侍であるとみて、彼らに密議を持ち込んだ。二人は憲政の勘気を受けたことにして管領家を出奔し、小田原に赴いて大道寺隼人正に近づき、首尾よく氏康に仕えた。三年後に平井へ戻ったが、彼らはその間に北条方の政治・軍事をすべて見聞したのである。

一声斎はよくよく彼らの話を聞き、上杉家はこのままでは氏康のために滅亡させられると察した。ともかく、我が方より軍を進めて小田原を退治することが先決であると、内々に諫言すること数度に及んだが、取り巻きの多くは戦を嫌い、長陣になると経費が大変だと言い、評定《ひょうじょう》ばかりでついに今回の大敗となった。

憲政は三歳で実父憲房を失い、九歳で養父憲寛の譲りによって関東管領職を受け継いだため、諫め導く人もなくわがままに成長し、文に暗く武に欠け、歌・蹴鞠・茶の湯の道や酒色におぼれて過ごしてきた。家中の士気もしだいに衰え、武道を忘れて上下の身分も乱れた。中でも菅野《すがの》大膳亮憲頼《のりより》〔初名は高田《たかだ》小二郎と号す〕・上原兵庫助という奸臣《かんしん》が現れて、傍若無人に振る舞った。諫めようとした家臣は邪魔と思ったのであろう、猪俣を沼田《ぬまた》荘倉内の城主にして利根《とね》郡に追い出し、昨年三月に鴆毒《ちんどく》で殺した。

上杉憲政木像　群馬県みなかみ町・建明寺蔵

本馬は旗本の列から除いて外様にした。今度の河越の夜戦で菅原・上原は憲政より早く逃げ走ったが、本馬は最後の戦と言って一歩も逃げず、大道寺駿河守直宗《なおむね》と槍で渡り合った勝負がつかず、

組み打ちとなってついに討たれた。そのとき、本馬が、

お主とは昔からの友である。幸いにも、お主の手で討たれるのは前々よりの宿縁であろう。したがって、死んでも恨みは残さない。我が家の旗指物は先祖より伝わるもので、有名なものだ。北条家が続く限り、我が家も続くことにしてもらいたい。

と言い、頸を延ばして引き掻かせた。後日、このように大道寺は氏康に「金の九つ提灯」が旗指物になったいわれを説明した。

今度の夜戦に憲政の旗本の桑木《くわき》八郎は次の感状《かんじょう》を得た。

一昨二十日、武州に於いて河越合戦のとき、首一ツ討ち取る高名、感悦せしめ畢んぬ。いよいよ軍忠を抽んずべき者也。仍って件の如し。

天文十五年卯月二十二日　憲政判

桑木八郎殿

これを見聞きした人々は眉をひそめて言うことには、

八万余の大軍でわずか八千の小敵に追い散らされた前代未聞の大敗なのに、どんな理由があって桑木一人がこのような感状をもらったのか。片腹痛いことだ。

これにより「上杉の感状」と言って、関東の諸家ではいい物笑いの種となった。また、一方ではこれは例の菅野・上原に賄賂を送って手に入れた感状であろうとうわさしあった。

巻二

北条氏康、和歌に目覚める――文武両道に秀でていた北条氏康の評判と実力

氏康は松山の城から小田原に帰り、伊豆箱根両所権現《いずはこねりょうしょごんげん》・鶴岡八幡宮《つるがおかはちまんぐう》・三島大明神《みしまだいみょうじん》へ参詣の使者を送って河越表の大勝利の御礼を述べ、雄剣・蹄馬を献上し、なおまた武運長久の祈禱を頼んだ。そもそも氏康は軍事に通じているだけではなく、自身、弓矢や刀を持っても抜群の使い手であるが、さらに風雅の道も堪能で、優れた歌も多い。

去る天文十一年（一五四二）の頃であろうか、五月初旬の夕方、高楼に登って山の景色をながめ、月がおぼろげなるに涼を求めて気分も乗ってきたところに、どこからか野狐が高楼の近くの塔楼に来て、数回鳴いた。近侍の武士がこれを聞いて、

夏時に狐が鳴くのは凶の印であると、田舎では諺で伝えられ、歌にも詠まれています。射殺しましょうか。

と言うと、氏康は、

夏はきつねに鳴く蝉のからころも
おのれおのれが身の上に着よ

北条氏康画像　神奈川県箱根町・早雲寺蔵

と、高らかに吟じた。氏康の声によって狐の鳴く声は弱まり、たちまち絶えてしまった。ところが、姿はそのままで立ち去らない。翌朝、若者共がその塔楼に行ってみると、狐が倒れて死んでいた。さては氏康の和歌の徳によって凶を自分の身の上に受けたのであろう、と皆は奇異な思いをした。

　このことはうわさ話となって広まり、本当に氏康は文武両道に通じた武将と、皆讃えた。

　その頃、尾州守護家の重臣織田備後守信秀《のぶひで》は武に勝れた侍大将で、近隣に恐れられていた。熱田神宮《あつたじんぐう》の北、古渡《ふるわたり》（名古屋市北区）という所に新城を築いて移った祝いとして、家臣らを集めて酒宴が開かれた。この席で、諸国の大名・小名の評判などが雑談として行われたが、水野帯刀左衛門忠広《みずのたてわきざえもんただひろ》という者が北条家の武略について話し、近頃の氏康の詠歌の徳について、例の話をしたところ、信秀は耳を傾けてこれを聞き、

　お前の言葉によれば、氏康は武に長じた傑物である。歌の道にそれほど打ち込んでいるのは末世には珍しい大将である。そうであれば、両上杉家にとって死に至る病とは氏康のことである。た

だし、風雅の道については私の考えとは異なる。理由は、氏康には見どころもあるが、それほどの達人ではない。もし、本当に達人であれば、家中の輩がみな風雅を業とするようになる。また、氏康が本当に良将であれば、一代は問題はないものの、子孫まで影響が残って、臆病で弱く積極性を失ってしまう。今、戦国の世で皆戦っているが、公家の行いをまねしていたのでは武士とは言えない。我が一族においては歌曲の道を厳しく制止させている。と述べた。この言葉を無骨とあなどる族もいるが、当然と考える者もいる。ひとさまざまというところであろう。

今年八月、氏康は事を小鷹狩りに寄せて、小田原を出発して武蔵・相模の領内を巡見して帰城したが、その間のできごとを記した一巻がある。

【武蔵野道ノ記】

天文十五年（一五四六）、中秋《ちゅうしゅう》（旧暦八月）の頃、武蔵野を見たいと思い、皆を連れて小鷹狩りをして遊ばんとして、狩りの装束をして馬に乗った。鎌倉につき、あちこちの古跡をめぐって歌を詠み、八幡山より四方の景色も詠んだ。小磯・大磯を見渡してかもめが波に立ち騒ぐのを見て、

おし鴨の立つ白浪の磯辺より
海士《あま》の見る目を袖にうけばや

大磯の波路をわけて行く舟は
うき世をわたるたつきなるらん

過ぎにし庚子《かのえね》の年（天文九年）に、以前から願っていたことがあり、この宮に詣でたが、それからすでに八年余りがたった。再び、若宮の前に詣でて、

頼みこし身はもののふの八幡山
祈るちぎりは万代までに

さて、あちこちの谷々山々・由比《ゆい》の浜の大鳥居・古寺・古跡を詠んで藤沢《ふじさわ》の小松井《こまつい》の荘の山田弾正忠氏宗《やまだだんじょうちゅううじむね》の宿所で一夜を明かし、さらに行くと、ここはこよろきの磯という。ここで一首。

きのう立ち今日こよろきの磯の波
いそぎて行かん夕暮れの道

頃は八月の上旬である。朝霧深く分け入って行くと、岩山という山があった。その山の後ろは甲斐の山で、北は秩父の山であるという。それから武蔵国勝沼《かつぬま》（東京都青梅市）という所に着いたが、斎藤伊賀守安元《やすもと》がここの領主である。常々和歌の道について語りあっているが、今日は山海の珍しい物を並べて饗応してくれた。ここに二日ほど逗留して、いよいよ武蔵野へ出立するが、武蔵野にも果てがあると思うと、萩や薄女郎花《うすおみなえし》の元で虫の声はしみじみとした気持ちにさせる。

武蔵野といずくをさして分け入らん
　ゆくも帰るもはてしなければ
昔覚えた草の名もなつかしい。これも源氏物語《げんじものがたり》のあの「ひともと」が原因であろう。
　隔つなよ我が世の中の人なれば
　知るも知らぬも草のひともと
　明けると八月十三日に朝霧はいよいよ深く、道もはっきりしない。馬に任せて行くと長井《ながい》の荘に着いた。実際に若紫《わかむらさき》の巻に「こんな朝霧を分け入って」とあるが、これがそうであろう。大澤《おおさわ》の荘などを越えて、ようやく隅田川《すみだがわ》に着いた。川面をみると真っ白な鳥でくちばしと足が赤い鳥が多く群がって、魚を食べていた。この様子を見て、昔を思い起こす。
　みやこ鳥隅田河原に舟はあれど
　唯その人は名のみありはら
　向かいは安房・上総の国々、目のあたりに見渡す。ここに葛西《かさい》の荘浄興寺《じょうこうじ》の長老で年齢が八十余りになる僧が迎え出て、寺内に立ち寄り一泊することを勧めたので、河を渡ってその寺に入った。夜になり、涼風が吹く。松風が琴に入るという言葉を思い出し、
　松風の吹き声聞けば夜もすがら
　調べ異なる音《ね》こそ変わらね

明ければ、馬を急がせて帰ろうと元の道に差しかかり、どこがこよろきの磯であろうかと探し歩くうちに、日数も経ち、今日は八月中旬にもなり、ようやく小田原に着いた。

この紀行の中で、斎藤加賀守と書かれた人物の父加賀守は、武州の太田道灌《おおたどうかん》に仕えた馬廻りの武士である。知謀才覚があって軍事の故実《こじつ》に詳しいため、持資《もちすけ》入道没後は扇谷定正《さだまさ》の直臣に加えられて武者奉行に抜擢され、指揮をとる団扇を預かる立場になった。大きな戦功は二十余度にのぼったという。子の加賀守安元も父の才能を受け継いでおり、氏康は特に優遇したという。

浅草寺の由来——関八州・五畿七道に及んだ江戸浅草寺の霊験

武蔵国は都から遠く離れて鄙の地であるが、昔から詩客・歌人が好む古い名所が多い中で、特に有名なものは武蔵野である。旧記には四方八百里に余ると記されているが、それ自体は坂東にとっては筆のなぐさみとは言いがたい。時が移り、世の中が変化し、田に鋤を入れ、畑や民家が林藪に交って、今は昔の十分の一が残るだけであろう。将軍義政《よしまさ》の治世の頃、太田道灌が上洛したとき、弓馬の芸はもちろん、和歌の道にも優れていることを天皇がお聞きになって、有名な武蔵野はどのくらい広いかと御下問があった。持資は畏まって、

霧おかぬ方もありけり

夕たちの空より広き武蔵野の原

と答えた。また、隅田川の都鳥はいかがかとお尋ねがあると、

年ふれど我また知らぬ

都鳥隅田河原に宿はあれども

とお答えになり、天皇のおほめに預かったという。

在五中将業平《ざいごちゅうじょうなりひら》が都をうかれ出て、東路《あずまじ》を旅して住む所を求めて移り住んだ入間郡三吉野の里に、頼母《たのも》の雁《かり》の名残と言って、今も八月朔日の夜に初雁の鳴き渡る声を近くに聞く辻堂《つじどう》がある。継母が継子を殺したことで名を残した堀かねの井戸はこの里に近い。河越領の野中にある種玉坊は宗祇の紀行では今は高井戸《たかいど》というとあるが、そこは多摩《たま》郡ではるかに隔っているので誤っている。源俊頼朝臣《としよりあそん》の歌に次の一首がある。

東路にありというなる逃げ水の

逃げ隠れても世を渡るかな

その水は多摩郡府中《ふちゅう》の六所明神《ろくしょみょうじん》（東京都府中市）の辺にあり、他国で蜻蛉《かげろう》の沼とか陽炎《かげろう》の水とか室《むろ》の八島《やしま》などと呼び伝えられているものと同類であろう。

隅田川は武蔵国豊島《としま》郡と下総国葛西の郡との境にあり、菅原孝標《すがわらのたかすえ》の女《むすめ》の『更級日記《さらしなにっき》』に武蔵と相模との間に「角田川」と記されている。また、在五中将が「いさこと問わん」と詠んだ辺であり、中

将の書には「隅田河」とあって船で渡ったら相模の国になったというのは、何か理由があるのかはっきりしない。『万葉集《まんようしゅう》』の弁基法師《べんきほっし》の歌に、

まつち山また越えくれば伊保崎の
すみ田河原にひとりかも寝ん

この歌は紀伊国伊都郡隅田《いとすだ》の荘（和歌山県橋本市）の河原を詠んだもので、赤井山《あかいやま》・盧崎《いおざき》もみなその辺の名所である。そこでいにしえの歌によって、この渡でも牛尊を祭った牛島という土地を盧崎と呼んできた。金龍山という岡を、まつち山と言い習わしてきたのは、いつ頃からか好事家《こうずか》が自分たちだけで言ってきたことであろう。藤原光俊《みつとし》朝臣は、

盧崎の隅田河原に日は暮れぬ
関屋の里に宿やかるらん

と詠んだ。これも紀伊国の隅田河原であるが、武蔵には河の近くに関屋《せきや》の里、日暮里《にっぽり》などという所がある。さらに、西には続いて浅茅《あさじ》カ原《がはら》・浅草《あさくさ》野辺・忍ノ岡・向ノ岡があるが、昔はすべて武蔵野であった。浅草川は豊島郡の千束《せんぞく》の荘の内で、上流は利根川・入間川・荒川の三流に続く。鎌カ淵・杵カ淵・乙カ淵などという名所の三つの淵も近くにある。

昔、土師《はじ》氏の一族で、檜熊《ひのくま》・浜成《はまなり》・武成《たけなり》の兄弟三人が漁労を営んで、浅草川の辺に住んでいた。推《すい》古《こ》天皇三十六年（六二八）戊子三月十八日のこと、空晴れて風も静かで朝風も良かったので、兄弟は

小舟に乗って三屋戸川へ漕ぎだし、いつものように網を下ろし、しばらくして引きあげると、怪しいものがみえた。手にとってみると非常に小さな十一面観音像である。兄弟は不思議な思いにかられ、今日の漁はこれまでと急いで家に帰った。その観音像を傍らに置いて崇拝し、香花をそなえ、閼伽《あか》の水を絶やすことはなかった。朝、兄弟が尊像に向かって手を合わせ言うことには、

私たちが網に懸かった観音様を引き上げたことは思いもがけない縁ですが、観音様のお体を穢《けが》すことはできない。そうならないようにと考えながら、観音の大慈悲の助けを祈っている。私たちは朝夕漁業によって生計をたてている。今日も船を浮かべあの沖に出て漁を行うので、どうか観音様、憐れみを垂れて大漁になりますように。

と、三人が拝礼をして漁に出ると、うまい具合に大小数万の魚が取れた。隣家や仲間はこれを見聞して不思議に思い、うらやんだ。連日大漁が続いたのでもうけも増えて、家は豊かになっていった。三人はこれもひとえに観音のお陰と考え、小さな堂を造って藜《あかざ》の木で垣根を廻らせ、ここに観音を安置した。参詣の人々はこの堂を藜堂と呼び、お参りすれば今生《こんじょう》と後生《ごしょう》の二世に功徳《くどく》があると有り難がった。

年月が移って、三兄弟も死に、草堂のそばに埋めて墓をたてた。今ではこれを三社権現と呼び、仏を守護する神として崇めている。毎年三月十八日が祭礼であるが、もとは三人の漁師の霊廟《れいびょう》が始まりであった。

「栄泉江戸名所」に描かれた浅草寺　国立国会図書館蔵

藜堂の側に奥羽・総野への街道が通り、一ッ屋の宿があった。店や農家もなく、茅葺きの家が一軒あった。ここに一人の老婆が娘とともに宿を経営していたが、もともと意地悪く貪欲な者であった。金持ちの旅人が泊まるときは、娘としめし合わせ、娘が添い伏して熟睡させたところを、天井から縄をつけた大石を落として圧殺し、衣服や金品を剥ぎ取った。死骸は家の後ろの池に沈めた。年月が経ち、命を失ったものも数十人になると、この辺も物騒な場所として一ッ屋に宿を求めて来る者もなくなり、臥せ猪の床などと言われて荒れてしまい、藜堂に参詣する人もめっきり減ってしまった。

あるとき、どこから来たかはわからないが、美男で品位のある旅人が来た。老婆は喜んでもてなし、娘に大石で殺すことを命じた。娘はたまたま人間として生まれ、善根《ぜんこん》を積むべきところで、罪深いことを重ね、もう逃れることはできない、ここで旅人を殺すことは鬼畜にも劣る、身代わりとなって仏の加護を得ようと考え、自分の部屋に旅人を休ませ、自分は大石の下にいた。それを知らない老婆は、真夜中に大石を落とし、灯を近づけて見ると、そこには旅人の死骸はなく、娘のはかなくなった姿があった。娘を失った老婆は悲嘆の余りこれ以上生き長らえても仕方ないと例の池に身を投げて自殺した。それ以来、この池は姥カ池と名付けられ、世間話の種となった。白河《しらかわ》上皇の御歌に次のようにみえる。

武蔵には霞の関屋ひとつ屋の

石のまくらや野守あるてふ

朱雀《すざく》天皇のとき、安房守平公雅《きんまさ》は武勇の誉れが高く、群を抜いていた。平将門《まさかど》の乱で一門の国香が討たれ、その仇を晴らすため甥の貞盛《さだもり》と共に戦功をあげた。その褒美を下されるとき、藜堂の本尊を深く信仰していたので武蔵の守護を望んだところ、見事にかなえられた。天慶五年（九四二）三月十八日より基段を設け材を削り、今の地に新しい御堂を造り、金龍山浅草寺《せんそうじ》と号し、観音を藜堂から移した。また、五重塔・駒形堂《こまがたどう》なども建てた。その結果、観音像は三十三身の威光を発し、人々はその加護を求めて日夜参詣し、絶えることはなかった。地震や異変に何度かあい、堂塔も荒廃したところを、治承四年（一一八〇）の秋、頼朝卿が伊豆国の配所からひそかに詣でて、平家追討の祈願を立てられたが、天下一統の業が終わると、堂塔の修造を行い、水田三十六町を寄付した。

その後、北条義時《よしとき》父子が白檀《びゃくだん》の木材で造った観世音の像・白綾の旗・信濃布などを寄進した。文和元年（一三五二）の春、新田《にった》の余類が上野から武蔵野に討って出た。足利基氏は一戦に臨んだ折に北方に向かってこの尊像に礼をして心中に祈念したところ、敵軍はすぐに負けて、東国は平穏になったので、美田数十町を寄付した。鎌倉公方・管領家・小田原五代の北条家までも崇拝を欠かさなかった。関東八州は言うに及ばず、五畿七道の老若男女は当寺の異尊の仏力を仰ぎ尊敬しない者はなく、その救済は海のように深いと説かれている。武蔵野の名所として広く人々の参詣を招くゆえんである。

野州早乙女坂合戦――宇部宮尚綱、那須高資と激戦の末に憤死する

下野国河内郡宇都宮の城主は右馬《うま》権頭《ごんのかみ》尚綱《ひさつな》という。初名は左門尉俊綱《としつな》である。昔、崇神《すじん》天皇は皇子の豊城尊《とよきのみこと》を東征のため関東へ下向させた。豊城尊は宇都宮の地に三年間いて、近国の悪党三千人を誅伐し、人心を安心させた。また、豊城尊は大己貴尊《おおなむちのみこと》・彦根《ひこね》〔大己貴の子〕・事《こと》代主《しろぬし》〔前に同じ〕・天種子命《あめのたねこのみこと》の四座をこの地の鎮守として祀った。

その後、冷泉《れいぜい》天皇の時代に、奥州で蝦夷《えみし》の首長である安倍貞任《あべのさだとう》・宗任《むねとう》の反逆が起こったとき、粟田《あわた》関白道兼《かんぱくみちかね》の玄孫で近江国志賀郡石山寺《いしやまでら》（大津市）の座主《ざす》である大僧正宗円《だいそうじょうそうえん》を、宇都宮多気《たげ》郡に下向させ、祈禱を行わせた。宗円は凶徒が誅伐され、奥羽が平穏になった恩賞として、下野国の守護に補任された。それ以来、その職はその子孫が代々受け継いできた。

頼朝のとき、宇都宮三郎信房《のぶふさ》・同弥三郎朝綱《ともつな》兄弟があちこちで軍役を勤め、格別の忠勤に励んだ。その結果、信房は城州（ママ）紀伊《きい》郡を賜り、家号を紀伊〔後に城井《きい》と改める〕と称し、かつ豊前国の守護として任国に赴任した。朝綱は下野国内に居住して、宇都宮検校職《けんぎょうしき》・日光山《にっこうさん》の別当《べっとう》を兼帯し、関東の

勤めを専らにした。今の尚綱はその十八世に当たる。宇都宮家には紀清両党《きせいりょうとう》・壬生《みぶ》・笠間《かさま》などの一族・家臣も多く、その後もますます繁栄し、この頃は古河公方家とも婚姻を結ぶ間柄ともなった。

この頃、古河公方家が北条家と婚姻を結んだが、以後、那須・小山家らが命令を聞かず、自立の意思を示すようになった。足利晴氏はこれを怒り、結城政勝《まさかつ》に命じて小山家に申し入れをさせ、宇都宮尚綱に命じて那須家に咎めさせたが、那須家はこれを無視した。そこで天文十五年（一五四六）、尚綱は二千騎を率いて境目の喜連川早乙女坂《きつれがわそうとめざか》に出陣した。これを聞いた那須太郎高資《たかすけ》は、太田原《おおたわら》備前守資信《すけのぶ》・大関《おおぜき》右衛門佐高増《たかます》・医王野《いおうの》下総守・千本《せんぼん》常陸介道長《みちなが》を中心に、三百余騎にて居城烏山城《からすやま》（栃木県那須烏山市）を出発して、早乙女坂に着陣した。

早乙女坂古戦場　栃木県さくら市

五月十三日の辰の刻（午前七時頃）、矢合わせの合図である鳴鏑《なりかぶら》から戦いが始り、互いに太刀を抜いて矛先を交えて追いつ追われつの激戦を行い、しだいに宇都宮方が優勢になったが、医王野資信の家人鮎瀬《あゆせ》弥五郎〔後に助右衛門と名を改める〕という大力の武士が尚綱に矢を命中させ、その首をあげた。これによって宇都宮勢は崩れた。そのとき、湯川民部丞《ゆかわみんぶのじょう》は主の笠間長門守幹綱《もとつな》に向かって、お屋形が討たれ、味方が敗走するのはしかたないとしても、我々までこれを見て逃げることは武士の名折れである。自分は殿の名代《みょうだい》としてここに踏みとどまり、潔く討ち死にして笠間家の名誉を末代まで伝えたい。お暇《いとま》申し上げる。

と言い捨てて、ただ一騎で敵陣の中に戻り、那須衆三騎に向かい、一人を切り、二人に手負いを負わせた後に、討ち死にをとげた。名を惜しみ、命を軽んじることは勇士の常、今に始まったことではないが、本当に一騎当千の侍であると、敵も味方も感心した。尚綱の墓は、戦場のかた隅に石塔が置かれ、今も残っている。

上州碓氷峠の合戦――関東管領上杉氏の没落を決定した碓氷峠合戦

平井城においては、河越表での惨敗の後、北条家に対する恐ればかりで誰も有効な手を打てないまま、いたずらに時が過ぎた。菅野・上原らが上杉家の家政を握ったままであったが、彼らは甲斐の武田大膳太夫晴信に対して謀略を行おうとした。

晴信は今春、信濃戸石《といし》城（長野県上田市）の村上義清《むらかみよしきよ》と戦い、近臣数名を加え四千余にのぼる手負い・死人を出して敗北した。信州の敵方は勢いを得て、武田家の重臣たちはそれに対応するだけで精一杯であった。武田家の威勢が弱まった上に、晴信はおこりの病にかかり、命もあぶないとの噂が流れた。菅野・上原らは、この機会をとらえて信州佐久《さく》郡へ攻め込めば武田家はたちどころに滅亡し、北条家

も上杉家の威光を恐れて従うであろうと主張し、評定で佐久侵攻を決定した。このとき、長野信濃守業正《なりまさ》は頭を振って、

何たる評定であろうか。信濃への出兵はまったく理由のない企てである。近年、上杉家の力はしだいに衰え、政道も正しく行われないため、人の恨みを買い、家中の和もない。これは一部の家臣の独断が原因である。この春の河越合戦に敗北したのは時の運というが、つまりは軍法をおろそかにしたためである。そうであれば、当家の敵は氏康一人にしぼるべきであり、北条家を倒す謀《はかりごと》が先決であるのに、当家とはまったく関わりのない武田家と戦うのは本末転倒である。自分はこの戦いには同心できない。

業正は顔色を変えてこう述べ、退座した。菅野・上原らは苦笑いし、「長野のいつもの分別顔は上杉家のためにはならない。」と言って、憲政を説得したので、信濃への出陣は許可された。

西上野衆がくじ引きをして、倉賀野十六騎が先陣をつとめることになり、金井《かない》小源太秀景《ひでかげ》〔後に淡路守と称す〕をさきがけとし、上田又次郎・萩谷加賀守・深谷《ふかや》兵庫尉・木

武田信玄画像　当社蔵

部宮内少輔・白倉・安中《あんなか》・和田《わだ》・後閑《ごかん》・大戸《おおど》・三ノ倉・大郁・山上《やまがみ》・尻高《しったか》以下二万余騎で、この年丙午《ひのえうま》十月初旬に上野・信濃の境の碓氷《うすい》峠に押し寄せた。

これを見た、信濃相木《あいぎ》の信田《しのだ》市兵衛常喜は早馬で甲斐に通報したところ、病床にあった晴信は少しも驚く気配はなく、「すぐに向かって蹴散らせ。」と板垣信形《いたがきのぶかた》に命じた。板垣は十月四日に甲府を立ち、六日の巳《み》の刻（午前九時頃）には碓氷峠に着陣した。このとき出陣した面々は、小山田《おやまだ》左兵衛尉信茂《のぶしげ》・栗原《くりはら》左衛門尉是孝《これたか》・日向大和守昌時《まさとき》・小宮山《こみやま》丹後守昌友《まさとも》・南部《なんぶ》・勝沼・小曽・逸見《へんみ》・芦田《あしだ》・相木らであった。

上杉勢五千余騎は峠より北で、大体は坂を越えて陣を張ったが、敵が押し寄せてきたのを見て、陣を立て直そうとして混乱するところに、武田勢が凱歌を歌いながら矢をうちかけた。上杉勢も隊列を立て直すと、鬨の声をあげて反撃に出たが、これを見て武田勢は引き上げにかかったので、これを逃さんと上杉勢は坂を下って追いかけた。板垣は敵を十分引き寄せておいて、手勢二百余騎を急に反転させた。その中で、広瀬《ひろせ》郷左衛門景房《かげふさ》十七歳・三科《みしな》伝《でん》右《え》衛門《もん》形幸《かたゆき》十九歳が先頭になって槍を散々に突きこみ、広瀬は藤田《ふじた》丹後守を討ち取り、三科は師岡隼人正《もろおかはやとのかみ》に槍で負傷させた。

上杉勢は峠に引き上げて新手に入れ替えようとしたが、武田勢は間をあけずに攻めたてたので、その暇がなく崩れ始めた。このとき、武蔵の武士で深谷内匠助《たくみのすけ》は、小桜を黄色に反転させた鎧を着てただ一人坂中に留まり、大長刀を振るって「卑怯者、返せ、戻せ。」と味方に声をかけたが、大勢が決した今、これを聞いて踏み留まる者はなかったが、追ってきた武田勢十余人をなぎ倒してしずしずと退却した。板垣はなおも太鼓を鳴らして攻め上るように促したが、上杉勢も林の中に引き上げ、後陣の新手も加わって備えを固めたので、板垣もようやく軍勢を引きあげ、午《うま》の刻（午前十一時頃）に勝鬨をあげて、討ち取り首を実検した。首は一千二百十九ほどあったが、これを注文に載せ、甲府へ早馬で知らせた。

晴信はおこり病はいまだ完全には回復せず、半途といったところであったが、たとえ先陣の板垣が勝利したとしても、自分が戦場にいなかったことで東国武士のあなどりを買って隙を狙われると考え、また武士である以上戦場に死ぬのは本望で、病で死ぬのも同じ天命であり、上杉勢が再び攻め込もうと思わないようはなばなしく一戦し、武勇のほどを示そうとも考えた。十月十五日の辰の刻（午前七時頃）、晴信は馬場《ばば》民部少輔信房《のぶふさ》・内藤《ないとう》修理亮昌豊《まさとよ》・浅利《あさり》式部少輔信高《のぶたか》・原《はら》加賀守国房《くにふさ》・諸角《もろずみ》豊後守昌清《まさきよ》・山本勘助晴幸《やまもとかんすけはるゆき》・小畑《おばた》山城守虎盛《とらもり》・原美濃守虎胤《とらたね》・安間三左衛門・曽根《そね》七郎左衛門以下、四千五百余騎を率いて甲府を発ち、翌六日昼時に信州軽井沢《かるいざわ》（長野県軽井沢町）に着いた。上杉勢は最初の戦いで板垣にしてやられた無念さに、再度の戦をいどむため峠を越えて陣を張った。

ここで武田軍には、飯富《おぶ》兵部少輔虎昌《とらまさ》・小山田備中守昌辰《まさたつ》・真田《さなだ》弾正忠幸隆《ゆきたか》など信濃に在陣していた武将たちが合流した。晴信はこれを機に、板垣らを後陣に下げ、その日の未《ひつじ》の刻（午後一時頃）に峠に上って上杉勢に攻め寄せた。上杉勢は最初の恥をそそごうと、矢を次々に射かけたが、武田勢はこれをものともせず、錣《しころ》を傾けてこれを避け、次々に新手を入れ替えて攻め続けた。その勢いに押されて浮足立つ上杉勢をみて、武田勢は「勝った。」と一丸となって追い立て続けたので、ついに上杉勢も乱れて坂下へ向かってなだれ落ちた。

このとき、白倉五左衛門という関八州では有名な武者が小高い所に駆け上がって、板垣を射殺そうと思い、弓をひきしばって心に「当たれ。」と祈念して射た。矢尻が下がったため矢は同人の乗った馬の胸当に筈《はず》が損うばかりの力で射込まれたので、板垣は馬より下りた。これを見て、上杉方の武士七・八人が駆け寄ったので、板垣は太刀で切り払おうとしたが、大勢に取り囲まれて危険におちいった。このとき、真田弾正忠が馳せ来て、二人を切り伏せ、三人を手負いにし、残る敵と向かい合った。武田勢六〜七十騎、上杉勢百騎でしばし戦ったが、勝負はつかず両軍とも引き上げた。

この日、甘利《あまり》藤蔵晴吉《はるよし》、後の彦右衛門は十三歳の初陣《ういじん》であったが、よき首をとり高名の手柄をたてた。上杉方は四千三百余人、武田方は二千百四十三人が討ち死にした。申《さる》の刻の終わり（午後五時頃）に晴信は勝鬨の声をあげた。そのまま軽井沢に陣を張り、三日間逗留し、首実検の儀式を行い、同月十日に甲府に帰陣した。

結城政朝と常陸下妻海老島合戦――常陸小田と下総結城の因縁の対立抗争の端緒

下総国結城城主は左衛門督《さえもんのかみ》政勝である。父は政朝《まさとも》〔入道孝顕《こうけん》と号す〕、母は宇都宮成綱《しげつな》の娘である。

結城家は永享の乱以来、鎌倉公方足利家に忠節を尽くしており、古河へも変わらぬ奉公を続けた。明応八年（一四九九）八月朔日、政朝は譜代の家人多賀谷和泉守を誅したが、この頃から常陸の佐竹右馬頭義昭と対立が生じた。義昭は陸奥の磐城《いわき》左京太夫重隆《しげたか》と通じて、軍勢を合わせて宇都宮を侵略しようとした。これを聞いた政朝は速やかに援兵を出し、宇都宮を助けて両家の軍勢を退けた。

ところが、宇都宮家の当主孫四郎忠綱《ただつな》は生来不義・無道な人物で、妹婿の政朝が優れていることをうらんで、内々に殺そうと企みを行った。そこで、政朝は明応九年十二月六日、軍兵を率いて宇都宮城を攻めた。忠綱はこれを猿山で迎え討ったが、政朝が勝った。結城軍が忠綱の背後に廻ったため、忠綱は宇都宮にもどれず、鹿沼《かぬま》の古城へ退去した。この頃、忠綱の父成綱の弟で、以前に結城に出奔していた芳賀《はが》弥五郎は、今回の戦いで政朝の陣頭にあって勲功をあげたことによって、宇都宮家の当主として迎えられた。また、政朝は結城領であったが宇都宮家が横領していた中村十二郷もこの際取り戻すことができた。

その後、大永五年（一五二五）、政朝が四十九歳で隠居し、政勝に家督を譲った。常陸の小田左京太夫政治《まさはる》が多賀谷下総守家重《いえしげ》と結んで、天文六年（一五三七）正月下旬、結城へ攻め込むとの知らせがあったので、政勝は古河公方晴氏に加勢を求めた。晴氏は膝下の諸将に出陣を命じると、壬生・簗田・守谷《もりや》・筒戸《つつど》・皆川《みながわ》・一色らが来援した。政勝は喜んで「この上は待って戦うより、逆攻めして運を開こう。」と、水谷《みずのや》伊勢守治持《はるもち》・岩上《いわがみ》但馬守らを大将にして、多賀谷の居城河内郡下妻に攻め入ろうと

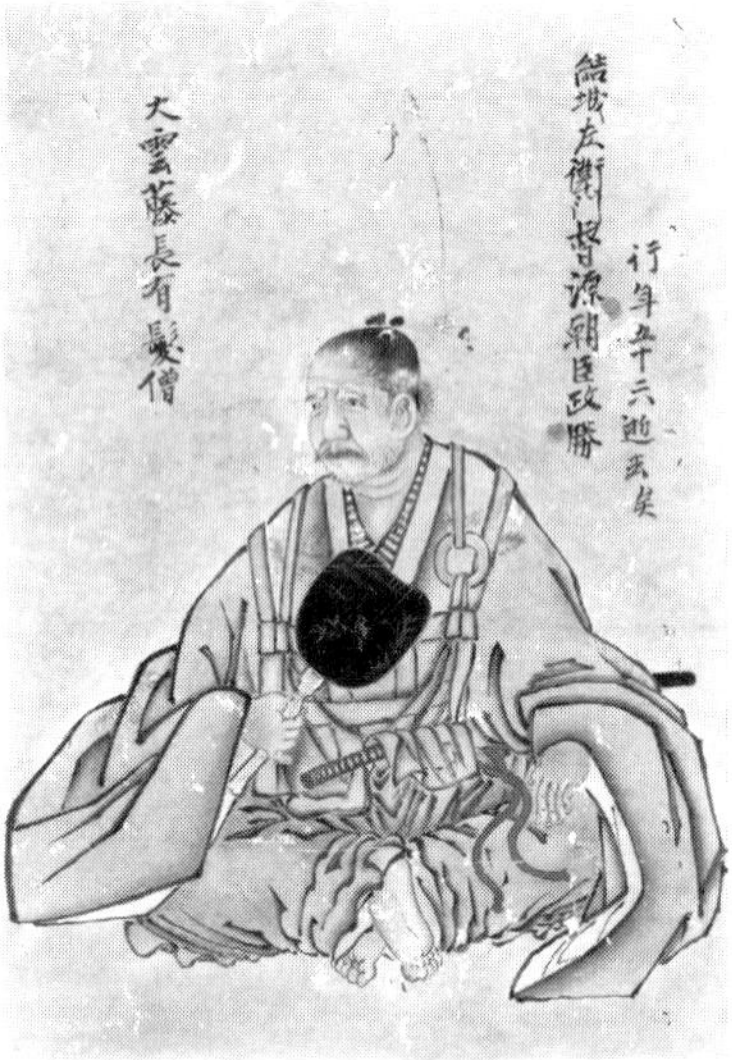

結城政勝画像　東京大学史料編纂所蔵模写

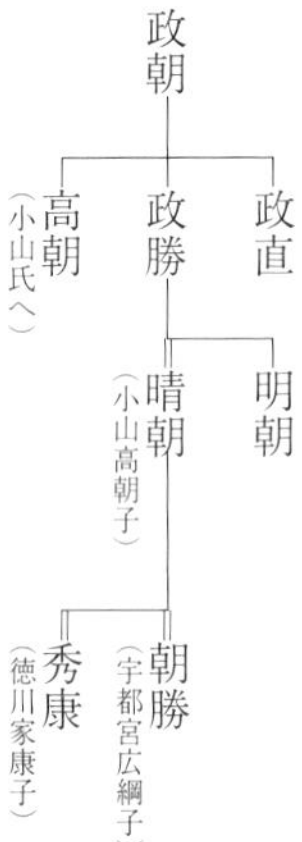

結城氏略系図

したところ、小山政治の先陣が山川《やまかわ》領小勝村に進出してきた。政勝は弟の小山高朝《たかとも》に「小田勢を十分に引きつけてから蹴散らせ。」と命じ、高朝も「心得た。」と言って真先に進んで小田勢を押し詰めると、小田勢はたいした戦いもせず、陣を崩して逃げ帰った。

政勝は今なら苦労せず多賀谷を攻められると考え、馬を早めて下妻に着いたが、敵も西関の逆川《さかさがわ》辺に出向き、ここで防戦した。互いに勇気を奮って戦ったが、城方はついに負け、結城方は追いうちして首三百余を取った。味方の疲労も激しかったので、まず今回はこれまで、次に城攻めをと軍勢を返した。

このとき、水谷治持の老父全仲《ぜんちゅう》の秘策によって真壁《まかべ》右衛門太郎氏幹《うじもと》が結城方へ味方すると通報してきた。政勝は真壁と示し合わせて下妻を攻めようと準備をしていたところ、多賀谷から「結城家は元来主君の家筋であるので、今回のことを特別に許していただければ、水谷入道に従う。」と申し入れて来たので、政勝はこれを許した。多賀谷家重は弟隠岐守の子安芸守を人質として結城家に出し、政勝に従った。

これより後、政勝が伊勢神宮へ参詣を志し、小田原まで着いたとき、氏康がわざわざ使者をもって政勝を城中に招き、五・六日間も懇切にもてなしたことがあった。これは結城家が主君と仰ぐ古河公方晴氏が氏康の妹婿であったからで、また政勝が風雅を好み和歌を嗜むことから、氏康とも水入らずで対話がはずんだ。このとき、佐竹家が江戸・石川《いしかわ》・宍戸《しど》・尾上・只越《ただこし》らを率いて結城を攻め取ろうという風聞が流れた。小田原の宿所で留守の家臣らから早馬でこのことを聞いた政勝は、伊勢参宮を止めて結城へ戻ろうとしたところ、氏康は江戸城に置いていた兵のうち五百余人を援軍助成として同行させた。さらに、晴氏にも書状を送り、簗田・一色・赤井《あかい》・榎本《えのもと》以下の援兵を送るように依頼も忘れなかった。

結城に戻った政勝はこれらの援兵も加えて、すぐに小田の領分の真壁郡海老島《えびがしま》へ進出して陣を張った。この地は足場が悪く動きが取りにくい場所なので、双方ともためらっていたが、翌朝政勝の嫡子中務少輔明朝《あきとも》は先陣となり、二十余騎を率いて泥沼を踏み越えて敵陣に切り込み、一歩も引かずに戦った。これを見た後続の結城勢は、明朝を討たすなと、まず政勝が麾《さしずばた》を持って駆け出し、さらに旗本に続いて十山・岩上・茂木《もてぎ》・山川・久下田《くげた》・羽石《はねいし》ら二千余騎が、悪条件をものともせず駆け入り、激しく戦い小田方の三百余人をわずかの間に討ち取った。そこに、壬生《みぶ》・榎本・長沼《ながぬま》らと小田原よりの援兵が横から切りかかり、その中でも太田源六郎康資《やすすけ》は鉄の棒を持って人馬といわずなぎ倒した。

この戦いで小田方は惨敗した。兵は四方へ逃げ散り、大将の小田政治も命からがら土浦城《つちうら》（茨城県土浦市）に逃げ込んだ。結城家は勝鬨をあげ、山王堂《さんのうどう》で首実検をしたが、四百八十五級のうち二百三が甲首《かぶとくび》であった。しかし、以後も小田・結城の戦いは続き、止む時はなかった。

氏康と足利晴氏の対立――関東管領上杉憲政の器量と武将たちの戦国力学

武蔵松山城の城代は垪和刑部少輔であった。岩築の城主太田信濃守資宗《すけむね》はこの城を我が物にしようと考え、天文十五年（一五四六）八月二十八日夜、足戸呰にいた上田又次郎政広を誘って不意討ちを行った。思いもかけない夜討ちに城方は散々にうち負かされ、垪和もやっと河越城に逃げ延びた。信濃守は本丸に広澤《ひろさわ》尾張守忠信《ただのぶ》を置き、上田又次郎に二の丸を預けて岩築に引き揚げたが、帰陣後まもなく重病になり、弟美濃守資正《すけまさ》に家督を譲って亡くなった。

北条方はこの機会をとらえ、垪和・笠原・多米を侍大将として、毛呂《もろ》・浅羽《あさば》・宿屋・横山《よこやま》・真野《まの》・北見《きたみ》・太田・牛込《うしごめ》などの武者を加えて、松山城を攻めさせた。広澤はよく守っていたが、上田は敵に欺かれて、攻め方を二の丸に引き込んだため、城は落ちて広澤は討ち死にし、松山城は再び北条方の物となった。氏康は旧主ということで上田又次郎に城を預け、人質を小田原に出させた。

氏康は勝戦に乗じて岩築も攻め落とそうと謀略をめぐらしたが、太田資正は智謀武勇に優れ、兄信濃守に匹敵する武将であった。さらに、弟五郎左衛門をはじめとして有能な家臣がおり、むしろ隙があれば北条方の江戸・河越城を奪い取ろうと備えを怠らず、平井の上杉憲政に応援を頼もうとも話しあっていた。上杉家中では、白井・足利の両長尾氏をはじめ佐野《さの》・横瀬《よこぜ》・桐生・渋川《しぶかわ》・赤井《あかい》・富岡《とみおか》・太田・長野・小幡・安中・倉賀野以下、旧恩を忘れず、管領家の再興を志して平井に出仕しており、よくまとまってはいたが、憲政は一国の大将の器ではなく、酒色・遊興におぼれ、貪欲でよこしまな者が側近を固めて、政務を省みなかったので、滅亡は近いと誰しも思う有り様であった。

また、氏康は近習の軽部《かるべ》豊前守を古河に遣わし、晴氏が河越合戦のとき上杉方と同陣し、北条氏に敵対したことを責め、手切れを告げた。

こうして、関東では、古河公方と関東管領上杉氏と北条方の三者がにらみあい、それぞれ今日は味方、明日は敵と、風にただよう雲のように迷走することになった。

太田資正画像　「太平記拾遺」　東京都立中央図書館蔵

安房里見家の動向——里見義豊・安房源氏自立への自負と戦歴

安房の里見刑部大輔義堯は、左馬助義豊《よしとよ》の嫡男である。先祖伊賀守義成《よしなり》より九代、刑部少輔家基《いえもと》が嘉吉元年（一四四一）の春、結城合戦で敗れて自害して以後、その子又太郎義実《よしざね》は上野国の本貫を離れて、安房に落ちて清澄の寺に隠れた。昔、源頼朝は治承四年（一一八〇）八月の相模国土肥《どひ》・杉山《すぎやま》の戦いに敗れ、伊豆の真鶴崎《まなづる》（神奈川県真鶴町）から船に乗って洲崎《すのさき》（千葉県館山市）の海辺へ渡ったとき、安房の武士安西《あんざい》三郎景益《かげます》・金鞠藤次《かなまりとうじ》光秀《みつひで》・丸《まる》五郎信俊《のぶとし》・東条《とうじょう》七郎秋則《あきのり》らが一番に馳せ加わり、忠義を尽くした。そのため、関東を平らげたところで安房は四人に分け与えられた。

義実は安西家を頼り、これに仕えて小禄を与えられた。しかし、もともと武人の器量があったので、侍大将となって士卒を率いて手柄をあげ、安西家秘蔵の武士と称されて手厚く優遇された。義実病死後、嫡男左衛門佐義成は父に劣らず忠勤を励んだ。その子上野介義通《よしみち》は家督を継いだものの早世したため、弟喜太郎義豊が家を継ぎ、左馬介と名乗って、安西家の家老となった。

明応の初め頃、四家が不和になり、互いに境目を争った。智謀に優れ大剛の勇士であった義豊はあちこちの戦いに出陣し、あるときは金鞠太郎・丸源五と戦い、またあるときは東条四郎を討ち、ついに明応四年（一四九五）乙卯《きのとう》八月には三家を平らげ、安房は安西三郎一人のものとなった。義豊の家中での勢力が高まり、義豊もこれを誇ったため、安西は義豊を憎み謀殺を企てた。義豊は今まで忠節を尽くしてきたが、もはやこれまでと逆心を起こし、翌年十一月、安西の館を襲い、主人に切腹を強いた。こうして安房国を横領し、稲村《いなむら》（千葉県館山市）に居城を築き、安房源氏を称して自立した。

明応六年、上総国に攻め入り、あちこちで城を落とし、十二月六日には望陀《もうだ》郡真里谷《まりやつ》城（千葉県木更津市）を囲んだ。城主左近将監《さこんしょうげん》真勝《さねかつ》は武田左馬介信長《のぶなが》の末流で、父は真里谷和泉守武定《たけさだ》という。しばらく抵抗したが、ついに降伏し城を明け渡した。真勝は同郡山本村の小澤谷へ蟄居し、後に義堯によって召し出されて五千石の堪忍分が与えられ、真里谷上総助と名乗った。次いで、庁南《ちょうなん》・庁北《ちょうほく》をも平らげ、文亀二年（一五〇二）九月、佐貫《さぬき》（同富津市）に城を造った。これを鶴ノ城に対して亀ノ城と呼び、佐々八郎左衛門に守らせた。

その頃、土岐《とき》弾正少弼《だんじょうしょうひつ》頼房《よりふさ》という者がいた。これは美濃の守護土岐大膳太夫頼芸《よりなり》の一族であったが、家が衰えたのを機に本国を出奔し、武者修行のため関東に下り、安西

里見義豊木像　千葉県南房総市・杖珠院蔵

義成（成義）
- 義通 — 義豊
- 実堯 — 義堯 — 義弘
  - 義頼
  - 梅王丸

里見氏略系図

家に養われて久しくなっていた。彼は義豊の先鋒として上総で働き、夷隅《いすみ》郡をきり取って万喜《まんぎ》（同いすみ市）に城を構え、付近ににらみをきかせていた。

この頃、義豊が死に、嫡男源太郎義堯が刑部太輔と称して家督となり、大永二年（一五二二）四月朔日、上総国畔蒜《あびる》郡浦田《うらた》に城を築いて移った。今の久留里《くるり》城（同君津市）である。同四年十一月、安房館山《たてやま》（館山市）に新城を築き、義堯の弟義弘《よしひろ》が入った。

天文二年（一五三三）の頃より上総生実の御所発性院と合戦し、その後、小田原の北条氏との対立が始まり、上総・下総の地を争うことになる。氏康も河越城を大道寺駿河守に任せ、北条綱成を相模玉縄《たまなわ》城（神奈川県鎌倉市）主に戻して里見家への押さえとし、また上総有吉《ありよし》の砦（千葉市緑区）も綱成に任せた。さらに、武蔵金沢《かねさわ》（横浜市金沢区）・相模三崎《みさき》（神奈川県三浦市）の要害も修復して、里見氏の侵入に備えさせたのである。

巻三

早乙女坂二度目の合戦——那須家中大関高増の完璧を避けた戦いの哲学

宇都宮の城主右馬権頭尚綱が早乙女坂で討ち死にしたとき、その子弥三郎広綱《ひろつな》はわずか三歳の幼児のため、弔い合戦に出陣できる年齢ではなかった。そこで家臣らは相談して、芳賀十郎高綱《たかつな》を陣代にして、天文十八年（一五四九）己《つちのと》酉《とり》四月下旬、二千五百余騎で再び早乙女坂に出陣した。那須太郎高資はこれを聞いて旗下の軍兵をかり集め、上荘の大関高増を先手として速やかに出陣し、戦端を切った。宇都宮はこれによって散々に打ち負け、高綱まで討たれそうになった。那須衆はさらに勢いを得て攻めかかったが、ここで高増はなぜか軍勢を抑えて引き上げさせたので、宇都宮方もこれを幸いとばかりに退散した。那須党の人々は立腹して、

今日の一戦では当方が有利で、敵の大将の首を得るまたとない好機に、高増の指揮によって芳賀を討ち漏らし、本当に残念であった。

と、それぞれがつぶやいた。後年、那須資胤《すけたね》がこのことを高増に問いただすと、高増は次のように答えた。

「雪は皆はらいはてたる秋風ぞ松に残して月をみるかな」という古歌がありますが、自分の軍配

の心はこれです。最初に宇都宮尚綱を討ち取ったのは当家にとってはこれ以上はない名誉です。しかし、今度の弔い合戦のため広綱の代官として参った芳賀十郎をまたも討ち取ってしまえば、宇都宮家は二代にわたって那須党にやられたと、巷間でうわさされ、天の神々もそうみる。武運を尽かせないためには、今は遠慮をすべき時なのです。近年、相模の北条氏康が隙があれば関東の諸家を従えようとしていると聞いておりますが、下野に攻め込めない理由は、古来宇都宮・結城・小山などの有力な大名が控えているからで、この一戦でもしも芳賀が討ち取られれば、宇都宮家の威光は衰え、その一方で氏康は力を増し、下野に侵入して当家もこれと一戦しなければならなくなるのです。北には奥州の葦名《あしな》、南方には氏康、両方の敵を相手にするのは由々しき次第で、当家は滅亡するでしょう。完全な勝利は天の怒りを買うこともあるのです。

この答えを聞いて、資胤をはじめ那須党の面々は初めて高増の心を理解した。

この合戦の後、宇都宮方は陰謀を企んだ。千本常陸介通長《みちなが》をたぶらかして、天文二十年正月二十三日、那須高資を殺害させたのである。その日、高資の母が、

昨日、常陸介父子が来て話すのを私は障子を隔てて聞いていたが、何かあいまいな言葉が多かった。おそらく二心を抱いている。今日、千本の所に参るのは止めたほうがよい。

と留めたが、高資はにっこりと笑って、「自分を謀る者が関八州にいるとは思われない。御気遣は必要ありません。」と言って出発した。しかし、その直後むざむざと殺されたは悔しいかぎりと家中は

臍《ほぞ》を噛んだ。

久下田蟠龍斎、庁南勢との一戦――ゆきずりの争いが生んだ、争乱の結末と教訓

常陸国河内郡久下田《くげた》の城主、久下田蟠龍斎《ばんりゅうさい》は俵藤太秀郷《たわらのとうたひでさと》の後胤で、武藤《むとう》氏の余流で元は水谷氏を称した。先祖水谷五郎重俊《しげとし》は、長寧《（ママ）》元年に常陸国真壁郡伊北の荘下館《しもだて》（茨城県筑西市）に城を築き、ここに住んだ。それより数代後、大永四年（一五二四）正月十七日、蟠龍斎が生まれ、水谷弥九郎と名乗った。左眼に重瞳《ちょうどう》があり、これを金骨《きんこつ》の相という。七～八歳で力も早業も他人よりすぐれ、弓矢・刀を持ってよく騎乗し、十歳の頃から理非をよくわきまえた。天文八年（一五三九）三月、十七歳で結城政勝に従い、上杉家との武蔵大串《おおくし》表での戦いで四十余級の首を取って、坂東中にその名をとどろかした。同十四年十月二十日、久下田に要害を築き、移り住んだ。

ところで、あるとき、上総の武田八郎信照《のぶてる》の所領庁南の地下人《じげにん》十人ばかりが、鹿島《かしま》・香取《かとり》・鳥栖《とす》・日光・出流《いずる》などへの巡礼の旅をして久下田の城下を通ったが、このとき事件を起こした。町屋で口論の末、棒切れをもっての喧嘩となり、久下田の者共を散々に打ちのめして逃亡したのである。蟠龍斎はこれを聞いて大いに怒り、彼らを一人も生きて返すなと足軽を指し向けた。討っ手は彼らを追い詰めて切り伏せまたは搦《から》め取り、首を取って棹にかけて獄門に晒《さら》した。その上、生け捕られた二人も耳・鼻を削いで追放された。

庁南に逃げ帰った二人の話はやがて武田家にも届いた。信照は怒って、

人の口を塞ぐことはできない。話が他国に広まれば武田家の面目はない。とにかく恨みを晴らせ。

と人数を集めて、久下田に向かわせた。これを知った結城政勝も久下田を助けるため、三百騎を向かわせた。蟠龍斎は手の者のうちから、総堀の北の城戸口に騎馬五十人・雑兵四～五百ばかり置いて堅陣を張り、法善寺《ほうぜんじ》の境内に伏兵として騎馬三～四十人・雑兵二～三百ばかりを入れた。城戸口で一戦して、敵の攻めが激しければ大手へ引き退き、そのとき敵が池沼を越えたところで、伏兵が法善寺門前に打ち出て、大手から引き返した味方と前後から挟んで一気に攻めるよう命じた。結城よりの援軍は東の城戸に百騎、南の虎口《こぐち》に百騎、旗本の後に百騎と割り振った。

武田八郎は一千余騎を率いて着陣し、勇猛果敢に攻めた。久下田方が支えきれずに引いたとき、法善寺の伏兵が鬨の声をあげて突撃した。同時に大手に引きあげた味方も引き返したので、庁南勢は前後から攻めたてられて苦戦におちいった。彼らはやむなく東南のほうへ逃げのびようとしたが、結城勢が矢を射たてたので、沼の中に飛び込んで逃げざるをえなかった。武田方の死者は詳しくはわからないもののおよそ二百人、武田も古武士ではあるが、武運つたなく敗れ、庁南に戻った。遠くまで攻め込んだことが失敗の原因と思ったのか、以後、久下田を攻める話はなかった。

氏康の平井城攻め――越後を頼った憲政と大義を手にした上杉謙信

天文二十年（一五五一）辛亥《かのとい》の春、氏康は上州平井城を攻めようと、北条綱成の嫡子善九郎康成《やすしげ》〔後に常陸介と称す〕・次男福島市郎頼季《よりすえ》・同伊賀守勝広《かつひろ》・同新六郎・横井《よこい》越前守らを中心に二万余騎を率いて小田原を立った。武蔵と上野国境の神流川《かんながわ》まで進むと、平井にも通報があり、太田美濃守・長野信濃守・曽我《そが》兵庫頭・金井小源太・安中越前守・小幡・白倉・沼田・厩橋《まやばし》・新田・赤井・佐野・足利・桐生・渋川・大胡・山上・後閑・長野などの諸将が先陣・後陣と分かれて出陣した。上杉勢は途中でくい止めるため、三月十日にまず一戦した。

この戦いでは上杉方が勝利し、北条方は引くかにみえたが、氏康が麾を取って陣頭に進んで下知をすると、伊豆・相模の若武者らが互いに目と目で合図を送り、一歩も引かずに奮戦して急場をしのいだ。北条康成は十八歳であるが、真っ先に駆け入り、右左の敵十三人を切り倒した。また、叔父の福島伊賀守は強力の武者であるが、筋金《すじがね》をつけた樫《かし》の棒を振り回し敵をなぎ倒した。これで上州勢は混乱し、両翼も崩れ始め、ついに総退却して平井城に逃げ帰った。氏康はなおも敵に迫ったが、北条勢の疲労も深く手負い・死人も多かったので、これ以上深追いは禁物と引き上げた。

同年初秋、氏康は再び上州発向を決めて、領国内に陣触れをした。しかし、憲政の人望はますます失われ、さらに今春の戦いで敗北したため、北条氏への恐れからか軍勢は集まらなかった。その上、無二の寵臣であったはずの上原兵庫介は逐電《ちくでん》して行方不明、菅野大膳亮は甲州へ落ちたと知って、近習・小者まで我も我もと逃げ去り、今や平井城に集まった者は五百騎を越えないほどであった。上杉

平井城跡の復元された空堀と橋　群馬県藤岡市

憲政もあきれはて、岩築に逃げるか箕輪に籠もるかと悩んでいるとき、曽我兵庫介・三田五郎左衛門・本庄宮内少輔らが憲政にこう進言した。

長野・太田はまたとない忠臣で、自身の城に公を迎え入れて守護することは間違いありませんが、この城で少ない兵で勝ち誇る大敵を防ぐのは難しい。越後の長尾平三景虎は辺境にあってまだ若輩ではあるが、知勇にすぐれるとの噂があります。かつて信州更科の村上義清を助けて、武田晴信と義戦に及び、恩をきせなかったと聞きます。もちろん、その父信濃守為景は上杉顕定公・房能《ふさよし》公兄弟を殺して国を奪った逆臣ですが、もともとは上杉家の譜代、今回罪は許して筋を通して頼めば、二の足を踏むことはないでしょう。再び関東に戻る日もないとはいえません。

曽我らが強く進言したので、憲政は「お前たちの計画に任せよう。」と、曽我・三田・石堂・野村・小野以下五十余名を召し連れ、夜陰にまぎれて平井を出た。旅支度もそこそこに越後に向かい、頸城《くびき》郡春日山《かすがやま》（新潟県上越市）の城下の上条《じょうじょう》山城守定春《さだはる》の館に到着した。景虎は喜んで三田五郎左衛門の案内で城内に迎え、礼を以て接待に努めたので、憲政は家運が衰えたことを述べ、永享の乱のとき朝廷から下された錦の御旗・関東管領職補任の綸旨・藤原鎌足《かまたり》以来の系図・御所作りの麻呂の太刀・飛雀の幕などとともに、上杉の名字と自分の名の一字を与えた。景虎はこれらをうやうやしくいただき、「秘計をめぐらせて御敵を退治いたしますのでご安心ください。」と言上した。春日山の二の郭に館をつくり、三百貫の厨料《くりやりょう》を献上した。

上杉龍若丸の最期——伊豆で散った上杉憲政の嫡男、龍若丸の悲劇

同年八月上旬、氏康はまた上州に攻め入り、平井城を囲んだ。平井城では憲政はすでに逃げ去っていたが、御恩を重んじる譜代の家臣らが集まって籠城した。もともと無勢のため攻め口が次々に押し破られ、すぐに落城した。氏康は大いに喜び、外曲輪を焼き払い、北条長綱に屈強の勇士を添えて本丸を守らせ、上州の支配を命じて帰国した。

このとき、平井に置き去りにされた憲政の長男龍若丸《たつわかまる》〔龍王丸ともみえる〕という十三歳の若君がつかまえられた。乳母の子の目賀田《めがた》新助兄弟三人と彼らの叔父九里采女正《くのりうねめのかみ》・同与左衛門など近江出身の者共が保護していた。北条勢が攻め来るとの知らせをうけて民家に匿っていたが、このまま幼君を隠し通すのは難しい、幼君を差し出して命乞いをすれば許されて所領も与えられるのでは、と相談をまとめ、龍若丸を駕籠《かご》に乗せて小田原まで連れていったのである。

氏康は彼らの話を聞くと、笠原康朝《やすとも》に龍若丸を受け取らせ、伊豆の修善寺《しゅぜんじ》〔静岡県伊豆市〕に送っ

て神尾治郎左衛門に介錯をさせて誅殺させた。また、石巻隼人正に主君を裏切ったのは不忠不義の悪逆であると、見せしめのため目賀田の一族八人を高小手に縛り、小田原の大路を引回し、一色村の松原で磔《はりつけ》にして晒した。見物人の中で彼らを憎まないものはいなかった。また、龍若丸を討った神尾治郎左衛門もまもなく狂い死にをしたという。

長尾景虎の関東越山――平井城を奪還した謙信越山、急を告げる上野

長尾景虎は上杉憲政の譲りを受け、上杉越後守政虎《まさとら》と改名し、越山して関東に旗を翻すとの志を発した。天文二十一年（一五五二）三月二日、断髪して不識庵《ふしきあん》謙信と称し、同八日に信州小県《ちいさがた》郡常田《ときた》（長野県上田市）に出陣し、武田晴信と地蔵峠において一戦し、越後に戻ってしばらく人馬を休め、四月に関東に出陣した。

先陣は蔵王山の長尾弾正入道謙忠《けんちゅう》、後陣は赤田の斎藤下野守朝信《とものぶ》、小荷駄《こにだ》奉行は甘糟《あまかす》近江守景持《かげもち》、遊軍《ゆうぐん》は直江大和守実継《さねつぐ》と決め、柿崎《かきざき》和泉守景家《かげいえ》・河田《かわだ》対馬守親章〔後に豊後守と称す〕を旗本の前後とし、八千余騎の人数で信州鳥居《とりい》峠より西上野松井田《まついだ》（群馬県安中市）に着陣した。上野の武士安中越前守春綱《はるつな》・その子左近太夫広盛《ひろもり》を案内として、平井へ向かい昼夜をいとわず攻めたてた。城代北条三郎兵衛長綱は戦に手慣れた大将であったが、城中に疫病がはやって困っていたときでもあり、形ばかりの戦いをした後、五月雨の暗夜の中、松山城へ落ちていった。そのため、越後勢は何の苦もなく

城を奪い取ることができた。

これ以前、安房の里見義堯は上総・武蔵を切り従えようと、毎年のように謀略を企んでいたが、北条方が生実領の有吉城に北条綱成を入れ、千葉利胤《としたね》と攻守同盟を結んだため、義堯の立場は悪くなった。義堯はこの年二月下旬に安房・上総の兵を率いて長陣を張って、数十日間有吉城を攻めた。綱成は人数を集め、小田原にも援兵を頼んだが、十分にはいかなかった。このとき、綱成の配下の朝倉《あさくら》能登守は所用があって福島勝広の相模大庭《おおば》（神奈川県藤沢市）の屋敷に来ていたが、有吉城の危急を知り、すぐに馬で馳せ帰った。里見方はこの様子を見誤り、後詰の兵が来たと考え、包囲をといた。綱成はこれを見て城から討って出て、遮二無二に戦ったので、里見方は散々に打たれて、上総に退いた。

上杉謙信画像　米沢市上杉博物館蔵

この機会を逃さず里見をたたきつぶそうと、氏康は二万七千余騎をもって小田原を出発した。このとき景虎の西上野越山の報が届いたので、氏康は総州への出陣をとり止め、軍勢を中武蔵へ向けた。さらに平井落城の知らせが入り、氏康は上野には一兵も送らず松山城に入城して、守りを固めた。

景虎はめでたく平井城を落として所期の目標を達成し、憲政はまずこれで国を奪われた恨みを晴らした。このとき、白井長尾・足利長尾・太田・長野・藤田・大石・佐野・小幡・白倉などが景虎の下に参陣した。景虎は長尾入道謙忠・北条《きたじょう》安芸守長朝《ながとも》・同弥五郎長国《ながくに》・夏目《なつめ》豊後守定盛《さだもり》・毛利《もうり》丹後守・萩田備後守・潮田酒税助ら三千余人を平井城に留めて、六月初旬にいったん帰国した。

武蔵村岡河原合戦――上杉・北条の激突の最前線となった武蔵村岡

景虎は帰国後、信州表への出陣、越中の手当て、関東への侵攻などをどう進めるか日夜考えた。翌天文二十二年（一五五三）癸丑《みずのとうし》四月上旬、越山して平井城に入り、関東の武将たちと軍議をしたところ、古河の御所を襲うべきとの意見があった。その背景には、このとき安房の里見氏が太田美濃入道三楽斎《さんらくさい》の工作によって上杉方となったことがある。下総の千葉利胤は氏康の妹婿で、以前から晴氏のもとにも出仕し、何かと里見氏と対立していたことがその原因であった。

利胤は里見・上杉の連衡《れんこう》、景虎の古河襲撃の噂を聞き、氏康に使者を送って神流川筋までの出馬を勧め、自身も先達として六千余騎を率いて中武蔵へ打って出た。さらに、荒川を筋違いに橋を設けて渡り、村岡《むらおか》河原（埼玉県熊谷市）に着陣し、守谷・布川・簗田・一色・小山・近藤らの味方の到着を待ち、潔く一戦して今鬼神のように取り沙汰されている景虎を打ち破り、世の眠りをさましてやろうという意気込みを持って陣を張った。

景虎も平井でこのことを聞いて、

千葉は名門の大名で、ことのほか北条氏と親しく、前々から戦わなければならない相手と思っていた。まだ東上野も北武蔵の平定も進まず、下総まではとても攻められないと思い黙っていたが、相手から戦を挑んできた。きっと、氏康としめしあわせ、合力して勝負に出たのであろう。自分は運を天に任せ、越山して国を離れ、骸《むくろ》を戦場に捨てて大敵をくじき、名誉を後世に伝える以外に考えはない。少しも恐れることはない。相手の勢いがつかぬうちにこちらから出て、若者共に手柄をあげさせよ。

と言い、さきがけには太田美濃守資正、二陣に長野業正、三陣に旗本と決め、境川を渡った。このとき、深谷・本庄・高山の面々は千葉の前に景虎を討ち留めようと考えた。彼らは北条氏への忠節と、ここを通しては弓矢の名折れと、川筋のよい所に旗を立てて陣を敷いて越後勢を待ち受けた。

景虎は甘糟近江守景持を呼んで、

北武蔵の馳せ武者共が味方の進軍を妨げ、矛先を砕こうとしている。まるでカマキリが斧をふるって大きな車に立ち向かい、飛ぶ蛾がともし火に向かって死ぬようなものだ。お前の遊軍で蹴散らせ。ただし、大事の前の小事、怪我をしないように。

と言ったので、甘糟は「承った。」と答え、人数を引き連れて敵陣に押しかけ、弓や鉄砲を一発ずつうち放すや否や、錣《しころ》を傾け矛先を揃えて声をあげて突入して切りまくったので、武州衆はがまんできず我れ先にと逃走した。景虎は首実検をして、軍神への生贄ができたと喜んだ。

村岡河原に近づいたとき、赤井但馬入道法蓮《ほうれん》・富岡六郎四郎重正《しげまさ》・長尾修理入道景朴《けいぼく》・同新五郎顕《あき》長《なが》・佐野周防守昌綱《まさつな》・長沼山城守俊宗《としむね》ら四〜五千騎ばかりが加勢のためといって参陣して来た。皆一方の大将を望んだので、景虎は太田資正・長野業正に、

平井を出るときはお前らに先陣を命じたが、千葉ごときものにこの景虎は目にも懸けていない。この際は野州衆の望みに任せ、彼らを先陣としてまず切り込ませ、二陣は我らの旗本が出て、雌雄を決しようと思うが、異議はあるまい。氏康も多分数日の間に出馬してくるだろう。これこそ我らの本当の敵なので、最初の決まり通り、両将に先陣を頼みたい。

とへりくだって述べたので、太田・長野は了解して後陣に下がった。

このとき、柿崎・中条・河田・竹股《たけのまた》らが大いに不満の様子であった。景虎は次のように彼らを説得した。

お前らは関東の衆に先陣を任せたのが不満なのであろうが、配下の兵は越後からはるばる長旅で疲労している。土地も不案内だ。赤井・富岡・佐野・足利の面々は第一に地の利をよく知っている。さらに、野州衆の数からみると、どちらが先鋒をつとめても大きな問題ではない。ただし、敵の数は思いのほか多いと聞く。そうであれば、先手だけでは不十分で、そのときは旗本の二陣であ

るお前らに思う存分働いてもらおう。

と、強く言ったので、越後の兵らは憤懣《ふんまん》をなだめて奮い立った。

野州衆は二の陣に出られてはと勇気を励まして進んだ。こうして、両軍は鬨の声をあげてぶつかり、鉄砲を撃ち槍を突き合ったが、なかなか勝負はつかなかった。しかし、野州衆が馬に乗って縦横に動き廻っているうち、原《はら》上野介胤繁《たねしげ》の陣頭の土気《とけ》・東金《とうがね》の両酒井《さかい》が追い立てられて、その旗もちりじりになった。長尾左衛門尉政勝・斎藤下野守朝信・柿崎和泉守景家・河田対馬守親章・中条越前入道梅坡斎・竹股筑後守春満《はるみつ》ら越後勢は「今だ。」と叫んで、千葉の旗本衆の中に左右から叫んで駆け入った。その勢いは怒濤のようで、千葉方の設楽《したら》・鏑木《かぶらぎ》・佐和《さわ》・押田《おしだ》・椎津《しいづ》・宮川《みやかわ》以下はやっと支えたが、人馬の死骸は累々と重なり、河原石より多く見えたほどであった。

千葉も自ら太刀をもって戦った。二・三ヶ所かすり疵を負い、馬も射られて、すでに逃れられないと観念したが、ここで椎津小左衛門という者が矢面に立ちはだかり、「当軍の大将千葉介は自分である。」と声高らかに述べ、踏みとどまって討たれた。その間に利胤はやっと戦場を立ち去り、下総へ逃げのびた。越後兵は逃れる敵を追って二千余の首を取り、勝鬨の声をあげた。

この間に、氏康父子が三万余騎を率いて小田原を出たとの報が忍びの者から伝えられたため、景虎はなお一戦と手負いを平井へ返し、長尾謙忠・小幡図書助《ずしょのすけ》・白倉左衛門佐らの新手を招き、藤岡の南に陣を敷いて氏康の来着を待った。

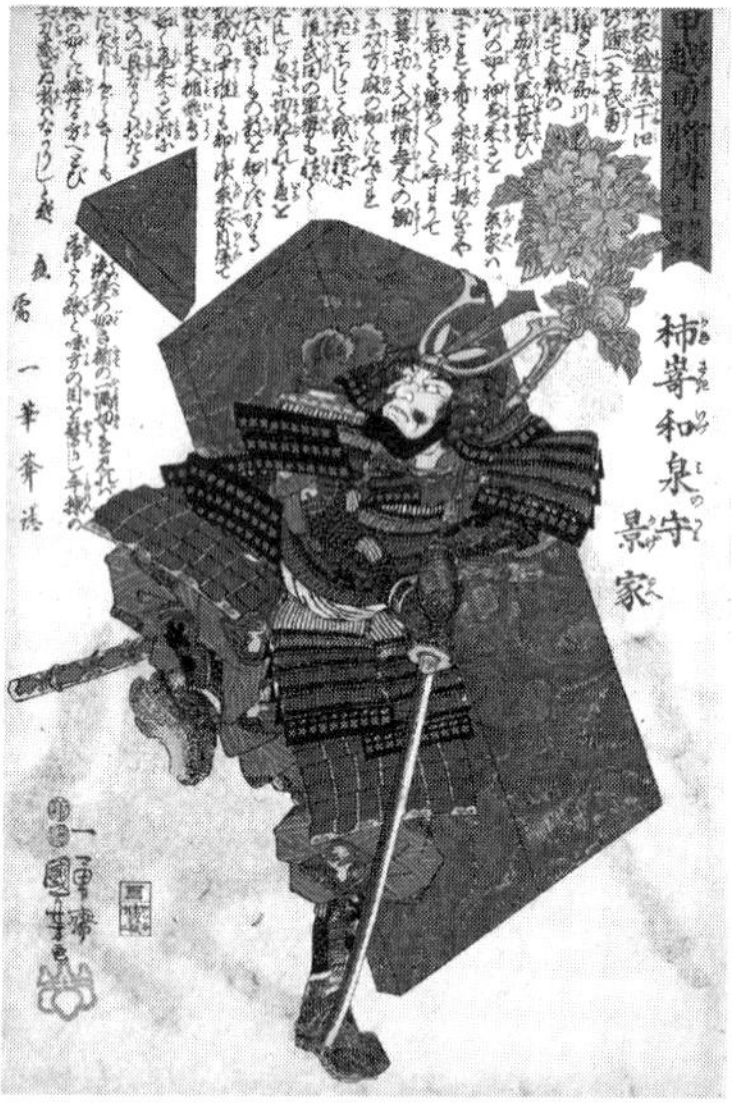

柿崎景家　「甲越勇将伝」 東京都立中央図書館蔵

しかし、今回も両軍の遭遇はなく、互いに兵を引きあげた。

柿崎景家、金井左衛門佐を討ち取る――佐野に向かう越後勢、茶臼山砦を踏み荒らす

同年八月下旬、景虎はまた関東へ越山し、しばらく平井城に在陣していたが、上野・下野の両国の国境を見回り、桐生より佐野天《てん》明《みょう》へ行こうとした。二千の兵を率いて、新田領広澤の境野を過ぎ、足利の八幡へさしかかった。ここは道幅が狭く、越衆らは勝手がわからず、左右の山の根の田畑の作物を踏み荒らし、思わぬ狼藉三昧となってしまった。

金山《かなやま》城主横瀬成繁《なりしげ》の侍大将金井左衛門佐は広澤の茶臼山《ちゃうすやま》に遠物見《とおものみ》の砦を築いていたが、越衆の往来を聞いて、雨沼の辺まで出て道側の小高い所に馬に乗ってこれを見ていた。越衆の先陣の柿崎景家が手の者を走らせて、「誰であれ、馬に乗ったままで来たのは無礼であろう。近隣の武将の使者か。」と尋ねると、金井は、

某は新田の家臣、金井左衛門佐という者で、この山の番所を預かり、警固に当たっている者であ

る。これより足利までは横瀬家・長尾家の両家の支配地でござる。軍勢・甲乙人《こうおつにん》の乱暴狼藉は抑えよとの下知を頂いている。

と返答したのを、景虎はほくそ笑んで、

我が矛先を恐れず、馬上にての挨拶、無礼な者だ。このままにしておくと、これから礼を失した輩が多くなるだろう。見せしめに足軽らに命じて、捕らえて討ち果たし、砦の番所も焼き討ちにして通過せよ。

と命じたので、若党らが刀を抜いてうちかかった。これを見て、金井は馬を引き返し、鐙《あぶみ》を蹴って神明の森まで逃げ延びた。越衆が追いすがってきたので、金井と与力の侍二人はここで踏み留まって戦った。金井は立腹を切って討ち死にしたが、与力二人はどうにか砦の番所に走り帰り、事の次第を伝えた。とりあえず足弱の老人と女童は山の奥に逃がし、残りは弓・槍・長刀を持って待ちうけた。柿崎の兵は砦に攻め上り、全員をなで斬りにして砦も焼き払ってしまった。

その間、景虎は渡良瀬川《わたらせがわ》を渡って、佐野・足利境の岡崎山の中腹に上り、弁当を食べ、休息していた。未《ひつじ》の下刻（午後二時頃）に柿崎らが追いつき、取った首を投げ捨て、佐野へ急いだところ、佐野周防守昌綱が迫間山の後ろまで迎えとして出向いて朽木の城まで同行し、ていねいにもてなしをして猿楽《さるがく》まで興行した。景虎はそれから三日間逗留して平井へ帰ったが、このとき昌綱の弟綱千代丸《つなちよまる》を伴った。これは養子の形ではあったが、実際には人質であった。

その後、景虎は西上野の衆を中心にして、横瀬雅楽助《うたのすけ》の居城新田金山城（群馬県太田市）を攻めた。ここは東北には渡良瀬川、南は利根川が流れ、城からは寄手の動きを逐一見渡せるまたとない要害の地であったため、すぐに攻略するのは無理で、景虎はまもなく退散した。このとき、上野衆の中には広澤の東の谷伝いに金山へ夜討ちをかけたものもいたが、城兵を少し討ち取ったものの、田中兵部少輔・沼尻《ぬまじり》平左衛門らが追い払い、大事には至らなかった。

景虎、武州忍城を攻める――毘沙門天の神威か、撃てども当たらぬ鉄砲玉

武蔵国埼玉郡忍城主の成田下総守長泰《ながやす》は、藤原鎌足の子孫である。鎌足十四代の子孫藤原任隆《ただたか》が武蔵の国司として幡羅《はら》郡に下向し、嫡孫成田三位之介助隆《すけたか》・その子左衛門尉行隆《ゆきたか》と西別府郷に住み、数代後に刑部太輔氏国《うじくに》・息男中務少輔親泰《ちかやす》入道宗蓮《そうれん》に至り、武門として名が高まった。親泰は武蔵大《だい》掾《じょう》児玉重行《こだましげゆき》をだまし討ちにし、その所領を奪い取り、忍城を築いてここに移ったという。長泰はその子で、一万五千余貫の所領を持ち、千騎の大将という。上杉憲政の幕下であったが、碓氷峠の合戦後、上杉家の家運が傾くと北条氏に従った。景虎の進撃を邪魔するようになったので、景虎はここで討ち果たそうと兵を送った。

長泰も長男左馬助氏長《うじなが》・次男左衛門二郎泰喬《やすたか》を先手として、別府・酒巻《さかまき》・奈良《なら》・玉ノ井《たまのい》・山田・松《まつ》岡《おか》・豊島・磯崎《いそざき》・市田《いちだ》らの一族家臣に下知し、大手の長野口と行田《ぎょうだ》口、搦手の皿尾《さらお》口に人数を分け

て防御を固めた。この城は、南と北は大沼で水が満々とあり、東西は地続きであるが、道は細く堀と高い石垣を巡らせてあったので、攻めるには難しい城である。

景虎は大物見と称して騎馬の軍勢をいくらか引き連れ、大手佐間口から下忍口まで見回った。櫓にいた城兵はこれを見て、鉄砲十挺ばかりで狙いをつけて撃ち続けたが、景虎は何事もないかのように去ろうとした。城兵は狭間《さま》の板をたたいて残念がり、「大将ともあろう者が後ろを見せて逃げるか、早く戻れ。」とそしると、景虎は返答より先に馬の向きを櫓に向けてたたずんだ。城兵はまた鉄砲を続けざまに撃ったが、弾丸は一つも当たらなかった。物を知った城兵の一人が「勇猛な大将は金の弾丸で撃ちぬけば、後で禍はないと言う。討ち漏らしては惜しい敵だ。」と言って、ためしに作っておいた黄金の玉を捜し出し、手慣れた者を選んで、三回も挑んだが、どれも景虎にはあたらなかった。

城兵らはあきれ果てて鉄砲を投げ捨て、「敵ながら神のような名将だ。こんな大将が我らのような下賤な者に撃たれたら、神の罰が怖い。早く通り過ぎてくれ。」と大声で告げたので、景虎はこれを聞きながら静かに乗り去った。この光景をみた関東の衆も越後の譜代の輩も汗を握り、固唾《かたず》を飲まない者はいなかった。

忍城跡の土塁　埼玉県行田市

その夜、景虎の軍師宇佐美定行《うさみさだゆき》が、
昔、源九郎義経は讃州屋島《やしま》の磯で弓を流し、これを取り上げようと馬を泳がせて近づいたのを、平家が熊手《くまで》でかすめ捕らえようとした。これを見て、増尾十郎兼房《かねふさ》という老臣が、たかが弓のために大切な命をお捨てになるとはと、大いに嘆いて諌めたという。大将たる者は些細なものを捨てても命を全うすることのほうが大切なのに、どうして矢玉がとびかう虎口に馬を向け敵の的となったのか、これでは犬死ともいうべき無謀な振る舞いではござらぬか。
と諌めると、これに対して景虎はにっこりと笑って、
お前の言うことは正しい。有り難いことと思うが、生きたいと思う者は死に、死にたいと思う者は生きると聞いた。この考えをつきつめれば火中でも焼けず、水中でも溺れることはない。何事にも向かっていくだけだ。
と言ったので、宇佐美も言葉を失って退座した。
翌日、越兵が城際に寄せて足軽どうしのこぜりあいがあった。戦いの途中で、武州戸倉の大石源左衛門入道俊方より、「氏康がすでに小田原を出発したが、忍の後詰か上野の前橋城攻めか不明である。」との書状が届いた。これによって、景虎は速やかに兵を引いて平井に帰陣した。

駿・甲・相の三国同盟——生き残りを賭けた攻守同盟成立の経緯と事情

天文二十三年（一五五四）甲寅《きのえとら》の春、北条氏康は駿河・遠江の守護今川治部大輔義元と戦った。このとき、氏康・氏政《うじまさ》父子はともに駿河表に出陣し、三月三日、浮島カ原に陣を張った。義元は尾張の敵が三河に押し入ったため、これを撃退するために出陣していたが、それを捨て置いて駿河に取って返したのである。甲斐の武田晴信は義元の小舅〔義元の妻は晴信の姉〕であったので、加勢を頼んだところ、晴信も甲兵を率いて富士川の端の柳島《やなぎしま》（静岡県富士市）に出陣した。ここに三家はそれぞれの立場から合戦に臨んだ。

ある日、刈屋川の辺で甲・相の兵が戦った。北条方の越智《おち》弾正左衛門が物見に出たのを敵兵が見つけ、双方が名乗って槍を合わせたのである。越智が敵を突き伏せて首を取ったところに、大勢の敵が現れて取り囲まれ、越智も今はこれまでと観念した。そのとき、原美濃守虎胤も物見に来てこの様子を見、敵の真ん中に割って入り、騎馬武者二人を切り落とし、前後左右になぎ払い、越智を助けた。

太田源六郎康資もいつもの鉄棒を振り回し七・八騎を打ち落とし、原とともに味方の陣に引き返した。このとき、甲兵の中から武者五・六騎が駆けだして、美濃守の金の半月の指物をめがけて追いすがった。その中に近藤右馬介と名乗って迫ってきた武士がいたが、虎胤が太刀を抜いて甲《かぶとしころ》綴の上から首の骨を激しくたたいたので、右馬介は即座に落馬した。康資が目にもみせようと例の棒を振り上げて一発で仕留めようとすると、虎胤がこれを抑えて、「その男は甲州にいたとき、私のところに出入りして目をかけていた者だ。かまわずにおいてほしい。」と言って、捨て置きにして引き揚げた。後日、このことを語り伝えて「原は誠に情のある奇特な武士だ。」と敵も味方も褒めたたえた。

三家の戦いは時がたっても勝負がつかなかったので、駿府臨済寺《りんざいじ》の長老雪斎《せっさい》和尚と瀬古《せこ》の善徳寺《ぜんとくじ》の長老は、兄弟でともに今川一門であるが、講和を取り持った。講和がまとまって三人の大将が善徳寺で会見した。

そこで、義元の嫡男氏真《うじざね》は氏康の婿、氏康の嫡男氏政は信玄の婿、信玄の嫡男義信《よしのぶ》は義元の婿となるという婚姻が結ばれた。また、これからは三家が互いに助け合い、領国を奪わないという約束も成立し、各々が陣を解いた。

晴信は一向宗の僧長延寺《ちょうえんじ》実了《じつりょう》に使の者をさし添え、小田原に送った。講和成立の祝いを述べ、次の書状を送った。


両国和親の祝儀のため、使者をもって申し候、心許なく指南、本望たるべく候、仍って具足腹巻一領これを進らせ候、猶長延寺口上あるべく候、恐々謹言、

五月十六日　　信玄判

依田大膳亮殿

垪和刑部丞殿

また、善徳寺の会盟の折、晴信は氏康に次のように申し入れた。

某の家人、原美濃守は主命に背いたので懲らしめのため甲斐を追い払われていたが、今は貴殿の

膝下にあって今回も出陣したと聞いております。父信虎より二代に仕えた者で、残念に思っています。今度の講和に免じてお返しいただけるようお願いしたい。

氏康は黙っていられず、帰参のことを告げて、原を甲州に返した。

原の祖父豊後守光胤《みつたね》は千葉助胤《すけたね》の子で、下総国原村に居住し、永正元年（一五〇四）二月六日に病死した。その三男能登守友胤《ともたね》は生実御所義明のために本領から離れ、甲府に出奔して武田信虎に仕え、数々の合戦に参陣しついに討ち死にを遂げた人物であった。虎胤は父に勝る大剛の者で、主人の信虎から名の一字を与えられて重んじられたが、晴信の代になってもますます武名は高まり、忠義の心も真摯であった。

ところが去年（一五五三）癸丑《みずのとうし》の冬、甲府において浄土宗《じょうどしゅう》と日蓮宗《にちれんしゅう》の宗論《しゅうろん》があった。このとき、晴信は虎胤を近くに招き、

お前が信じる日蓮宗では、念仏は阿鼻無限《あびむげん》の地獄と言って念仏を唱えることを禁じていると聞く。しかし、今後は念仏宗を信仰して、阿弥陀《あみだ》の名を唱えよ。

と申し渡した。虎胤は笑って「このことばかりはお許しを。」と答えると、晴信は重ねて「是非に。」と言った。虎胤は顔色を変えて、

御屋形もご存じのように、自分は元来文盲《もんもう》で白痴《はくち》の身でありますが、法華経《ほけきょう》の題目《だいもく》を唱えて果報を得ております。しかし、念仏の六字《ろくじ》名号《みょうごう》を唱える者は地獄へ落ちる、などという迷妄を信

じる気持ちはまったくありません。念仏も題目も、お釈迦様が人々を救う方法として示したもので、どちらが正しいということもありません。また、自分の心のうちに仏生《ぶっしょう》を持てれば、外の仏は必要はなく極楽も求めるものでもありません。題目・念仏の違いも、開祖の流儀に従ったまでのことで、その流儀を汲む者はそれを信じるしかないのです。自分にとっては、祖師の教えを破ることは武士道に背き、義理を捨てることと同じなのです。某が当家の扶持を受けながら、主命に違反すれば御屋形もこれを捨てておくことはできず、朋輩《ほうばい》も後ろ指を指すでしょう。譬《たと》え一命を失っても、祖師の戒めを破って念仏を唱えることはできないのです。

と述べ、座を立って退出した。晴信は立腹して改易を申しつけたので、虎胤はしかたなく縁をたよりに小田原へ向かった。

氏康は堪忍分を与えてすぐに召し出し、懇切な扱いをした。今回のことで再び甲州に帰り、永禄七年（一五六四）に亡くなった。

足利晴氏、相州に蟄居――古河公方晴氏を隠居に追い込んだ氏康の策謀

古河公方晴氏は河越夜戦以来、北条家と不和が続いたが、完全な手切れでもなかった。時間が経ち、今年甲寅《きのえとら》（天文二十三年、一五五四）十月四日、氏康がふいに松田左衛門佐頼秀《よりひで》〔後に尾張守と改名する〕を大将に、七千余騎を古河に差し向け、三方から囲んで攻めた。城中では、今頃攻められると

は思いもよらず、油断の余り防御の設備も人数も少なく、人々はただ困惑するばかりであった。それでも、町野《まちの》・二階堂・高《こう》・一色・沼田・和知《わち》以下二百余騎が城から駆け出て、寄手の一陣を追い立て、さらに二の手を入れ替え奮戦したものの、沼田上野太郎をはじめ城兵何人かが討たれて公方方は敗勢となった。北条勢は塀を乗り越えて攻め入り、ついに晴氏父子を生け捕りにした。輿《こし》に乗せて小田原に送り、相州大住郡波多野の山家に御館を造り、番兵を置いて幽閉した。まるで罪人の配所と同様であるが、晴氏父子は以後二年余り、ここで小田の蛙の声や床の虫の音を聞いて過ごしたのである。

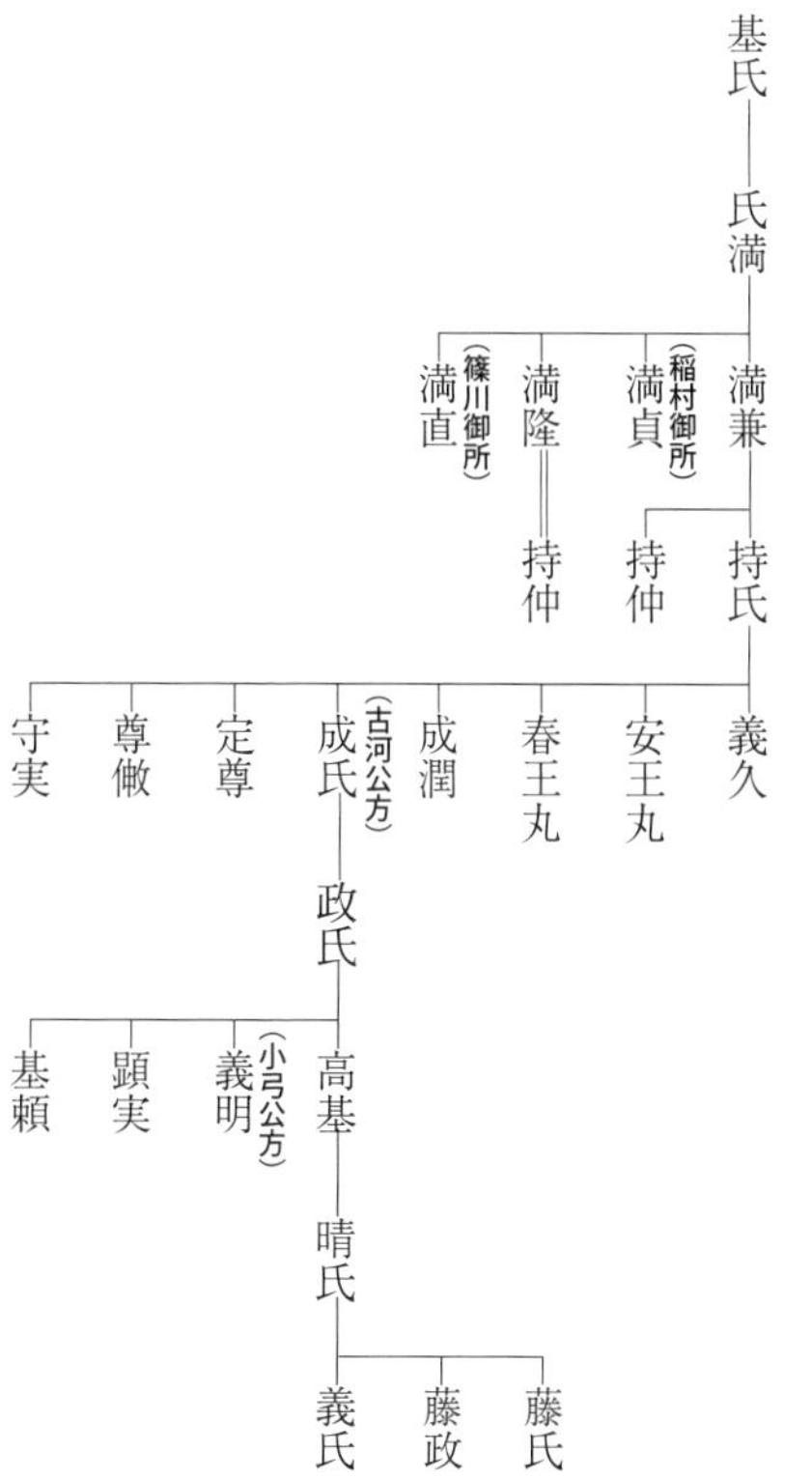

古河公方家略系図

氏康は情けを知る人であった。公方をこのような所に置くのを痛ましく思い、また晴氏と妹の間に義氏《よしうじ》がいることもあり、その関係も無視できないと考え、弘治二年（一五五六）の春に、晴氏を隠居させ、義氏（時に十八歳）を家督にすえた。京都の将軍義輝《よしてる》に言上して左兵衛督補任を申請し、鎌倉葛西カ谷に亭を設けて、父子の御座所とした。さらに、その年臘月（十二月）十五日、下総猿崎郡関宿《せきやど》（千葉県野田市）の城に移し、旧臣簗田中務大輔政信《まさのぶ》に補佐させた。

北条氏、上総久留里城を攻める――里見方が総力をかけて守った久留里城の攻防

同年（弘治二年、一五五六）十一月十日、氏康の下知によって、北条綱成・富永甚四郎政家《まさいえ》・多米周防守長宗《ながむね》及び北条弥八郎・藤澤播磨守・葛西左京亮・田中美作守・和田・中条・波多野・早川以下一万二千余騎が上総国久留里領浦田の城へ押し寄せた。向かいの郷に着き、日野・松葉・葛原辺に陣を取って城攻めにかかろうとした。里見家では、万喜の土岐弾正少弼頼定《よりさだ》〔後に入道慶崖《けいがい》と号す〕・根小屋《ねごや》の正木《まさき》久太郎時綱《ときつな》〔後に大膳亮と改める〕・鳴戸《なると》の忍垂美作守・湯名《ゆな》の山本左京亮・二宮《にのみや》の須《す》田監物《だけんもつ》・淵西《ふちにし》の茂木与茂九郎・市原《いちはら》の忍丹後守舎弟丁民部少輔ら四千余騎を大手・搦手に配置していた。

翌十一日、戦が始まった。北条方の田中美作守・北条弥八郎はもともと綱成の配下であったので、諸勢に先立って六百余人で浮渡川を越えて大門口にかかった。正木久太郎と渡り合い、攻め合い三度で正木が負け、獅子曲輪に退いた。これを里見家では峯下崩れと言う。寄手が利を得たその日は暮れたため兵は退いた。

翌日早くから、正木久太郎・冬木《ふゆき》丹波守・近藤左衛門尉らが大門前に打って出て、川を間に接戦し、北条方二百余人を討ち取った。そこに敵方より搦手へ向かった磯部《いそべ》孫三郎・葛西左京亮らが浮渡川を

渡って横から突きかかってきた。これを見た城兵らは茂木与茂九郎・須田監物・正木久太郎・天羽藤左衛門が八百余騎で応戦し、浮渡川と獅子曲輪の間で七・八度も押し合った。北条方は押し負けて田宿の深田を乗り越えて右往左往しながら逃げのびた。城兵は北条勢を追い回し、何人討ち取ったか首数は不明であった。

その中で茂木与茂九郎は十六歳の勇ましい若武者であるが、葛西左京亮が浮渡川を引くのを追いかけ、川の中で切り合った。葛西の太刀が鍔《つば》の所から折れたので、組み打ちの勝負と互いに馬上で引きあってついに落馬した。そこに茂木の郎等近藤次郎八という者が走り寄って左京亮を切り倒し、主人に首を取らせた。戦が終わって、里見義堯は茂木の働きに感じて、上総国市原郡において三ヶ村を褒美として与えたという。

翌天文二十四年(一五五五)三月朔日にも北条綱成配下の藤澤播磨守が二千余騎にて出陣し、攻めた。向かいの郷の葛原に陣を張った。城から冬木丹波守・城西《しろにし》紀伊守・近藤右衛門尉・中原右馬亮などが打ち出て、川を越えて戦った。北条勢が負けて引き退くところに、冬木丹波守が追いかけ、藤澤と組み討ちとなった。藤澤が冬木を投げ伏せ太刀で討ち取ろうとしたとき、冬木の若党大久保《おおくぼ》彦四郎が馳せ来て、藤澤の股の上部を切り落とすと、冬木も立ち上がって藤澤の首を取った。これを見て久留里勢はいよいよ気勢が上がり、田舎道を二・三里も逃げる敵を追いかけた。向かいの郷栗坪村の地頭岡《おか》田《だ》豊後守が深追いを制止し、疲れた味方に小豆《あずき》混じりの強飯《こわいい》をふるまい、兵を城内に収めた。

巻四

上杉景虎、東上州を攻める――北条方の城々を攻める謙信の獅子奮迅の動き

天文二十四年（一五五五）十一月、改元があって元号は弘治と変えられた。この年、乙卯《きのとう》の春、氏康は一万五千余騎を率いて、上野国群馬郡厩橋城（前橋市）に在陣し、佐野・足利・青柳辺の諸将を帰参させる工作を行った。その間、利根郡倉内《くらうち》の城代、猪俣《いのまた》能登守則直《のりなお》に命じて、大胡・山上の両城を攻めさせた。上泉《かみいずみ》の大胡武蔵守信綱《のぶつな》は、兵が少なく抵抗し難いので、ともかくこの危機からは逃れようと北条氏に降った。山上藤七郎氏秀《うじひで》は偉丈夫《いじょうふ》の若武者で、よく戦って切り抜け、いずこかに落ちのびた。

こうして五月下旬、景虎は平井へ越山し、東上州の様子をうかがい、厩橋城を攻めて氏康とともかく一戦に持ち込もうと決めたところに、大胡武蔵守が密使を遣わし、「まず江戸・常州のあたりを切り従え、佐野・足利の面々を味方にして通路を確保するのがよろしい。」と伝えてきたので、長野業正・長尾謙忠に厩橋城を見張らせ、景虎は利根川を渡って上泉（前橋市）の辺に乱入した。桐生大炊助直《なお》綱《つな》旗下の膳《ぜん》城（前橋市）を落とし、山上城（群馬県桐生市）にいた北条方の番兵も追い払い、大胡民部左衛門を置き、桐生表に向かった。

景虎は、桐生城（桐生市）が険峻な城のため容易には落ちないと考え、その代わりに仁田山蔵人家《いえ》連《つら》の居城に向かってこれを落とし、籠もっていた男女をなで斬りにした。その後、厩橋付近を押し通って平井に戻った。このとき、常陸の佐竹右馬頭義昭が横倉主水佐則幹《よこくらもんどのすけのりもと》を使者として、今後は上杉方に味方し、関東の平定に協力することを誓った。景虎はこれに満足して、家臣の千坂対馬守義清《よしきよ》を常州に遣わして謝辞を伝えさせた。

その後、景虎は越後に帰り、越中国に進出して魚津城《うおづ》（富山県魚津市）を攻め、亡父為景の仇である板屋《いたや》刑部少輔政広《まさひろ》を誅殺した。

十月初旬、景虎は三国峠を越えて猿ケ京《さるがきょう》（群馬県みなかみ町）に出た。当時、北条氏康が沼田倉内城（同沼田市）に在陣していたので、景虎は沼田城を攻めた。ここでは足軽同士の小競り合いがあったが、利根川・片品川《かたしながわ》に近く泥地もあり、攻めるのが不自由なため大きな戦いはなかった。また、景虎も病にかかり、まもなく越後に帰国した。

常陸黒子村の戦い――北条との手切れで居城を奪われた氏治の苦難

常陸国信太《しだ》郡小田城主小田讃岐守氏治《うじはる》〔入道天庵という〕は、八田《はった》筑前守知家《ともいえ》の子孫である。一廉の武将として一千騎を抱え、関東八家のうちにも数えられていた。古河公方の幕下であったが、晴氏が相州波多野に連れ去られた後、北条家と対立していたので、近隣の諸将は侮って公方不在の今が小

小田氏略系図

田を攻める好機と計略をたてた。

佐竹義昭・結城政勝・宇都宮広綱・多賀谷下野守政《まさ》経《つね》・壬生下総守綱房《つなふさ》・千本常陸入道秋縄斎《しゅうじょうさい》らは一味同心して、弘治二年（一五五六）丙辰《ひのえたつ》二月下旬、真壁郡海老カ島へ押し出し、小田の被官平塚《ひらつか》山城入道自省《じせい》の居城を取り囲み、押しに押してこれを攻略した。これに対して、天庵は三月五日の朝、全軍を率いて河内郡黒子村まで出張した。

寄手の諸将らはすぐに迎え討ち、小田勢を散々に打ち破った。小田勢は平子丸の赤松伯胤斎《あかまつはくいんさい》をはじめとして、頼みとなる勇士らが枕を並べて次々に討ち死にした。

大将の小田もやっとの思いで戦場を逃れたが、寄手が四方からかかってくるので小田城へは戻れず、菅谷摂津守入道喜翁《きおう》の居城土浦城に逃れた。

景虎、上野沼田の陣――沼田倉内城で西上州を窺う氏康に挑んだ謙信

弘治二年（一五五六）六月二十三日、景虎はまた越山して河西の衆や岩築・佐野・足利の面々を集め、北武蔵へ打ち出た。北条氏綱とは対陣したものの、戦いにはならずに数日が過ぎ、十月初めに氏綱が小田原に、景虎も平井に引きあげた。

この対陣の間、岩築の太田資正入道三楽斎が小田原に通じたとの風聞があり、この噂が広まって動

揺が起こった。景虎は近習の若侍十人ばかりを召し連れ、太田の陣に入り、ややしばらく雑談をした。快い高笑いもあり、うちとけた雰囲気で座をたった。そのとき、資正は末子で十三歳の源太資時《すけとき》を陣中に伴っていたが、景虎は扇でこれを差し招き、腕を握って「勇ましそうな童子であるな。吾が養子にしたい。」とたわむれを言った。「吾が陣所をみせよう。」と連れ出したので、諸将の疑いは晴れ、噂は消え、景虎という人は時に応じて軽妙なやり方ができるものだと皆感心した。

同年の秋、氏康が北上州倉内の城にいて川西をうかがっているとの報を受け、景虎は関東に越山して、沼田に押し寄せた。十月三日より対陣して足軽が弓・鉄砲を撃ち合い、騎馬武者の交戦があったが、本格的な戦いにはならなかった。そのうち、景虎が急に熱病に冒され、上杉方は十三日に陣払いした。

里見義弘、相模三崎の船戦――里見義堯・義弘、謙信と謀って北条を攻める

景虎が平井城に入ったとき、里見義堯の使者が次のように伝えた。

先頃、居城久留里城に北条方が攻めかけたのを即座に撃退しました。多数の敵を討ち取って首を取り、勝利して大いに喜んだ次第です。氏康は今東上野に出陣しております。上杉家におかれてもこの機会に東上州に兵を差し向けたらいかがか。さすれば、当家は相模三浦の地に兵を送って北条家をひやかす所存であります。

そこで景虎は平井を発って沼田に向かい、義堯は十月初旬に養子の左馬頭義弘を総大将として、勝《かつ》

浦《うら》の正木八郎時忠《ときただ》〔後に左近太夫と号す〕・小井戸《こいど》の秋元《あきもと》民部少輔・丸の山川《やまかわ》豊前守舎弟川名《かわな》孫次郎・冬木丹波守・印東《いんどう》下総守・安西助三郎・東条源五郎らが兵船八十余艘に乗り、安房稲村浦辺の高野島から船出し、七里の海を渡って相州三崎へ着船して城カ島に陣を取った。

ここには番兵として梶原《かじわら》備前守景宗《かげむね》・同兵部少輔、並びに北見《きたみ》刑部丞時忠《ときただ》・山木《やまき》信濃守常住《つねずみ》・古尾谷《ふるおや》中務少輔重長《しげなが》・三浦五郎左衛門茂信《しげのぶ》・三富源左衛門以下が守っていた。里見勢襲来の知らせが来たので、小田原からは富永四郎左衛門政家・山角紀伊守・横井越前守らが加勢として派遣された。

両軍は船を寄せあって必死の戦いを行ったが、軍は里見方に有利に進んだ。翌朝また一戦と決めて船を引くと、その夜激しい風雨があり、里見方の兵船は波に揺られてすっかり沖に吹き戻されてしまった。もうこれ以上はとあきらめ、安房・上総の浜へと流れのままに帰帆した。

武田信玄、甕尻の戦い——北条氏康、武田信玄と謀った謙信の包囲作戦

弘治三年（一五五七）丁巳《ひのとみ》の春、氏康は家臣大藤左近右衛門を使者として、武田家に次のように申し入れをした。

近年、越後の長尾景虎は関東に越山して前管領家の旧臣らを語らい、岩築の太田は武州を、箕輪の長野は上州を手に入れようとして、景虎の幕下に臣従しております。虎の威を借る狐のように狼藉を働き、その結果、西上野・北武蔵の諸士・佐野・足利・青柳の輩までも日を追って景虎に

なびき、当家を妨げております。そのため、当家ではうち続く戦いで暇もなく、常に戦場を駆けめぐる有り様です。太田・長野を屈伏させれば、他の連中は容易に退治できるので、武田家が西上野に出張して臼井・箕輪を踏み荒らし、川西を領国に加えてもらいたい。そうすれば、氏康が岩築・佐野・足利を切り従えて支配いたしますが、これで問題はなくなるでしょう。

これに今までの合戦の様子や上杉方の情報を伝えると、武田家も同心し、嫡子太郎義信・舎弟左馬助信繁《のぶしげ》を先発として、飯富兵部少輔同三郎兵衛昌景《まさかげ》・馬場民部少輔信房・内藤修理亮昌豊・諸角豊後守昌清ら一万三千余騎を率い、西上野の甕尻《みかじり》へ進入した。

これに対して、長野左衛門大夫を大将として、小幡・藤田・安中・白倉・金井・和田・甘尾《あまお》・多比良《たいら》・尻高《しったか》・後閑・長沼らは協力して、二万余騎で馳せ向かい、四月九日に一戦に及んだ。まず、武田方から攻めかけ、弓・鉄砲をうち放すと同時に先手が槍で突撃した。このとき、武田方の武将で小宮山八左衛門昌久《まさひさ》は弓で活躍し、後に褒美を与えられる活躍をした。

長野は陣頭で味方を励まし、臨機応変に下知を下したため、武田家の先陣はこれに翻弄された。長野はこの機に乗じて白旗を振らせ、「味方は勝った。進めや進め。」と叫んだ。ここで踏ん張って諸将が心を一つにして一気に攻め込めば、武田勢は支えきれないところを、寄り合いの勢のこと、諸将が長野の指揮には従わずに躊躇したため、百戦錬磨の武田勢は先陣を入れ替え、踏みとどまって奮戦した。そのため、上州衆はしだいに崩れ、ついに敗勢になった。長野勢も退散したが、それでも五・六度まで取って返し、追ってきた敵を払って殿《しんがり》になって逃れた。

同十二日、武田勢は箕輪城に迫った。峯法寺口に陣を張って攻めかかったが、長野はうまくこれをかわし、寄手の手負い・死人が増えるばかりであった。武田方が攻めあぐんでいるとき、景虎の信州出馬を伝える飛脚が来たので晴信は兵を引き、信濃路に向かった。この戦いは永禄元年（一五五八）ともいう。

籠澤采女正景次の忠節――謙信の危機を救った忠節の人・籠澤采女の忠言

武田晴信は信州川中島《かわなかじま》（長野市）で上杉景虎と対陣したが、合戦までは至らなかった。景虎は五月十日に兵を引いて、いったん高井《たかい》郡小菅山《こすげさん》の元隆寺《がんりゅうじ》（長野県飯山市）に入り、鳥居峠を越えて平井に着馬した。その頃、氏康は武州岩築城を囲んでいたが、太田美濃入道はよく守った。氏康は囲みを解き、東上野に進み、沼田・厩橋を廻って小田原に帰った。

景虎は金山城・桐生城を攻めるため、東上野に出馬した。これらの城はもともと険しく堅固な城で、すでに二・三度攻めかけたことがあったが、勝ったことはなかった。景虎は物見のためわずか三騎で六・七里を駆け回ることが常であったので、桐生の城兵は今回は鉄砲で撃ち取ろうと相談し、達人を三人選んで物陰に伏せ置いた。案の定、景虎は鉄の半首の兜をかぶり、連銭葦毛《あしげ》の馬に乗り、一騎当千の武者鬼小島《おにこじま》弥太郎家正《いえまさ》・山吉《やまよし》孫次郎豊守《とよもり》・宇野《うの》左馬助親朝《ちかとも》・城《じょう》織部《おりべ》入道意安《いあん》の主従五騎で、ゆっくりと例の達人が隠れている所から五・六町のところまで進み寄った。

このとき、別れ道の陰から武者一人が大急ぎで迫った。武者は、何者が来たかと馬を抑えた景虎の前に平伏した。よくみると、譜代の家人籠澤《こもりざわ》采女正景次《かげつぐ》であった。采女正がいうには、

当地は敵地で、不案内の場所にもかかわらず、こんなに奥まで入っては大変危険でございます。御屋形は普段から敵を物ともお思いになりません。このような軽々しい物見によって不慮の事件に巻き込まれることもございます。実は、某は御屋形に何かお役に立つことはないかと思案し、知り合いを頼って桐生城に入り、先祖が新田家に仕えていた由緒を述べて直綱に仕え、三年間が経ちました。ところが、今度城兵らが御屋形を討つ相談をしているのを知り、これ幸いとばかり彼らと同行してきたのです。この折に今までの御恩をお返しできると、恥を忍んで敵中におりましたが、今日やっと思いを遂げることができました。

采女正はこう述べて鎧の袖を濡らしたので、景虎も涙を抑えきれなかった。しかし、早速兵をさし向け三人の伏兵を討ち取って危険を避けることができた。

そもそも、采女正は若年から景虎の側近に仕え、律儀に役をこなし、また利発でもあった。昔、治承の頃、越後国鳥坂城《とっさか》（新潟県胎内市）で勇猛を振るった城太郎資永《すけなが》の家来籠澤左衛門尉景俊《かげとし》の子孫である。また、元弘・建武以後の兵乱では新田義貞に従った。その後、家運が傾き、数代後、長尾氏の被官となった。去々年の冬、景虎が関東に出馬したとき、ふいに逐電した。理由を知る者もなく皆

不思議な振る舞いと噂し、景虎も不審に思ったが、本来篤実な人物なので何かあるのではと言っていた。今、忠義の心を顕したが、景虎の人をみる目の確かさを人々はほめた。

景虎、金山・桐生城を攻める——関東管領を大義に掲げ本格的関東進出を決意

弘治四年（一五五八）戊午《つちのえうま》二月二十八日、改元があり、永禄となった。景虎は将軍義輝から関東平定を命じる御教書《みぎょうしょ》を賜り、御諱《いみな》の一字を拝領して輝虎《てるとら》と称した。そこで、輝虎は北条氏康を退治して、関東管領職を全うするため居城春日山の橘の亭に一族・宿老・家臣らを集めて数日間の評議の末、関東への本格的な進出を宣言した。越後をはじめ、信濃・越中の国境を十分に固め、十月に越後を出発し、信州鳥居峠を越えて平井へ入城した。

十一月中旬、東上州新田領に進出し、奥澤の峯に陣城を構えて、金山城を攻めた。城主横瀬雅楽助成繁は防ぎかねて、菩提寺金龍寺《きんりゅうじ》の住職に仲介を頼み、長尾修理入道景朴を通して降伏を願い、人質を出して輝虎に属した。

桐生へは、大胡武蔵守を案内役として西上州の衆に柿崎和泉守景家・夏目豊後守定盈《さだみつ》・川田主税助ら二千余騎を差し向けた。このとき、柿崎以下の越兵は黒川谷より攻め入ったが、勢多《せた》郡神梅《かんばい》（群馬県みどり市）の郷士愛久澤《あくざわ》能登守・同弥四郎・松島式部太夫・同孫九郎らが物見と称して、四・五百人で打ち出て、高所から石を落とし、落とし穴を設けて防御しようとした。

金山城跡の日ノ池　群馬県太田市

昔、鎮守府将軍源頼義《よりよし》が前九年《ぜんくねん》の役《えき》に勝利を収め、鳥海《とりうみ》三郎宗任《むねとう》・白鳥《しらとり》冠者貞任《かじゃさだとう》兄弟を生け捕りにして、彼らを検非違使《けびいし》庁《ちょう》に渡すため、康平六年（一〇六三）春に嫡男八幡太郎義家《よしいえ》を名代として京に登らせたとき、降参した蝦夷七百三十人は旧主と名残を惜しむため、また義家の見送りのためとして上野までついて来た。義家は彼らに、

朝廷のきまりによると、私的に大勢を率いて足柄《あしがら》の関・横川《よこかわ》の関を越えて都に入ることはできない。百人までは良いが、それ以上は本国へ帰れ。

と言い渡した。その中で愛久澤・松島ら八・九十人は、これから奥羽と京との通路の途中で知らせなどを引き継ぐためとして、神梅の山中に止まってもよいという許しを得て、安堵の文書まで下され、これを累代受け継いできたという。

今は黒川衆は、桐生家の被官となり、一族も増えた。険しい山中に砦を設け、攻める者があれば、これに一矢むくいるため、鏃《やじり》を研いで待ち受けていた。そこで柿崎和泉守は自ら工夫した龍神の鋒《ほう》矢《し》という備えと楯なしという武略で、石や弓にも傷つけられず、やすやすと攻め入り、神梅の者共を押さえ込んで搦手から桐生城に攻め入ることに成功した。そのため、金山城に続いて、桐生直綱や小《お》俣《また》の渋川相模守義勝《よしかつ》らも一緒に降参して輝虎の幕下になった。

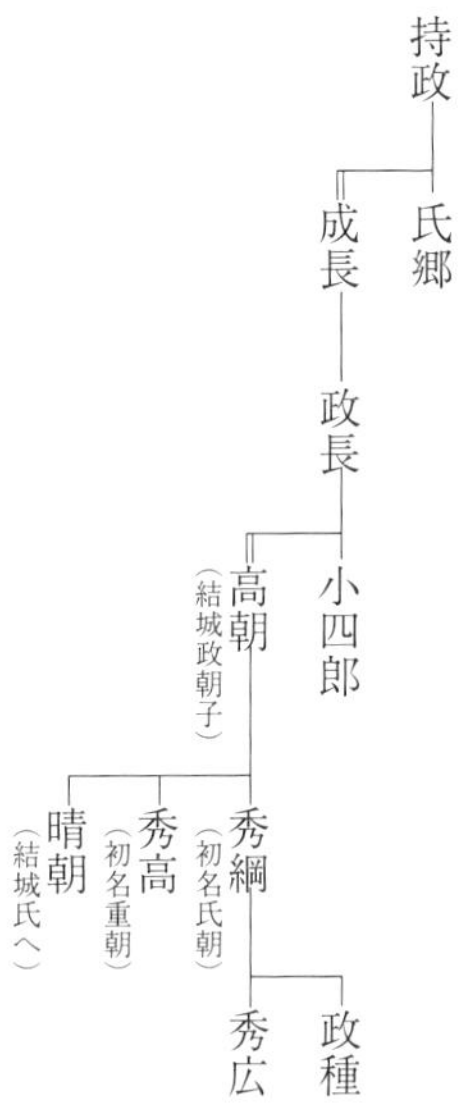

小山氏略系図

輝虎、下野へ攻め入る——上野平定を機に、謙信小山・祇園城を攻める

その頃、奥州会津の領主葦名左京太夫盛氏《もりうじ》は先祖にならって武を好み、山東・長沼筋へ向かって二本松《にほんまつ》の畠山《はたけやま》修理太夫義国《よしくに》・四本松《しほんまつ》の足利伊予守尚義・岩瀬須賀川《いわせすかがわ》の二階堂遠江守盛義《もりよし》・泉《いずみ》の石川修理太夫晴光《はるみつ》・三春《みはる》の田村《たむら》左衛門尉隆顕《たかあき》などの諸将をことごとく麾下《きか》に加え、手越の相馬《そうま》弾正少弼盛胤《もりたね》を烏帽子子《えぼしご》、白河《しらかわ》の結城上野守義親《よしちか》を婿にし、自身で仙道《せんどう》方面はもちろんのこと葛西・大崎《おおさき》・南部《なんぶ》・稗貫《ひえぬき》の地まで攻め、関宿の足利義氏や小田原の北条氏康とも手を結んでいた。白河関の南にも庇《ひさし》を出し、薦野《こもの》・医王野《いおうの》・鍋懸《なべかけ》の辺りまで手を広げていた。当時、その威勢に肩を並べるものはいないほどであった。

さらに、長尾為景の横死後、越後にも攻め入って所領を奪い取り、以後これを支配し続けた。今年戊午《つちのえうま》（一五五八）の秋、輝虎は津川《つがわ》口から会津に侵入し、葦名配下の猪苗代《いなわしろ》弾正忠盛国《もりくに》と戦って大勝利を得た。盛氏は輝虎に和平を求め、このときようやく越後の所領を取り戻すことができた。

盛氏は平井へ使者を送り、東国平定の実現のため力を合わせることを申し入れた。輝虎は時期が到来したと大いに喜び、赤井・富岡・佐野・長尾を先陣として、野州の地に出張し、まず小山七郎政昭《まさあき》の祇園城《ぎおん》（栃木県小山市）を攻めた。小山家は俵藤太秀郷の子孫で、関東で一、二を争う名家であったが、近頃は家運が衰えて小田・宇都宮のために所領も削り取られ、結城家の庇護で何とか家を守っているという状況であった。当主七郎は幼少でしかも病弱であったため、天文の頃から結城政勝の弟下野守高朝が陣代として家事・軍事を仕切っていた。輝虎の勢いに高朝はすぐに旗を巻いて降伏した。

輝虎は高朝から人質を取って、次に河内郡に兵を進めた。鹿沼《かぬま》の壬生下総守綱房・同彦五郎氏勝《うじかつ》を攻め降して、さらに宇都宮三郎左衛門尉広綱の居城に押し寄せた。常陸筋への街道を押さえるため、赤坂《あかさか》日向守の砦へは横瀬雅楽助の兵を差し向け、その他真岡《もおか》・田切《たこ》・上三河《かみのかわ》などの支城にもそれぞれ攻めさせた。落城しない支城もあったが、太田美濃守が和睦の交渉を取り扱い、広綱は上杉家に降った。

次に、結城・関宿攻めについて評議したところ、年末になって寒さが募り、士卒も長陣に疲労したためいったんは平井に帰陣することとなった。

氏康、野州佐野城を攻める——佐野城後詰の戦、奇策で入城を果たした謙信

北条氏康は家臣らを集めて軍《いくさ》評定を行い、こう述べた。

輝虎は越後を捨て置いて、関東で越年して金山・桐生筋から宇都宮・那須辺まで策謀によって従えた。さらに、奥州の葦名、常陸の佐竹、安房の里見らともよしみを通じたので、当家について

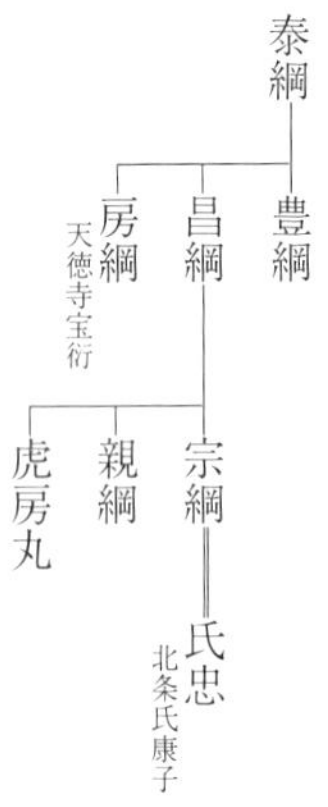

佐野氏略系図

いる那須・厩橋・沼田とても持ちこたえることは難しい。今、輝虎の腰巾着となっているのは、太田・長野だけではない。佐野・足利も敵方に加担しており、この二家を倒せば、輝虎がようやく広げた野州への通路を切断し、東上州の味方も助けることができる。したがって、まず兵を佐野・足利に進めたい。

これに対して、皆も「もっともである。」と納得した。領国内に陣触れをして兵を集め、相模守氏政を大将にした福島・遠山・大道寺・多米・笠原・垪和・清水・内藤・富永以下三万五千余騎の人数で、永禄二年（一五五九）己未《つちのとひつじ》正月下旬、下野国安蘇《あそ》郡朽木城へ押し寄せた。兵を二手に分け、旗本の一隊を平井からの後詰があった場合に備え、別の一隊は城を囲み、ぜひとも落城させると昼夜もなく攻めたてた。

城主佐野周防守昌綱は生来剛直な性格で、目に余る敵を見ても屈せず、関口《せきぐち》佐渡守吉久《よしひさ》・竹澤《たけざわ》山城入道・富士下野守・大貫《おおぬき》伊勢守・高瀬《たかせ》縫殿助・小野《おの》兵部少輔・福地《ふくち》出羽守・河田右近尉・早川《はやかわ》大和守・津布久《つぶく》・山越《やまこし》・小杉《こすぎ》・赤見《あかみ》・遠藤《えんどう》・寺内《てらうち》・松原《まつばら》・稲垣《いながき》などの勇士に下知して、必死の防戦をした。

この様子は平井にも伝えられたので、輝虎はすぐに八千余騎を率いて野州表へ出張し、朽木より上道の西方五里の所に旗を立てた。輝虎自身で大物見に出て、小高い岡に登って敵陣を観察した。北条方の大軍はそれぞれが家の旗を立てて布陣しているが、春風に靡《なび》いて遠くまで続き、鳥もその上を飛び越えがたいと思うほど広く、これだけの敵を打ち破るのは至難の技とみえた。輝虎も昌綱の勇猛さには再三感激しており、本陣に戻って、家臣らに、

たとえ我が軍勢が敵の旗本を切り崩して大将の氏政を討ち取っても、朽木城が落ちて昌綱を死なせたとすれば、後詰の意味がなく、かえって世間の笑い物になろう。景虎が運を天に任せて城中に駆け入り、城を守ることができれば、武家の面目を保てよう。

と言って、長尾左衛門尉政勝・同遠江守藤景《ふじかげ》・舎弟右衛門尉景治《かげはる》・新発田《しばた》・甘糟・斎藤・柿崎・河田らを押さえとして敵に向かわせた。二月十九日の曙、輝虎は甲冑を脱いで黒い木綿の旅服を着て、白綾で頭を包み、立髪のある黒馬に金覆輪《きんぷくりん》の鞍をつけ、十文字の槍を握った。また、「毘《び》」の字の旗を旗奉行の横井内蔵助《くらのすけ》に持たせ、兵の中から屈強そうな若者十六人を選び出して、鹿角を打ちつけた兜をつけ、五尺ほどの手槍と長巻《ながまき》の大太刀を持たせて先頭に立たせた。さらに、十二人の武者に白布で鉢巻きをさせ、金の芭連《ばれん》の差物にそれぞれの名を記して、二列に前駆けさせた。この他に隊長・近習・横目などは白布で鉢巻きをして輝虎の乗馬の左右に付き添った。主従わずか四十五人、十重二十重に城を巻く敵兵の真ん中をしずしずと一文字に押し通ろうとした。

行列はいきいきとまた毅然としており、毘沙門《びしゃもん》・韋駄天《いだてん》のような激しい気色で、三百万騎で我行かんと言った項羽《こうう》の雰囲気があった。地黄八幡綱成をはじめとして北条方の武将らは眼前に眺めながら腕をさすり歯金を鳴らすだけで、あれこそ越後の景虎よと言いながら、誰一人手を出す様子はなかっ

た。結局、なにか策略でもあるのかと思って息をひそめて見守るばかりであった。

佐野昌綱は四・五十騎の兵とともに城門を開いて駆け寄り、感激の涙を流しながら馬の口をとって迎え入れた。この快事によって北条方は意欲を失った。城攻めを続けようという武士も百騎中十騎にも満たなかった。氏政も綱成もこれ以上の長陣で負ければ見苦しい限りと、相談して全軍引き上げを命じた。佐野勢・越後勢は、敵が引き上げるのを追撃して、千三百七十余の首を取り、互いに喜びあった。

輝虎、常州山王堂で戦う――謙信に従う常・野州の武将、小田城を攻める

佐野の危急を救った輝虎の活躍は、東国の諸将の度胆を抜いただけではなく、日本全国に古今無双の後詰なりとの評判を高からしめた。ここで、佐竹・宇都宮・多賀谷・益子《ましこ》・真壁・笠間・小宅《おやけ》・茂木・久下田の人々は連名して輝虎に申し入れた。

小田讃岐入道天庵は先年黒子表で大敗後、北条氏と一緒になって小田城に戻り、府中の多気《たき》大掾貞国《さだくに》・水戸の江戸但馬守道房《みちふさ》・下総の千葉介利胤・守谷の相馬小次郎治胤《はるたね》らと協力して再び旗を揚げようと謀略を進めております。近年、小田家の武名は衰えたとはいえ、さすがに鎌倉幕府以来の名望は残り、天庵もそれなりに優れた才覚を持ち、譜代の家臣にもひとかどの者も多い。輝虎様の出馬によって小田家を攻め潰していただければ、我々の幸せこれに過ぎるものはなく、永久に上杉家に服し、感謝の気持ちを忘れないでしょう。

このように申し送ると、輝虎はすぐに了解して、例の長尾一党・新発田・柿崎・山本・色部・中条・竹股・北条・河田などを早立させ、後続も含め八千余騎を、夜を日に継いで小田に向かわせた。宇都宮の氏家《うじいえ》原から、小田領の真壁郡山王堂《さんのうどう》に四月二十七日の黄昏過ぎに着陣した。

ここは山が高く、崖の下四町ばかりのところに深い沼があり、小川の東に三十町四方の広野があったので、よい場所だと輝虎は陣をとった。ここの地下人を呼んで、「この辺りに名のある侍はいるか。」と聞くと、地下人らは、

そういえば、これより北方十町余に海老島と申す場所があり、三浦党の末という平塚山城入道自省という勇士がおります。天庵の被官では平塚・菅谷・飯塚《いいづか》・赤松らは、四天王と称されるかなりの古武者なので、夜討ちなども企むかもしれません。御用心なされよ。

と答えたので、輝虎はからからと笑い、

四年以前に、天庵が黒子表で大崩れをしたのは、その入道が汚いやり方をして負けたことによる。夜明けには、戦いの門出に押しかけて焼き討ちにして、首を取って進んで行け。もしまた、今宵我が陣に夜討ちをするなら、それこそ天の恵み、一人も逃がさずなで切りにして、後世までの語り草に人塚を築いてやれ。

と大声で申したので、地下人の耳にはひやりとし、身の毛がよだつほど恐ろしく感じた。

小田方では近辺の諸将が上杉方についていることは承知していたが、輝虎が足を早めてこれほど早

く出張してくるとは思いもよらず油断しており、驚きも大きかった。しかし、待って戦ったのでは不利とみて、天庵はすぐに三千余騎を率いて、大島・酒寄の村々を駆け過ぎ、茨城郡稲田《いなだ》の西念寺《さいねんじ》（茨城県笠間市）の前の筑輪川《ちくわがわ》も駆け渡り、二十八日の暁には山王堂の芝野に馳せ着いた。川を背に椎尾《しいお》村の南に旗本を置き、先手は西に向いて深沼の小川を前に抱えて陣をとった。

上杉方はこれを見て、辰の刻（午前七時頃）になって山から下り、弓・鉄砲を放ち、鬨の声をあげて深田を乗り越えてまっしぐらに打ちかかった。小田方の先鋒菅谷左衛門太夫・信太掃部助・平塚弥四郎・赤松疑淵斎《ぎえんさい》らが雨あられと矢玉を飛ばし、鑓・薙刀を振るってなぎ倒したが、勇み立つ越後勢は討たれてもたじろがず、倒れた人馬を泥の上から踏み越え、綴《しころ》を傾け叫び声をあげて懸かってきた。その小田方は支えられず十町ばかり下がり、陣を建て直そうとしたが、上杉勢はなおも突き進んだ。その結果、両軍入り乱れて乱戦となり、互いに鎬《しのぎ》をけずり、鍔《つば》を割り、砂ぼこりをあげる戦となった。

このとき、真壁左衛門尉の郎等の稲川《いながわ》石見守という者は、まだ十八歳であったが、戦場の芝野の辺におり、神明山に駆け登ってしばらく見物していたが、双方が激しく動き廻ったため砂ぼこりが一面に渦巻き、物の色さえ見分けることができないほどで、打ちあいの太刀の光がみえるだけであった。戦いが終わるにつれて雲の晴れ間のように、おぼろげに見えたと、後日茶飲み話に言った。

未の刻（午後一時頃）になって、小田方はついに負け、菅谷左衛門太夫政貞《まささだ》の嫡子彦次郎政頼《まさより》をはじめ、中心の者どもが討ち死にし、天庵も筑輪川を渡って引き返した。馬も疲れ切っていたので、川上に移って水を与えているところに、越後の兵が六・七騎が追ってきて矢を放ったが、鎧にかすっただけで無事に居城に戻ることができた。

天庵が敗軍の兵を集めて、防御の手配をして寄せ手が来るのを待つと、そこに輝虎に出馬を求めた近隣の武将たちが次々に到着した。彼らはこの機に乗じて小田城を奪い取ろうとして先陣を志願するや否や、猿が梢をつたい猛虎が山を走るかのように、城内に引き上げる敵に追いすがって小田城を押し詰めた。

五・六日間、兵を入れ替え入れ替え攻め続けたので、天庵もついに気力を失い、自害するほどに進退が極まった。このとき、信太掃部助頼範《よりのり》が諫めて言った。

この戦いは急に始まったので、一味・旗本の面々で集まる暇がない者も多かった。後日の戦いに加勢後詰をすると連絡もありますので、次に運を預けることにしたらいかがでしょうか。ひとまず、藤澤の要害へ退き、時節を待つべきです。自分は当城に止まって敵を防ぎましょう。

天庵はこれに同意した。新治《にいはり》郡藤澤（茨城県土浦市）の砦は飯塚美濃守の居城で小田城から一里ほど離れているが、ひそかにここへ落ちのびた。これで掃部助は安心して敵を迎え討ち、最後に腹を切って死に、小田城は落城した。輝虎は城を多賀谷・真壁らに預け、翌日の未明に陣払いをして平井に軍を戻し、まもなく越後に帰陣した。

その後、天庵は味方する人々の援助を受けて藤澤砦から討って出て、小田城の番兵を追い払い再び入城した。ところで、例の信太掃部助は菅谷左金吾の伯父信太荘司《しょうじ》入道宗蓮の子で、天庵の父左京太夫政治が宇都宮領分であった茨城郡坂戸《さかど》城（茨城県桜川市）を奪い取ったとき、真壁・笠間に対する押さえとしてここに置いた者であった。今度の合戦で掃部助が討ち死にしたため、小栗《おぐり》城（同筑西市）にいた宇都宮広綱の家人小宅三左衛門がここを攻略し、自分の居城とした。

小田天庵、結城城を攻める――仇敵結城を攻めた天庵無用の戦となった悲劇

同年（一五五九）八月朔日、結城政勝が五十六歳で病死した。嫡男の中務太夫明朝が家督を相続したが、疱瘡《ほうそう》を患い、回復の見通しがたたないほどの重態で、家臣らも手に汗を握って見守っているだけというわさが近国に広まった。天庵は亡父政治より以来、多年結城とは争う仇敵の仲であったので、この際積もる恨みを晴らし、領地をも取り返そうとして、飯塚美濃守・赤松疑淵斎・尾上主殿助・只越尾張守を率いて、九月六日には結城表に押し寄せた。

このとき、小山下野守高朝が結城城を訪れていたので、旗本・被官らの面々へ子細を告げて、居合わせた人数で防戦した。その間に水谷伊勢守治持《はるもち》・同兵部太輔正村《まさむら》父子が二百騎ほどで馳せ加わり、割って入って奮戦した。これを見て高朝は「水谷を討たすな。続けや」と麾を持って駆けだしたので、真壁左衛門尉氏幹・羽石内蔵助盛長《もりなが》が敵の弓手のほうに廻って、横から突きかかった。氏幹は関東では知らぬ者がない鬼真壁と呼ばれる強力の荒武者で、六角に削った一丈二・三尺もある樫の棒に鉄の

筋金を鋲《びょう》で打ちつけたものを振りあげて、当たるを幸い人馬を嫌わずなぎ倒した。これによって、小田方は見る間もなく崩れて、四方八方に乱れ散った。

田野・抜本・久下田の人々が追討して百六十三人の首を取って、勝鬨の声をあげた。ただでさえ家運が傾いた小田家は無用の戦いを仕掛けて、惜しい士卒を多く失った。

さらに、久しく保ってきた北条の地も、このとき結城方に切り取られた。その後、佐竹・多賀谷のために平塚入道自省も討たれ、海老島も佐竹に奪われてしまった。

箕輪城跡の石積　群馬県高崎市

武田信玄、箕輪城を攻める――長野業正、箕輪城に籠もり武田勢を撃退する

九月上旬、信玄も一万二千騎をもって西上州に進出した。安中・松井田辺の作毛を刈り取って、群馬郡箕輪城に押し寄せ、四面を囲んだ。持楯《もちだて》・垣楯《かいだて》を並べ、先陣後陣が一体となって次々に攻めたてた。この城は榛名山《はるなさん》に続く山の端を切って、箕の形にしてあることから箕輪城というが、形のように要塞堅固な城で、兵糧・矢玉も大量に用意して、たて籠もる士卒も筋金入りのものが多く、大将の長野も千騎を指揮し、智勇兼ね備えた武将で、手配りもぬかりなかっ

た。例えば、遠くの敵は鉄砲で狙い撃ちし、近くの敵には矢をもって射倒し、石弓や「走留木《さるき》」を構えて門・塀を乗り越える敵を打ち落としたので、寄せ手の四・五百人が命を落とし、怪我をした。

寄せ手は力攻めでは難しいと見て、まずは囲みを解いて、向い城を設けて城兵の動きを観察することにした。その間に、平井より後詰として北条丹後守長国・用土《ようど》新左衛門邦房《くにふさ》・倉賀野らが押し寄せ、輝虎も近日中に越山するとの報を聞き、信玄は十月中旬に兵をまとめて甲府に帰陣した。

館林城主、赤井氏三代──東上野で不動の勢力を築いた名門赤井氏三代

東上野の邑楽《おうら》郡館林城《たてばやし》（群馬県館林市）主は赤井但馬守入道法蓮である。その父山城守勝光《かつみつ》入道道《どう》陸《りく》は、永享の乱で結城中務大輔氏朝《うじとも》に味方して滅亡した舞木《まいぎ》駿河守持広《もちひろ》の配下の一族、赤井若狭守の曾孫で、前関東管領上杉憲政の麾下に属し、青柳の城に住んでいた。あるときは忍・深谷・本庄・小山・長沼と戦い、またあるときは新田・桐生・佐野・足利と対立したが、負けることもなく、しだいに周辺を切り取っていった。板倉《いたくら》の真下《ましも》越前守・小泉の富岡太郎四郎・北大島の片見因幡守・藤岡の富田又重郎のような小身の武士を被官に加え、他家の介入をうけることもなく年月がたった。

天文二十年（一五五一）六月、勝光入道が老死し、法蓮が跡を継いだが、これも武将の器で、上杉家に対する忠誠心も強かったので、景虎越山の初めから幕下について戦功を積んだ。ところが、青柳城（館林市）の場所は法蓮の好みにあわず、これを廃して大袋《おおぶくろ》（館林市）という場所に新城を築いた。

ここもまた地の利が悪く、どうしたらよいかと思案に暮れていた。たまたま所用があり、同郡舞木（群馬県千代田町）の寺院に赴く途中、子供たちが狐の子を捕らえていじめている所に会った。法蓮は小狐を不憫に思い、下人に持たせていた火打ち袋から銭を取り出して子供らに与え、小狐をもらいうけ林の中に逃がしてやった。

館林城跡本丸の土塁　群馬県館林市

舞木での所用をすませ、夕刻に帰館すると、館の前の道にどこからかともなく一人の小男が現れて、法蓮の前にひざまずき涙を流して、

今朝、我が最愛の子が不慮の災難に合っていたところ、貴殿のお陰で命を助けていただきました。人も畜生も子を愛する気持ちは同じです。どうしたらその恩に報いられるかわかりませんが、貴殿の住んでいる大袋の地は悪い気配があります。今、考えるとこれより西北にある館林はよい場所です。ここに居を移せば、繁盛間違いなし。幸いに今宵は風が涼しく、月はさわやかです。さあ、ご案内致しましょう。

と言ったので、法蓮は何となく誘われてその場所に着くと、城郭の縄張としてはよい地形であった。法蓮は大いに喜んで、近日中に築城を始めると約束をすると、その小男は、「我はこの大袋の鎮守の

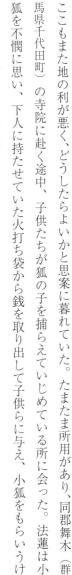

稲荷の神である。」と言って、白狐の姿を現してすぐ消えた。法蓮はそれから普請を始め、すぐに城郭を完成させ、弘治二年（一五五六）正月にここに移住した。そのとき、郭内に社を建て、例の小男を鎮守神と祀り、祭礼も怠ることがなかった。今の尾引曲輪《おびきぐるわ》がこれである。

今年（一五五九）己未十月、法蓮が病死し、嫡男文六郎が家督となったが、幼稚であったため、十五歳になるまでの間、法蓮の妹婿であった毛呂《もろ》因幡守季忠《すえただ》を陣代とした。法蓮はいまわのきわに、季忠に家法を乱さず、武備を専らにするよう申し含ませたが、季忠はその遺言をはがゆく思い、さまざまな企てを行った。そのため、文六郎はひそかに出奔して姉婿であった足利の長尾修理入道景朴を頼った。文六郎は生来乱暴できままな振る舞いが多かったので、姉はこれを心配して夫の景朴に相談したところ、岩井山にあった密教寺院に入れて出家させることになった。しかし、文六郎は学問には関心を示さず、明けても暮れても弓矢・槍・鉄砲・長刀・太刀の修行に努めた。十七・八歳になり、体格は身長六尺を越えて胸板厚く、力は特にすぐれ、普通五・六人でも動かし難い大石も軽々と持ち上げ、相撲を好み、近隣には新六郎にかなう者はいなかった。果ては、城下の近くに出て、辻切《つじぎ》りまでする始末であった。

景朴は館林の城に移り住んでいたが、文六郎の不始末に腹をすえかね、召し寄せて殺害しようとした。姉はさすがに情けなく思い、それとなく知らせたので、文六郎はこれを聞いて長尾家を逐電した。宇都宮に走り、還俗《げんぞく》して赤井上野介勝連《かつつら》と名乗った。家柄といい、武勇といい、申し分がなかったので、宇都宮広綱に召し出され、五百貫文の所領を与えられ、河内郡徳次郎の砦（宇都宮市）の城将に抜擢された。もともと武芸の嗜みは深かったので、戦場では毎回先陣を切って高名の手柄をあげないことはなかった。

宇都宮の城下押切《おしきり》という在所に、一人の寡婦がいた。気立てが優しく美しい娘がおり、富家で家産もあったので誰かよい若者がいれば婿にしようと考えていたところ、赤井が寺詣でのついでにこの娘を見初めた。いつしか通う仲となり、「末の松山浪こさじとは」と浅からぬ関係にまでなっていた。一方、広綱の家臣で戸祭《とまつり》備中守房相《ふさすけ》はその娘のことを聞き、密かに艶書《えんしょ》を送ったが、一言の返事もなかった。戸祭もがまんできず、母に娘を嫁にと申し入れると、宇都宮家の権威を恐れた母は「ともかく申し入れに従います。」と答えた。これを聞いた娘がことの経過を赤井に告げ、二人して徳次郎の砦に駆け落ちした。

戸祭は無念に思ったが、相談する人もなく、しばらくは憤りを抑えていたが、赤井を讒言《ざんげん》によって罪に落として娘を奪い取ろうと考えた。そこで、戸祭は結城晴朝と語らって赤井が反逆を企てていることを訴えたので、広綱はこれを信じ、多功《たこ》石見守房興《ふさおき》・同太郎秀朝《ひでとも》〔塚田玄蕃頭公朝《つかだげんばのかみきんとも》の父〕に侍十騎・足軽五十人を添えて、徳次郎砦に差し向けた。

思いがけないことなので、赤井の郎等らは狼狽して垣根や塀を越えて逃げ走ったが、山田兵右衛門・西郡平蔵らは踏み留まってしばらく防いだ。赤井も長刀を取って、寄せ手五人をなぎ伏せ、残りの兵を門外に追い出し、小屋に入って十九歳になった女房を刺し殺し、その上に障子・板戸を懸け、火をつけた。再び主従三人で飛び出し、敵六・七人を討ち取ると、騎馬武者十人も馬より下りて、槍で応戦した。二人の郎等が討たれたので、赤井は「もはやこれまで。」と砦の中に戻り、女房の死骸の上で腹を切って焼け死んだ。戸祭は讒言によって惜しい武士を犬死にさせただけではなく、女房をも得ることができず、他人から後ろ指を指されることになった。しかし、権力を恐れてこのことをはっきり言う者もなかったので、そのまま忘れられてしまったのである。

巻五

近衛前久の関東動座──新公方擁立で、関東経営の再編を企てた謙信

上杉輝虎はこの春、佐野城の後詰めと小田の城攻めの後、本国に帰って長尾越前守政景《まさかげ》・宇佐美駿河入道行定らの功臣らと相談し、関東に新公方を立て、輝虎がその命を執行するという形を取って、小田原に乱入することをきめた。都に使者を上らせ将軍義輝に願い出たところ、現関白陽明殿《ようめいどの》の賢息尚君の御方を下向させると決まったが、まだ幼児であったため、その父近衛前久《このえさきひさ》公〔東求院《とうぐいん》龍山《りゅうざん》と号す〕とともに越後に下ることになった。また、将軍の上使として大和《やまと》治部少輔孝宗《たかむね》がさし添えられた。さらに、近衛殿の賓客として、照高院法親王道澄《しょうこういんほっしんのうどうちょう》・百万遍智恩寺《ひゃくまんべんちおんじ》の上人・西洞院《にしのとういん》左兵衛督時秀《ときひで》・富小路《とみのこうじ》右衛門佐秀直《ひでなお》并びに家司《けいし》進藤《しんどう》左衛門尉長英《ながひで》なども下向した。

十月中旬、輝虎はよい日を選び、近衛父子を伴って関東に越山した。平井城は上杉憲政没落のとき、北条氏康が外構えを焼き払ったので、要害としては不十分であった。関白父子を守護するため、両人を桐生大炊助直綱の居城に移して、新田・足利・小俣の三家に警固を命じ、東国の味方の諸将にこれらのことを触れ回る回文を送った。

以上のような処置を行った後、輝虎は西上野の先方衆に那波城〔群馬県伊勢崎市〕を攻めることを

本庄繁長　「甲越勇将伝」　東京都立中央図書館蔵

命じた。本庄《ほんじょう》越前守繁長《しげなが》は、そのとき弥次郎と言ってまだ十七歳の若武者であったが、先陣を命じられて城に攻めかかった。城主那波対馬守宗元《むねもと》・同無理之助宗安《むねやす》父子はともにすぐれた武将で、城から出て戦った。本庄も大剛の武士で、自ら槍をあわせ、太刀を持って戦い、ついに対馬守を討ち取るという手柄をたてた。一方、無理之助は切り抜けていずこかに落ちのびた。輝虎はこれを大いに喜び、桐生城につなぎをつけるための要衝として、ここに北条《きたじょう》丹後守長国を入れた。

次に、厩橋城に兵を向けた。この城は北条綱成の次男、福島孫一郎頼季《よりすえ》〔後に治部少輔と号す〕と師岡《もろおか》山城守が籠もっていたが、支えきれず城を明け渡して南方へ逃れたので、長尾左衛門尉・斎藤下野守を入れて守らせた。このとき、どんな道楽者が作ったのであろうか、沼須川の端に次の落首が書き立てられた。

小田はらを結ばん縄は折れ果てて
厩橋落ちぬ沼田永荒れ

伊勢崎《いせさき》の砦は谷《たに》備中守宗次《むねつぐ》・荻田備後守・潮田主税助・毛利丹後守ら四百余騎が馳せ向かい、素早く攻め落とした。沼田荘倉内城へは輝虎が自身で出馬して大手を攻めた。搦手には大胡武蔵守を案内として、柿崎和泉守景家・色部修理亮長実《ながざね》・本間太郎左衛門資久《すけひさ》・松本《まつもと》大学助らが押し寄せ、戸神山《とがみやま》へ登って薄根川《うすねがわ》筋より大石・巨木を投げ落とし、弓・鉄砲を続けざまに撃ったので、敵方は防ぐ手段がなく降伏を求めた。城主猪俣左近大夫は小田原へ逃げ去った。これを見て、森下《もりした》・名胡桃《なぐるみ》・小河・岩櫃《いわびつ》も降参して、利根《とね》・吾妻《あがつま》の二郡は同時に上杉家の麾下に入った。

輝虎はさらに兵を進め、飯野《いいの》（群馬県板倉町）・女淵《おなぶち》（前橋市）の小城も抜き、両城を館林の毛呂因幡守に与えて加増とした。北武蔵にも打って出て、忍の城を攻めた。この城は沼地が多く、大手の行田口《ぎょうだ》も道細く、沼堀をひかえて大軍が動くには不自由であったので、長野口に押し寄せて家々に放火した。輝虎はさらに放火働きをしながら埼玉村《さきたま》へ進み、丸墓山《まるはかやま》に登って地蔵堂から城中を見下し、「城外を焼き払い、城は水攻めにせよ。」と命じた。下忍・持田《もちだ》・渡柳《わたりやなぎ》の辺を片っ端から放火し、水攻めの準備をするのを見て、城主成田長泰は気力を失い、降伏して人質を出して幕下となったので、輝虎は陣を払った。

その間に、武州松山・腰越《こしごえ》（埼玉県小川町）の両城も太田美濃入道に攻め落とさせ、深谷・本庄・鴻巣《こうのす》の人々も旗を巻き、甲を脱いで降伏を申し出て、先鋒に加わることを望んだ。このように、輝虎の軍略は大成功した。輝虎は上野全体を制圧したので平井城を破却して厩橋城に移り、譜代の家人と新属の面々にまで恩賞を与えた。輝虎はこの年も関東で越年した。

総州関宿城の戦い――結城晴朝、佐竹義重・宇都宮広綱を迎え討つ

輝虎が上野一国と北武蔵を平定しているとき、氏康は江戸・河越・葛西・有吉の城々の仕置きを行ったが、小田原に在城し続け、まったく出馬の気配はなかった。

古河公方足利義氏は関宿におり、その父晴氏は近年病床に伏せって療養中であった。越後の兵が攻めてくるとの噂が広まり、簗田中務大輔政信が小田原に援助を求めた。そこで、依田《よだ》大膳亮・南条《なんじょう》山城守・川村《かわむら》修理亮ら三百余騎が馳せ参じ、一方の口の警固に当たった。結城六郎左衛門晴朝・長沼左衛門尉宗信《むねのぶ》（初めは藤五郎）・相馬小三郎親胤《ちかたね》〔小次郎治胤の弟〕らも救援のために参陣し、寄せて来る敵を待った。

この隙を狙って、佐竹次郎義重《よししげ》・宇都宮三郎左衛門尉広綱・多賀谷下総守政経・茂木上総介らが兵を集めて結城表へ攻め込むとの噂が聞こえたので、永禄三年（一五六〇）庚申《かのえさる》正月四日、結城晴朝は急に関宿を払って結城に引き返した。これを知った簗田は、結城こそ心替わりして退散したと考え、「憎い。結城勢を一人も漏らさず討ち取れ。」と手勢五百余人を引き連れ、すぐに柳橋という所に進み、高橋に陣を張って待った。

結城勢はこれを夢にも知らず、先駆は水谷兵部大輔政村《まさむら》、後陣は山川讃岐守勝範《かつのり》と決めて、都合

一千余人が五分筋の旗を立てて、駒を早めて進んだ。向かいの丘の辺をみると、誰とはわからないが、数としては五・六百ばかりの軍勢が控えていた。晴朝は、
さて、常州の敵兵の内で誰かが攻めて来たのであろう。そうであれば進路のあちこちに伏兵がいるかもしれない。まずはこれを先陣が追い散らし、残党がいれば味方が一つになって駆り立てよ。

と命じた。近づいて見ると簗田家の旗であった。

さては、簗田は皆をだまして敵になったのであろう。不審ではあるが蹴散らせ。

とまっしぐらに打ちかかった。簗田の兵はしばらく戦うとみせて、丘から西北のほうへ退去したが、晴朝はこれに構わず、本道にもどった。後陣の山川勝範の兵二百余が進むのを小勢とみた簗田はこれに食らいついて再び一戦に及んだ。晴朝は「後陣で戦いが始まった。戻れ。」と命じ、自身も脇目もふらず真っ先に引き返し、簗田の兵百余人を討ち取り、残兵も追い散らして難なく結城に帰城した。

晴朝は城下の寺院を壊して、用材を防御の楯に用い、近辺の民家も焼き払った。また、富谷・小栗・大島の砦に籠め置いた家人らを本城に戻し、城の入口を固めて、常州勢の到来を今や遅しと待ち受けた。

同月七日の明け方、常州勢六・七千ばかりが小河台に着陣し、下妻・瀬西の者共を案内者として攻めかかった。待ちに待った戦であったので、城方は積極的に大手・搦手の両方から駆け出て、敵の先手を苦しめた。結城家の岩上《いわがみ》但馬守、小山家の高井飛騨守が特に奮戦したので、常州勢は利を失い、

退散に追い込まれた。この日の戦いで死者六百十五人のうち、城方の犠牲は百六十六人にすぎなかった。

その後、簗田の心得違いについて義氏から結城家に知らせがあり、行き違いを詫びて和睦を結んだ。また、多賀谷政経はもともと結城家の被官の家筋であったので、その扱いは結城家に任されることになった。とりあえず山川讃岐守を政経の婿とすることで、多賀谷家は結城家との関係を修復した。

輝虎の小田原城乱入――甲・相同盟打破を目指した、小田原攻めの失敗

同年二月朔日、北条氏康は武田家に使者を遣わした。輝虎が去年十月より平井に在城して東上州の平定を進め、近国の諸将を味方につけたこと、近衛前久の子を関東の新公方として擁立し、関東征服のため南方への攻勢を強めていることなどを伝えた。十三日には、輝虎が近日小田原に向けて発向するという情報が次々に各所から上がっていることを伝え、速やかな援兵の派遣を書状で依頼した。また、実際に小田原侵攻が行われた場合、信玄による後詰めを懇願したので、信玄もこれに応えて初鹿《はじか》野《の》源五郎忠次《ただつぐ》・青沼《あおぬま》助兵衛忠吉《ただよし》に騎馬二百・雑兵三千を差し添えて加勢として小田原城に送った。

信玄は同月十八日、甲府を出発して碓氷峠を越えず、その手前軽井澤の駅に在陣した。一方、輝虎は二月中旬に近衛前久公父子を伴い、厩橋を出て武州松山城に入った。このとき、催促に応じて集まった東国の諸将は七十六人、軍勢は九万六千余騎に上った。このほか、越後・佐渡・上野平井・更級《さらしな》の

鶴岡八幡宮に参詣する謙信

譜代・新参は一万七千人で、都合十一万三千余騎の人数となり、この人数で小田原への進撃を開始した。

武州堀兼・関戸の分かれ道より武蔵野を駆け過ぎ、江《え》田《だ》・稲毛《いなげ》・小机《こづくえ》・権現山《ごんげんやま》・信濃坂《しなのざか》辺へ進んだが、あまりの大軍であったため切れ目はなく、道々にあった砦は関東衆が次々に踏み破り蹴散らし、野も岡も力ずくで押し通った。また、相州大住《おおすみ》郡高麗寺山《こうらいじやま》の麓、山下宿の河原に本陣があったとき、先陣・二陣は淘綾《よろぎ》郡の小磯《こいそ》・大磯《おおいそ》に陣を張っていたという有り様であった。

三月中旬に上杉勢は小田原城に迫り、両者の激突が始まった。氏康も北条家の存亡がこの一戦にあると思っていたので、軽率な動きも取れず、ただ籠城するばかりで、敵の動きをうかがって防御に努めた。この間、尚君の御方は公方就任の御礼拝賀のため鶴岡八幡宮へ参詣したが、輝虎はその供をし、併せて自身の関東管領職就任を披露した。しかし、このとき成田長泰の不手際によって神験《しんけん》を得ることができず、輝虎は失望して厩橋城に帰城した〔このことは異説が多く省略するが、『北越軍談』に詳しい〕。

那須資胤、奥州小田倉で戦う——那須兄弟の奮闘により白河結城勢を蹴散らす

この頃、葦名修理太夫盛氏は奥州山東に出陣していたが、白河の結城上野介義親と計略をたて、両家の兵三千余騎によって那須・塩屋《しおや》の二郡を攻め取るため、那須白河の境の小田倉原《おだくらはら》（福島県西郷村）に出張した。これ以前、那須修理太夫資胤が兵を発し、白河口に乱入し、草籠原で白河勢と一戦を行ったことがあった。白河衆も思いのほか多勢で、那須方の先鋒大関右衛門佐高増は討ち死にするところを、資胤の弟福原《ふくはら》弾正左衛門資経《すけつね》が勇気を奮って来援し、敵を追い払ったことによって助けられ、那須勢も無事撤退した。今回、義親はそのときの恨みを晴らそうと思い、舅の盛氏の威を借りて、那須を攻めようとしたのである。

資胤は兵を集め、資経と高増を先手とし、岡本《おかもと》大和守・秋元《あきもと》越前守・塩屋丹波守・沼野井《ぬまのい》摂津守・鹿《かの》子《こ》畑《はた》大隅守以下一千七百余騎で烏山（栃木県那須烏山市）を出発し、小田倉表に着陣した。三月二十六日巳の刻（午前九時頃）頃、両軍は矢合わせを始め、未の刻（午後一時頃）になって火花を散らす戦いとなった。その結果、那須家の敗北となり、資胤も軽傷を負った。資胤は残兵を小高い丘に集め、敷皮に座り、弟の資経を招いて、

吾が運命はここまでだ。いたずらに引き退こうとして雑兵《ぞうひょう》の手にかかるよりは潔く切腹して、名を戦場に残したい。お前は急いで居城に帰り、家督を相続して仇を討つ方策を考えてもらいたい。

と諄々《じゅんじゅん》と申したので、資経はこれを聞いて、

いやいや、私こそここで身代わりとなって敵を防ぎ、腹を切って死にましょう。早く帰城してください。

と互いに譲りあって、時がたった。そこに東北の柏原のほうから敵兵三百ばかりが味方を追撃してくるのがみえた。そこで、那須方は下那須の三輪村の野伏《のぶせり》が五・六十人で矢衾《やぶすま》を作って迎え討った。この中に「岡源三郎、生年十七歳。」と名乗った武者が七・八間ほど走り出て、会津の武者奉行佐瀬《させ》源兵衛の嫡子源七郎が乗った馬の首を深々と射たので、馬は屏風をひっくりかえすように四つんばいにどうと倒れた。そこを源三郎の叔父岡藤右衛門が走り寄って首を掻いた。

これを見て、資胤は「討ち死にするときが来た。かかれ、者ども。」と叫び、馬に乗って、自ら太鼓を打って進むと、馬廻りの百騎ばかりも同時に鬨の声をあげて、敵陣に駆け入った。敵方は一陣の部将であった佐瀬が討たれたため戦意を失い、踏み留まる所であおりにあおられ、奥州街道を十余里も一返しもできず押されて、逃げ帰った。

勢いに乗った那須勢は草籠宿の辺まで追い散らし、民屋に火をつけて元の所まで引きあげ、無事に

北条氏政画像　神奈川県箱根町・早雲寺蔵

鳥山まで戻った。翌日、資胤は岡源三郎を召し寄せて元服させ、五郎左衛門と改めさせ、感状とともに褒美の禄を与えた。

北条氏康の隠居――北条家の家督を相続した氏政と北条家の系譜

氏康は、この年（永禄二年、一五五九）、四十六歳となり、六月下旬に隠居剃髪して万松軒《ばんしょうけん》と称した。病身のため職務を全うできないということであったが、実際はこの春、歳がはるかに若い輝虎のために小田原の城下を馬の蹄に駆けさせながら、何の手出しもできなかったことに弓矢の面目を失い、そのことを話題にされることに堪えられず、その悩みで疲れきったためであった。

嫡子相模守氏政は二十三歳で家督を相続し、政務を執行した。

次男由井《ゆい》源三氏照《うじてる》〔後に陸奥守と称す〕は、木曽義仲《きそよしなか》の後胤を称す大石源左衛門定久《さだひさ》が関東管領上杉家に背いて北条方となったとき、その婿養子となり、武州高麗郡滝山《たきやま》城（東京都八王子市）を譲り受けて城主となり、由井を改めて大石を称した。なお、大石定久はその後入道して道俊《どうしゅん》と号し、幼少の実子播磨守定仲《さだなか》とともに戸倉《とくら》城（同あきる野市）に移っている。また、氏照は滝山に在城していたが、滝は落ちるもので城の名にはふさわしくないとして、八王子《はちおうじ》（八王子市）に新城を築いて移った。氏照は多くの兄弟のうち、最も父母に孝行をつくしたという。

三男は新太郎氏邦《うじくに》〔後に安房守と称す〕で、書の名手という。これも関東管領上杉家の旧臣藤田右衛門佐邦房の養子になった。邦房は武州秩父郡岩田の天神山《てんじんやま》城（埼玉県長瀞町）を氏邦に譲り、自身は実子虎寿丸とともに榛澤《はんざわ》郡の用土《ようど》（同寄居町）という所に退去した。虎寿丸は輝虎が関東に出兵した頃、初めて北条家に従い、用土新左衛門と改名し、沼田の城代にも抜擢された。後に藤田能登守信吉《のぶよし》と名乗った。氏邦もその後、秩父領横瀬（同横瀬町）の根小屋に城を移したが、人里離れて不自由なため、男衾《おぶすま》郡鉢形《はちがた》（寄居町）に移った。この城は太田持資〔入道道灌〕の縄張によって築かれたもので、すぐれた要害であるが、敵地に近いため小田原から常に三百騎の援兵を置き、榛澤の八幡の前辺りに新関を設け、山上に遠見の番所を置いて用心に怠りはなかった。

四男の助五郎氏規《うじのり》〔後に美濃守と称す〕は伊豆韮山《にらやま》（静岡県伊豆の国市）の城主となった。五男の新四郎氏忠《うじただ》〔後に左衛門佐と号す〕は乗馬の名手で、相州足柄城を守っていたが、佐野家の名跡を受け継ぎ、後に野州に移った。六男の竹王丸氏尭《うじたか》〔右衛門佐と号す〕は鉄砲の達人で、一町程度の目標をはずしたことはなかった。武州小机（横浜市港北区）の城主である。七男七郎氏秀《うじひで》は武田三郎と言ったが、輝虎の養子に迎えられ、越後に赴き上杉三郎景虎と名を変えた。その他、娘は六人である。蒔《ま》田《た》の吉良《きら》左兵衛佐頼久《よりひさ》、北条常陸介氏繁《うじしげ》、今川刑部太輔氏真、千葉介邦胤《くにたね》、武田大膳太夫勝頼《かつより》、太田源五郎氏資《うじすけ》などの室に迎えられている。早雲庵宗瑞・新九郎氏綱・左京太夫氏康とわずか三代の間に一族は繁栄し、親類は幸運を得て、比べる家はないと皆うらやましがった。

輝虎、上州和田城を攻める――謙信、謀略露顕で和田喜兵衛を手打ちにする

関東中の武将を率いて行った小田原城攻略に失敗したことは、厩橋に帰城した近衛前久・上杉憲政には大きな心配の種となった。そこで、輝虎は太田三楽斎・長尾景朴に命じて、戦列を離脱した武将たちを再び上杉方に留めるための計略を行った。里見義弘・佐竹義昭・宇都宮広綱にこれを伝えたところ、この方面は大部分は問題はなかったが、千葉・結城・小田・万喜・小山・相馬・壬生・毛呂の衆、また西上野・北武蔵の衆の中には二心を抱いて、はっきりしない輩も多かったが、旧年より長々と関東に在陣を続けていたため、越後のことも心配になり、輝虎は八月下旬に近衛公父子を伴って帰国した。

これより前の仲夏（五月）頃、群馬郡高崎の城主和田兵衛太夫は武田家に内通し、深谷・倉賀野・高山と語らって、箕輪城を乗っ取る謀略を企てた。兵衛太夫の弟喜兵衛は初名を小膳と言い、幼少のときから輝虎に近仕していたが、折から高崎に来てこの企てがあることを知り、厩橋に密使を送った。

近習仲間の小野伝助に書状で、

このような企てがある。御人数を少し向けていただければ、某《それがし》が手引きをして城中の者共をたやすく追い出すように計らいましょう。

と申し送ったので、輝虎は小勢を率いて急に箕輪城まで出張し、それから高崎へ向かって進んだところ、計略が露顕して高崎城から逃れ出て烏川の辺まで来た喜兵衛と出会った。喜兵衛が顛末を告げると、輝虎はもっての他と怒り、「中途半端な計略で、無駄な出馬を勧めたことは、許せないことだ。」と述べて、腰の刀を抜いて喜兵衛・伝助の両人とも即座に殺害し、

この上は、手筈が間違ったからといって、せっかく出陣したのに何もなくて厩橋城に引き返せば、彼らの笑い物になるであろう。考えがあって、小勢を引きつれてきたが、勝敗はわからない。ひと攻めしてこそ考えも出てくるだろう。

と一目散に高崎城へ押し寄せ、自身で槍を取って大手門を破ろうと突きかけた。さらに、直江山城守実継・大関阿波守親益《ちかます》・長井《ながい》丹後守尚光《なおみつ》・鍛冶《かじ》治部少輔安則《やすのり》・只見《ただみ》次郎右衛門家国《いえくに》らが続き、「吾、劣らず」と槍を持って力戦したので、一の城戸《きど》・二の城戸も押し破り、詰めの城まで攻め入った。しかし、和田も有名な勇士であり、味方も戦いに疲れたので、輝虎は麾を執って退却を下知した。味方は郭外に放火し、早々に厩橋に帰城した。

武田信玄、上州板鼻で合戦する——武士の意地を見せた十六歳の土肥実吉の働き

同年九月中旬、信玄は一万余騎を率いて、信州余地《よち》峠から西上野の碓氷郡に侵入して、松井田・安中の間に着陣し、近辺の様子をうかがい、内通した武将たちを集めた。和田・高山・平・甘尾などが参陣した。

このとき、宮原荘の倉賀野党は金井小源太秀景を中心に福田《ふくだ》加賀守・須賀《すが》佐渡守・富田伊勢守・須《す》田《だ》大隅守・田沼《たぬま》彦左衛門など十六騎が集まり、この中から一人が松井田に赴いて信玄に面会しようと決め、一人を選ぼうとしたが決められなかったので、鬮《くじ》引きによって金井となった。金井は手の者を引き連れ、信玄に面談を遂げ、先陣の列に加えられた。板鼻表《いたはな》（群馬県安中市）での一戦で見事な手並みを発揮し、信玄からお褒めの言葉を頂いた。戦が終わって帰陣したとき、信玄は倉賀野淡路守と改めさせ、十六騎の旗頭にすえた。証文に加え、今着けていた鎧一領を与えた。

信玄はこのときも箕輪より東道を一里半離れた板鼻の宿まで進出した。長野左衛門太夫業正は白井・箕輪の兵を加えて広野で待ち受け、ここで支えようと合戦に持ち込んだ。長野勢が不利となり、武田勢は勝ちにのって攻め込んだ。長野方の老巧な侍大将たちが地形をみながら敵方を引き止めようと工夫し、ここかしこで応対したが、野原の戦では礫からも身をかくす場所もなかった。しかも、敵は戦いをよく知る武田勢、へたな武略はかえって怪我のもとと、長野方はどうしたらよいか方法を探しあぐねた。

このとき、土肥大膳亮実吉《さねよし》は十六歳であったが、槍を取り出して退こうとする人々に「某が一槍仕らん。」と言って、追って来た最初の敵と渡り合って、しばらくは攻め合ったが、ついに突き伏せて首を取った。続いて来た馬上の武者も二・三人をたたき伏せ、なぎ払ったので、武田方も「油断して深追いはするな。」と兵を引いた。これによって、実吉の働きは万兵の勇気に勝っていると、感激しない者はいなかった。

長野業正木像　群馬県高崎市・長純寺蔵　画像提供：高崎市教育委員会

実吉の曾祖父土肥又太郎は相州足下郡江浦の郷士として豊かな暮らしをしていたが、北条早雲によって滅ぼされた。その孫和泉守は長野家の被官となって箕輪に移住したが、武功をあげて、業正の秘蔵の武士といわれるほどであり、その子実吉も父に劣らない剛の者であった。

業正の時代に板鼻において武田家と二・三度戦いがあり、その中で箕輪勢が打ち負けたとき、長野家でも勇猛と評判の赤名《あかな》豊前守が殿《しんがり》を務めた。豊前守が引きあげようとすると、どうしたわけか茜の吹き流しの指物が街道の端に生えていたさいかちの木の枝にからまったので、取り離そうとしたが、枝葉がしげりとげもあってなかなか外すことができなかった。捨てたまま引きあげるのは恥辱と思ったのか、実吉一人

が引きあげて行くのを止めたので、

予の運はこれで尽きたのだろうか、こんなことになってしまった。吹き流しを取らないことには箕輪には帰れないので、取れるまで見届けてほしい。

と赤名が言うと、実吉も「心得た。」と言って踏みとどまった。両人は馬から降りて、「この上は太刀で伐採するほかにない、もし敵が来たらそれこそ最期だ。」と言いながら、二匹の馬の尻を槍の柄でたたいて、味方のほうへ走らせた。これで落ちついてやれると、例の木を伐採して街道の真ん中に押し倒し、ようやく指物を取りあげ、鎧を脱いで休憩していたが、そこに敵四・五十人が「逃がさん。」と叫んで追いついてきた。実吉と赤名は少しも騒がず、槍を取って待ちうけた。敵が駆け寄って路をみると、見知らぬ二人の前に大木が切り倒されていたので、何をしたのだろうかと不審に思って簡単には近づけなかった。その間に、二人が逃がした馬が一直線に戻ってきたのを見た味方は、不思議に思ったが、まだ実吉と赤名が後ろに残っていると考え、「二人はしっかりしているので粗忽の死はないと思うが、何かあったのだろう。戻ってみとどけよう。」と十騎ばかりが引き返して例の場所に着くと、武田勢は、「やはり、策があったのだ。夕陽も傾いたので、引き取ろう。」と互いに引っ張るように引きあげた。両名は危ういところで命を全うし、箕輪に戻れたのである。

輝虎の上洛と、小田原再征——謙信・太田三楽斎、小田原再征の失敗の顛末

越後に帰国後、輝虎は近衛殿父子を京都に送り届け、同時に将軍家に拝謁するため上洛を志し準備を進めたが、四境に強敵がいる状況で簡単には出発はできなかった。そこで、甲府に使者を送り、留守中は上杉分国内に兵を入れないように申し送ったところ、信玄から了解して誓詞を送ってきたので安堵して、永禄四年（一五六一）辛酉《かのととり》三月初旬、先駆けに直江・柿崎、後駆けに斎藤・河田を命じ、旗本合わせて五備え、都合三千余騎で近衛殿父子を守護しながら、春日山を出立し、松本から木曽路を経て、美濃の国から近江国志賀郡大津の駅に到着した。ここに宿泊して入京した。

この直前、岩築の太田三楽斎は近衛殿に暇乞《いとまご》いのためと号して、越府を訪れ十日余り逗留した。その間に輝虎と協議し、密かに憲政〔入道立山叟〕を伴って三国峠を越えて厩橋城に入り、前年の夏秋の間に味方につくことを約束した諸将を催促し、小田原再征を実現するための謀《はかりごと》を進めた。

その催促に応じたのは、上州では長野左衛門太夫・長尾新五郎・横瀬雅楽助・桐生大炊助・渋川相模守・安中越前守父子・小幡図書助・白倉左衛門佐・大胡武蔵守・森下三河守・富岡主税助・大戸丹後守・尻高左京亮・長根雅楽助・斎藤越前守・深津刑部少輔・宮崎和泉守・後閑刑部丞・谷備中守らである。野州では宇都宮の名代芳賀左衛門佐・壬生下総守・長沼山城守・近藤大隅守・西方遠江守・佐野の軍代、常陸では佐竹の陣代長倉《ながくら》遠江守・多賀谷・笠間・茂木、武蔵では小幡三河守・木部宮内少輔・長井豊前守らで、これ以外も記すに余裕がないほどであった。

それ以外に、松山衆・北武蔵の面々は河越城の押さえとなり、忍城には勢多郡の輩・桐生・小俣・

上泉・谷・森下らが馳せ向かい、江戸・関宿・有吉・臼井筋には佐竹義重・常陸大掾貞国・多賀谷下総守政経・舎弟淡路守経明《つねあき》・恒富《つねとみ》安芸守人国・行間但馬守・小宅三左衛門、千葉表には安房源氏の侍大将正木大膳亮時継《ときつぐ》が上総国勢を引き連れ、途中一人で千葉介親胤と戦って破り、親胤を佐倉《さくら》城（千葉県酒々井町）に追い込めた。

里見左馬頭義弘は去る戊午《つちのえうま》（永禄元年、一五五八）の冬に相州三崎に攻め込んで切り取った三浦の地に陣を張り、正木左近太夫時忠父子・鎌田《かまた》美濃守・安西遠江守・板倉大炊助・堀江《ほりえ》能登守・川名孫次郎・天羽藤左衛門・草刈《くさかり》兵部太夫などを武州六浦《むつら》荘金澤に出陣させ、北条方が守る荏柄《えがら》の関所を押し破り、小田原への侵入をうかがって敵を圧迫した。

こうして太田三楽斎は手勢三千余人をもって先陣となり、二陣には長尾遠江守兄弟・同左衛門尉・本庄越前守・新発田尾張守・石川・中条・加地《かじ》・黒川《くろかわ》・本間・羽茂《はもち》・松本・鳥山《とりやま》以下越後・佐渡の人数六千余騎、憲政の旗本には曽我《そが》・二階堂・萩谷・小野・石堂《いしどう》など五百人、後陣には長尾弾正入道謙忠・北条丹後守・用土新左衛門・夏目豊後守を部将として東上野の勢五千余人。その他、東国の味方の軍勢は一万余騎であった。

輝虎軍は武蔵野に打ち出た。北条方は大石源三氏照・大道寺・多米・青木・毛呂・浅羽・横山など二万余で出陣し、多摩郡・都築《つづき》郡の間で迎え討ったが、散々に討たれた。上杉勢は勝ち誇って進み、相模川を渡って大磯・酒匂《さかわ》に陣を取り、小田原の城下に接近して小競り合いを始めた。

寄手は去年の失敗を帳消しにしようと活発に動き廻り、死を覚悟して頑張った。北条勢は籠城に追い込まれたため、勝敗を懸念し、「今度は当家も滅亡するかもしれない。」と眉をひそめた。氏政は、兵らに力の限り戦って城を守ろうとする姿勢が見られないので、武田家に事態の急を告げ、再三にわたって援兵の派遣を懇望した。これに対して、信玄はかねて越後の押さえとして信州海津城《かいづ》（長野市）に置いていた春日弾正忠昌信《まさのぶ》に下知し、上杉方の長沼（長野市）・市川辺に放火させ、飯山（長野県飯山市）・野尻《のじり》（同信濃町）の両城を押さえて越後国内へ乱入させようと戦いを始めさせた。

このことは長尾越前守・甘糟近江守から早馬によってすぐに関東へ知らされたが、相州在陣の越後衆はこれを聞いて、

輝虎様が上洛のときには攻め込まないとの約束を翻して、信玄が違約した。きっと越後表か西上州に出陣するだろう。そうすれば味方は前後の敵に攻められ、本当に危険な状態である。こんなときに東国の武士の中から裏切るものが出れば、前年の二の舞となろう。

と憂えた。また、「すぐに兵を引いたほうがよいだろう。」ということになり、閏三月三日、総軍引き揚げとなった。太田三楽斎と長尾謙忠が軍の前後を守り、厩橋城に戻った。両人はまたすぐに憲政を伴い、本庄・新発田・加地・石川・本間・羽茂らを引き連れて越後に帰国した。その結果、春日弾正忠も飯山辺から海津城に戻った。

武州松山城の攻防――北条・武田の連合軍、苦心の末に松山城奪取

武蔵国比企《ひき》郡松山城は、前面に川が流れていることから、俗に流川城ともいい、また河越城の根城であることから根小屋城ともいう。天然の要害である上、氏康が近年改築して上田次郎入道晴礫斎《せいれきさい》に守らせていた。己未《つちのとひつじ》（永禄二年、一五五九）の冬、輝虎の命で太田三楽斎・赤井法蓮が攻め取り、三楽斎の計らいで数年ぶりに漂泊から戻った七澤《ななさわ》七郎〔扇谷五郎朝良の末弟〕を取り立てて、上杉新蔵人憲勝《のりかつ》と名乗らせ、三田五郎左衛門・太田下野守以下の騎馬二百・雑兵二千五百を指し添えて本丸にすえ、広澤兵庫助信秀・高崎刑部左衛門利春《としはる》を二の丸に置いて固く守らせた。

この年辛酉《かのととり》（永禄四年、一五六一）十二月上旬、北条氏政・大石氏照・北条綱成は三万余騎で小田原を出陣して、中武蔵へ進出し、鬼奴川《（ママ）》に船橋《ふなばし》を架けてこれを越え、松山城に押し寄せ、付近に陣を敷いて攻めかかった。

この城から岩築までは三十里ばかりの行程であるが、すぐに急を伝えることは困難であった。そこで、三楽斎はこのことを予測して日頃足の早い五匹の犬を飼い、松山に置いて使いがあるたびに添えて往復させていた。今回は忍びの者でも自由に抜けられないほどの大軍のため、城方は一節に切った竹筒に入れて封をした白文の密書を犬の首に結び付け、犬を真夜中に城中から出させた。犬はかがり火で白昼のように明るい陣中をあちこちと回って抜け、なんなく岩築に走り着いた。

三楽斎が密書を水に浸して文字を浮きださせて読んでみると、かかった時間はわずか一時ほどで、

飛脚に劣らない速さであった。これによって、三楽斎はすぐに後詰めに向かおうとしたが、北条方の大軍に邪魔されて果たせなかった。ひとまず安房源氏里見氏に救援を依頼したが、義弘も三崎表に在陣したままで連絡がとれず、次に三国峠から越後に早馬を送ったものの、極寒の頃で今年は異常に雪が多く、馬の足では行き難く、後詰めはなかなか進まなかった。

松山城では、城将憲勝も勇将で、兵士らも心を合わせて防戦したため、北条方も攻めあぐみ、向かい城を作って越年した。明けて、永禄五年（一五六二）壬戌《みずのえいぬ》正月七日、氏政は甲府に使者を送り、旧冬から武州松山城を囲んだが、険阻な要害で、立て籠もった人数も多く、兵糧・矢玉も十分あり、すぐに落ちるとはみえない。また、岩築城に近く、必ず三楽斎が後詰めするであろう。三楽斎だけなら難しくはないが、輝虎が出てきたときは容易ではない。そこで、ぜひとも武田殿の出馬を願うところである。そうすれば北条家は松山城を落とし、ここを足掛かりとして北武蔵まで切り従え、分国に加えることができましょう。そうなれば、以後武田家にご迷惑をおかけすることもないでしょう。今回だけはお頼みしたい。

と懇願したので、信玄は嫡子太郎義信とともに二万五千余騎をもって、正月二十八日に甲府を発ち、余地峠から西牧を経て松山へ着陣した。ここで信玄は飯富三郎兵衛昌景を呼んで、

長野左衛門太夫が西上野の武士たちをつれて援軍として馳せ参じることがあるかもしれない。お前は箕輪城を押さえ、様子をよくうかがえ。

と命じ、板鼻宿で分かれて箕輪へ向かわせた。昌景は箕輪でしばらくの間対陣して一戦に及び、その日のうちに三度攻め合った。最初は小菅五郎兵衛・古畑《ふるはた》伯耆守が敵と槍を合わせ、早川弥三左衛門幸《ゆき》憲《のり》と長坂《ながさか》宮内丞が槍下の手柄を立て、二度目は広瀬郷左衛門景房・三科内膳正が槍を合わせ、辻弥兵衛盛昌《もりまさ》・和田加助・渡辺三左衛門が手柄を立てた。三度目は上野豊後守・辻・早川が槍を合わせ、猪《い》子《こ》才蔵・広瀬郷左衛門が手柄を立てた。曲淵《くせぶち》勝左衛門は二回の戦いで城兵を討ち捕らえたが、自身で軽傷を負ったため、目立った手柄をあげることができなかった。これを残念に思い、三度目にようやく槍下の手柄を立てることができた。甲州の兵は粉骨の活躍をしたが、城将長野業正も臨機応変の防御をみせたので、飯富も小勢での長陣は不利とみて、翌日箕輪を引き払い松山に移動した。

こうして、甲南の軍勢合計五万六千余騎は、城を七重八重に取り巻いて鬨の声をあげたが、その声は峯や谷に響き渡り、天地が震えるかのようであった。しかし、城中は静まりかえって、鬨の声にも応えなかった。寄手の先陣五千余騎が次々と攻め入るのをみて、城兵はこれを近くまで寄せさせて、鉄砲二百挺を一時に撃った。その音は激烈で、晴天に煙が渦巻いて、山の谷にたちこめた。これで甲・南の兵百六十人ほどが将棋倒しに倒れた。手負いは算を乱して逃げようとしたが、そこに城兵が玉薬を入れ換えて、並べ撃ちをしたので楯も鎧も防ぐことができず、寄手はさらに混乱した。続けて、強弓の手練が近づいて散々に射たが、無駄な矢は一つもないほどで、一瞬の間にまた四百余人が討たれてしまった。寄手は損害が多く、これ以上は無益な戦いとみて「早く引きあげよ。」と揚《あげ》法螺《ほら》を吹いて撤兵させた。

そこで、甲・南両軍は主立った者が集まって軍評定を行った。北条方では諸方から金掘職人を集め、山の崖から城中へ掘り進むことが評議された。掘り込んで櫓二つを崩し、さらに城兵が用水のために地中に伏せ置いた大きな瓶に当たったが、これを壊したため、金掘共の半分は水に溺れて死に、半分は這って逃げ出す有り様であった。

武田家でも、去る天文二十一年（一五五二）、信州筑摩郡刈谷原合戦で甘利左衛門尉晴吉の同心米《よね》倉《くら》丹後守重継《しげつぐ》が、敵方に接近するために鉄砲の玉よけとして近辺の竹を採って束ねた竹把を作ったことがあった。今回もこれを採用して、日向大和入道宗英の嫡子藤九郎が、人数を引き連れて敵の水の手を切断しようと出陣して竹把の所に進み寄ったが、これを見すました敵が城中から釣瓶《つるべ》撃ちに鉄砲を放ったので、藤九郎をはじめ六十余人が枕を並べて討ち取られた。助かった兵は竹把の陰に逃げ込んだ。

このとき、米倉丹後守の長男彦次郎種継《たねつぐ》〔後に主計と称す〕も日向と同様に進んで、腹から背中にかけて撃ち抜かれ、胴の中に血が溢れ、とても助からないように見えた。

葦毛馬の糞を水で溶いて服用すれば、血が下がって治る。よく効く良薬なので用いてみたらどうか。

という声が傍らからあり、その薬も早速作られたが、彦次郎がこれを聞きつけ、頭を振って苦しそう

に息をつぎながら、

武士が戦場で命を落とすのは普通のことなので、いろいろと考えることはない。命が惜しいといっても畜生の糞を飲むことはこの上ない恥辱で、たとえそれによって生き長らえても、一生涯の名折れなので、飲むことは絶対に考えられない。

と言い切って、飲む気配はまるでなかった。そこに、二十九歳の甘利三郎四郎信景《のぶかげ》〔後に左衛門尉と称す〕が彦次郎の側に来て、大声で言った。

お前の言うことにも理はある。しかし、身を全うして何度でも主君の前で高名をあげ分捕り首をあげることこそ勇士の本意ではないか。だから、今この薬を飲まないで、後日の汚名を逃れるより、これを飲んで、命を長らえることができれば、主君への忠義の至りになるであろう。昔、異国の越王勾践《えつおうこうせん》は呉王夫差《ごおうふさ》の小便を嘗《な》めて、会稽《かいけい》の恥辱を雪《すす》いだということは皆がよく知っていることだ。これは自らを救う妙薬だ。どうして飲めないことがあろうか。まず、俺が飲んでみよう。

と言って、二口三口気持ち良く飲み、舌まで打って、「本当に良薬である。風味も良いので、お前も飲んでみよ。」と手ずから口を押し開けて飲ませようとしたので、彦次郎もうなずいて、「お気持ちありがたく頂戴する。」と飲んだところ、即座に胴から血が下がり、元気で爽やかになり、その後の療養によって回復することができた。甘利のそのときの才覚を武士の亀鑑《きかん》と褒めない者はなかった。

信玄は多くの士卒を失ったことを大いに怒って、「絶対に攻め落とせ。」と下知したので、武田勢は頑張って水の手を切ることに成功した。これによって城内はひどい苦しみとなった。

一方、里見義弘は三浦表で余裕ができ、輝虎も越後を出発したとのうわさが広がった。飯富昌景は信玄に、
越後と安房の両家が出張した場合、この城を落とすことは不可能です。また、要害中の要害なので力攻めもできません。何か策を使うしかありません。

と言上すると、信玄は「そうであれば探りを入れてみよう。」と誰彼と人を選んだが、その中に武蔵国の住人で勝式部少輔は弁舌が立ち、太田三楽斎と旧知の間柄であったので、うってつけの者とみられた。勝は三月二日の早朝に城内に入って、新蔵人憲勝に面会し、言葉を尽くして得失を説いた。

城中では、これまで持ちこたえて来たのに、今さら明け渡しては三楽斎の苦労を水に流し、輝虎に顔向けができないと籠城を継続すると評議は決まっていたが、近日中に後詰めがあるとは夢にも思わず、また水の手が絶たれて長く籠城はできないことはわかっていたので、和睦もやむなしと開城に同意し、同月四日にたて籠もった男女はことごとく退散した。惜しいことに、もう二・三日我慢していたなら、城を敵の手に渡すことはなく、名誉を後まで伝えることができたのに、残念至極というべきであろう。

氏政は新蔵人憲勝に温かい言葉を伝えて小田原に伴い、武州都築郡で三百貫の所領を与えた。なお、松山城には上田晴礫斎と同上野介朝広《ともひろ》を戻して、青山《あおやま》・腰越の砦とともに固く守らせ、甲・南両家は

しばらく城にいて、その後退陣した。

輝虎、松山城に後詰めする――後詰め到着前に松山落城で謙信の怒り収まらず

輝虎は厩橋城に越山して一日休息し、その間に岩築に書状を送って三楽斎に出陣を求め、三月四日に武州石戸の渡しまで押し出したが、松山城はすでに明け渡しとなり、退城した人々が追々来るのに出会い、越後勢は出陣の意義を失った。しかし、城は敵に奪われても、甲・南の両大将が在陣中であれば、一戦して後詰めのため出陣したしるしをまず敵にも見せ、その後はそのとき考えようと松山へ兵を進めた。

これに対して、北条家・武田家とも要害の地に入ったまま戦う気はなかった。そこに太田三楽斎も参陣してきたので、輝虎はこれを招いて、

新蔵人憲勝のような軟弱な者に城を預け、無用の後詰めをさせてしまった。弓矢の道にとっては瑕《きず》となり、不都合極まりないことだ。

と、大いに怒った。三楽斎もこれを予想して、鎧の間から紙を取り出し、城に入れた軍勢や兵糧・用具の量などを輝虎の目に入れ、憲勝の子二名を岩築に人質として預かっていることなどを述べたので、輝虎は納得して、三楽斎に、

太田には落ち度なし。憲勝の小伜《こせがれ》らは一刀両断に切れば満足ではあるが、物心も知らない者で

松山城跡遠望　埼玉県吉見町

あれば、不憫なので一命は助けよう。岩築に帰城後、那波城に送り、しばらく北条《きたじょう》丹後守に預けるように。

と申し渡し、よりを戻そうとして、杯を取り寄せて三楽斎に一献与えた。さらに、輝虎は松山在城の甲・南両家の人数を質したので、三楽斎は、

北条家は氏政・綱成・氏照、武田家は信玄・義信・逍遙軒《しょうようけん》で総勢大将分は十六人、士卒は五万余の人数と承っています。

と応えた。輝虎は笑って、

氏政・信玄のみが敵だ。氏照・義信のような者は、輝虎が腕で刀の峰打ちにしてもなお不足だ。今、上杉勢八千を以て甲・南両旗の大軍と駆け合おうとするのは、外目には大胆不敵な行為とみられるが、勝負は時の運しだいであれば、少しも兵の差は問題ではない。ただし、両家は城の中に陣を張り、一向に取り合わないので、戦いに持ち込むことはできない。そこで、間近い所に北条家の城はないか。

と問うので、三楽斎は、

これより東道二十里ばかりで、一日でたやすく往復できる所に、

成田家の配下で、小田伊賀守顕家《あきいえ》の城がございます。顕家は成田長泰の弟で助五郎家国〔宗長とも称する〕に養われ、今は家督を相続しております。

と申しあげた。輝虎はうなずいて、

助五郎に対して恨みはないが、長泰の弟であれば、ひとかどの者だ。急ぎ押しかけて踏みつぶし一人も残さず撫で切りにして、予の胸中の霧を散じたい。三楽には案内を頼みたい。早く打ち立て、者ども。

と勇んで出発した。

巻六

輝虎、武州騎西城を攻める――松山城を奪われた謙信の逆恨み、騎西城攻略

輝虎は三楽斎を先陣として利根川二本木の渡しまで進んで、三楽斎に船橋を架けることを命じた。その間に、使い武者の斎木《さいき》庄助《しょうすけ》に西上州野田の郷士中澤《なかざわ》和泉守を差し添えて、甲・南両陣に申し送った。

このたび、松山籠城の輩は後詰めを待つことができずに城を明け渡した。輝虎が無駄な後詰めをしたと両家に思われ、面目を失った。そこで、せめて出陣したしるしに一戦を求めたが、両家はまたも要害に籠もり、それも実現しなかった。よって、かくなる上は北条家に属す小田助五郎の騎西《きさい》城に進んでこれを落城させよう。こいねがうことは、二旗をもって後詰めがあらんことを。そこで勝負して、互いに運を試そうではないか。

輝虎は傍若無人に言い送った。二本木の渡しを越えて、漢《かん》の韓信《かんしん》の背水の陣の故事に倣って、船橋の縄を切って、騎西表に着陣した。一気攻めで押しに押したが、小田も勇士で、兵も身命を捨てて防いだため、二日持ちこたえた。

二日目の夕方、輝虎が大物見に出て丘の上から城中を見ると、本丸と中の丸の間に大沼があって橋

騎西城跡の土塁　埼玉県加須市

を架けて行き来しているが、そこに白い着物を着た女性が中の丸から本丸に赴くのが見えた。その姿は夕陽に映え、沼水に映っているのを輝虎はよく観察した。さてはこの城は堅固というので女や童など足弱《あしよわ》の者まで籠城させ中の丸に入れ、兵は本丸と外郭に楯籠もっていると考え、すぐに陣所に戻り、侍大将らを呼んで「今夜、城に夜討ちをする。準備せよ。」と命じて、部隊の手配を行った。このとき、わざと虎口《こぐち》の一方を空け、その道に伏兵を隠した。

　夜に入り、本庄越前守繁長・黒川《くろかわ》備前守為盛《ためもり》・山浦《やまうら》源五郎・山岸《やまぎし》右衛門尉・湫《いけ》兵右衛門らが大手に向かい、新発田尾張守長淳《ながあつ》・舎弟九郎治長《はるなが》・五十公野《いじみの》大膳亮弘家《ひろいえ》らが長竹に提灯をつけて持ち、筏《いかだ》に乗って外曲輪の沼から中の丸の塀の下へ行き、大手の鬨の声に合わせて一斉に提灯に火をつけて中の丸に差し入れ、鬨の声をあげて塀の板をたたいた。これらの音や声が鳴り響いたので、中の丸に籠もっていた女・童は肝を冷やして泣き叫び、橋を本丸のほうへ這って逃げ惑う風情は目も当てられない様子であった。

　城兵も大いに驚き、中の丸を見ると提灯の明かりが万灯会《まんどうえ》のように輝いていたので、「さては中の丸は乗っ取られたか。」と大混乱に陥った。大手に向かった本庄繁長は盛んに鉄砲を撃ち、城戸を破って突き進んだ。城兵らはかき乱されて、敵のいない虎口から吾も吾もと落ち延びようとしたが、待ち伏せの兵があちこちに立ち上がって、生け捕られるか討ち取られた。本庄は大手を抑え、新発田は中の丸に打ち入り、夜明けには本丸まで攻め破ろうと、篝火《かがりび》を所々に焚いて、曙を待った。

このとき、西上州の先方磯崎《いそざき》弥三右衛門が先陣に加わっていた。助五郎は磯崎が成田一族であることから、磯崎を仲介に太田三楽斎を頼って、降伏を願った。また、成田長泰も次男左衛門泰喬を三楽斎の陣に送り、山根の城が無事であれば、助五郎とともに降伏して輝虎の麾下に入って忠誠を尽くすことを、起請文《きしょうもん》を添えて言上した。三楽斎も気の毒に思い、輝虎に取り次ぎ、成田方の降伏が認められた。輝虎は助五郎から人質を取り、本領を安堵して越後に戻った。

なお、輝虎の命によって、三楽の娘を長泰の嫡子氏長の妻とする約束が交わされた。三楽の兄信濃守資時《すけとき》は長泰の姉の夫であり、これによって両家はさらに深い関係で結ばれた。また、足立郡足戸の砦は北条方の依田大膳亮が守っていたが、輝虎の命によって長泰父子が攻め落とし、上杉方帰参の償いとした。

輝虎、館林・小山・佐野を攻める——上杉・北条の勢力抗争に揺れた野州の攻防戦

輝虎は騎西表から厩橋に帰り、二・三日の間休養して、味方を裏切った毛呂因幡守季忠を討つため館林に発向した。横瀬・足利の両勢を先陣として攻めると、毛呂はこれを防げずに降伏し、同国土橋

小山秀綱画像　東京大学史料編纂所蔵模写

の善長寺《ぜんちょうじ》へ退去した。毛呂は後に長尾顕長に属して、館林にいた。輝虎はこの城を長尾修理入道景朴・子息新五郎顕長に与え、足利からここに移らせた。足利の岩井山には長尾の城代として一族の長老白石豊前守を置いて守らせた。

その後、輝虎は野州に兵を進め、小山弾正少弼秀《ひで》綱《つな》の居城祇園城へ押し寄せた。この城は東が大手、北が搦手で、平山城ではあったが三重の堀をめぐらし、西南は切り立った崖で川の流れを堰入れてあり、たて籠もった人数も多かった。このとき、輝虎の軍勢に上州から加わった者がいた。それは邑楽郡小泉の城主の富岡主税助重明《しげあき》であるが、重明は小山下野守高朝の子で、秀綱の弟であった。重明は兄の危急を見るに忍びず、和睦を取り持ち、秀綱の子小四郎政種《まさたね》を人質として輝虎に渡し、囲みを解かせた。

次に、結城は小山から東に十里ほどの行程であるが、ここも攻め寄せようと、先陣が犬塚村の辺まで進んだ。ここで、小山秀綱・富岡重朝が仲介に入り、結城家も上杉家の幕下となった。

そこで輝虎は、四月一日に佐野へ進んだ。そもそも、佐野周防守昌綱は上杉憲政が没落した頃、佐竹義昭・太田三楽斎・長尾景朴らと一味して北条家と戦い、輝虎越山の初めから輝虎の下で無二の忠信を示し、輝虎も信頼していた人物であった。ところが、昌綱は急病であっけなく死に、嫡子小太郎宗綱《むねつな》が家督を継いだが、宗綱は病弱で、叔父の天徳寺了伯《てんとくじりょうはく》が補佐した。この僧は押しは強いが中途半端な性格で、輝虎とそりがあわなかったので、北条氏に傾き、上杉氏を背いたのである。

天徳寺の離反は理由がないことではなかった。天徳寺の弟に祐願寺《ゆうがんじ》という法師武者がいたが、この人物は背は高く筋骨たくましい、あばれ者で弓矢・長刀・槍などの名人であった。普段、真紅の網袋に砥石を入れて腰につけ、戦場では敵を討つとすぐに太刀・長刀の寝刃《ねたば》を研いで、次の戦いの準備をするような人物であった。彼が昔、武者修行のためといって、佐野を出て諸国を廻り、甲府に赴き、信玄の下にいたことがあった。自分の素性を明かさないで、いつも一千貫の所領を望んでいた。信玄はこれを聞いて近くに呼び、生まれた場所を尋ねると、祐願寺は、「一働きをしないうちは、はっきりとは言えません。それができるまで許して頂きたい。」と、明かさなかった。その後、戦があり、かいがいしく動き廻って高名をあげ、人々の目を驚かせたので、また呼んで姓名を問うと、今度は「佐野の天徳寺了伯の弟で祐願寺と申す。」と名乗った。信玄も普通の者ではないので千貫文の所領を望むのもしかたないと考え、

お前の望みの一千貫はわしには大したものではないが、当家譜代の者の中には二百貫・三百貫あるいは四・五百貫を与えて召し使っている者が多い。名門ではあるが新参のお前にやたらに高禄

を与えれば、旧功の輩は憤りを抱くであろう。わしにはできない。お前のような者に大禄を与えて侍大将として遇せられるのは、関東では上杉家か武田家以外にはあるまい。急ぎ、越後に行ってみればよかろう。

と、太刀一振・馬一匹と旅費にとして黄金十両を与えた。

祐願寺は礼を述べて甲府を去り、春日山へ行き、今までの経緯を輝虎に言上した。輝虎は千貫文の判物《はんもつ》と与力の弓隊を預け、時々は長刀の指南もさせた。時に、上方から武者修行に来ていて越府に留まり、直江山城守実綱《さねつな》の嫡子神五郎など重臣らに指南していた槍の達人がいた。祐願寺がこれをあざ笑っていたのを輝虎は聞き、真剣の勝負をさせよと命じた。日を決めて両人が立ち会ったが、祐願寺がこれを即座に討ち果たして勝った。それ以後、直江らの近臣はおりにふれて悪口を言ったため、祐願寺はまもなく罪に問われ、誅せられてしまった。

このことは関東にも伝えられたので、天徳寺は輝虎に恨みを抱き、佐野家の人々をうまく導いて、北条家に属させたのである。これによって、輝虎は越後に来ていた昌綱の弟の綱千代丸も送り返し、上杉家・佐野家は完全に手切れになっていた。今度の佐野攻めは急に行われたため、城方はすぐに降参した。小次郎が若輩であるため、輝虎は本庄繁長を仮の城代にすえ、厩橋に帰った。

北条丹後守長国、厩橋城に入る――北条長国、長尾謙忠に代わり関東総横目となる

厩橋の城代長尾弾正忠謙忠〔入道景速〕は、信濃守為景の弟で越後蔵王山の城主新次郎為重《ためしげ》の子で、輝虎の従弟であった。輝虎に忠節を尽くし、武勇にもすぐれ、戦功は数回に及んだ。輝虎は腹心の宿老として関東の政治をすべて任せていたが、近年おごりが目立ち、自立の気持ちも強くなり、北条家に内通の疑いもみられるようなった。去年の冬、松山籠城の輩が困窮したときも後詰めをしようともせず、輝虎が騎西表に出陣するときも先発を命じられながらも、仮病を理由に出陣しなかった。これによって、輝虎も腹にすえかねて、この年壬戌《みずのえいぬ》（永禄五年、一五六二）五月十日、河田豊前守親章（初め対馬守を称す）・加地遠江守景英らに命じて、厩橋の城中で謙忠に切腹させた。その代わりに、那波の城主北条《きたじょう》丹後守長国を関東総横目《そうよこめ》として厩橋城に入れた。謙忠の組子・同心らはすべて長国に与えた。

長国は越後古志《こし》郡栃尾《とちお》の城主北条安芸守長朝の子で、初名を弥五郎といった。大剛の者で、輝虎死後も三郎景虎の重臣として越後府内の城にたて籠もり、景勝と一年余も戦い続けたのもその武勇の賜物であろう。

長国はまだ弥五郎といっていたとき、幅一尺五寸ほどの白い練絹《ねりぎぬ》四分の一に、五・六寸の馬と蟻を墨で書いて押しつけて指物にしたものを用いていた。輝虎がこれを見つけてその理由を聞くと、弥五郎は、

指物でよくあるのは虎狼・登り竜・下り竜・大文字などですが、先陣ではよく目立つものです。

私の目的は敵によく知ってもらうためなのです。私の小さい四分の一のほうがはるかに優れて鮮やかにみえるのは、どこの陣でも朋輩より先へ先へと進み、敵の眼前に早く出て、真剣の勝負に出ることにしているからです。そのためには走り廻るのに妨げになる大きな指物では邪魔になって、かえって無益なのです。

と答えたので、輝虎は大いに喜び、褒美まで与えたという。

北条氏邦、武州足戸を攻める——因果は巡る信濃善光寺の阿弥陀如来仏罰余談

同年壬戌（永禄五年、一五六二）の秋、氏政の下知を受けて北条新太郎氏邦は秩父・鉢形の兵を率いて、武蔵足戸の砦に押し寄せ、攻め取ろうとした。越後の武士で毛利丹後守がここを守っていたが、よく防いで寄手のほうに死人・手負いが多く、やむなく退散した。

このとき、毛利は厩橋に書状を送って救いを求めたので、厩橋から与力の和田・松岡・寺島以下六百余人が加勢に足戸まで赴いた。宇佐美駿河守良勝《よしかつ》の嫡子造酒佐定勝《さだかつ》は今年十七歳であったが、修行のためとして輝虎に従って越山し、厩橋に留まっていた。足戸の件はもっけの幸いと手勢を引き連れて加勢に加わって出発したところ、途中の上尾駅付近で足戸から引きあげる鉢形衆に出会い、双方とも思いがけず一戦に及んだ。造酒佐も大いに奮戦したが、ついに討ち死にを遂げてしまった。これから頼りになる若者を死なせたのは惜しいと皆嘆きあった。

これも実は因縁によるものであろうか。去々年庚申《かのえさる》（永禄三年、一五六〇）の秋、信州川中島大合戦の前、善光寺《ぜんこうじ》の別当職栗田法橋《くりたほっきょう》永寿《えいじゅ》は牧島《まきのしま》（長野市）の城主芋川《いもかわ》越前守としめしあわせ、武田家に内通した。このとき、造酒佐は野尻の城にいてその企てを聞くと、わずかの兵を引き連れ、少しの間に彼らを追っ払って、三国伝来の本尊阿弥陀如来を奪い取り、野尻の城に帰還した。

栗田は大いに嘆き、さまざまな手を使い、自分の領地の内の二十貫文の地をさいて宇佐美に渡し、これに替えて本尊を戻した。造酒佐の勇気を褒めない者はいなかったが、善光寺始まって以来動くことのなかった霊仏をみだりに奪い移したことの罰はどんなものかと皆眉をひそめていた。はたして三年のうちにその日（七月十日）に討ち死にしたのは、何とも不思議な事であった。

武州江戸城の由来――絶景の地に築城された四神相応の類なき名城

武蔵国豊島郡の江戸城は昔、扇谷上杉修理太夫定正の宿老太田持資〔入道道灌〕が初めて築城した。持資は武術に関心を持ち、兵法は申すまでもなく築城・縄張りの技術にまで習練を積んでいた。康正二年（一四五六）の春頃であろうか、荏原《えばら》郡品川《しながわ》（東京都品川区）の辺の居館を出て、鎌倉の江の島の弁財天（神奈川県藤沢市）へ参詣してその帰路、舟に棹をさして品川表まで漕ぎ帰ったとき、九城《このしろ》という魚が舟中におどり入った。道灌は大いに喜んで「吉兆である。」と言って、以後一念発起したという。千代田・宝田・斎田などの家来を奉行として、江戸・河越・岩築・鉢形などの九ヶ所の城郭を取り立て、日夜人夫を使って、長禄元年（一四五七）三月朔日、まずもって江戸城を完成させたので、持資はここに住んだ。

春は遠山の霞《かすみ》に宴を張り、秋は武蔵野の月をながめて、戦の労を慰めた。京の禅僧万里集九《ばんりしゅうく》が下向してこの城の景色をながめ、

窓含西嶺千秋雪　門泊東呉万里船

と浣花翁〔杜甫《とほ》〕の絶句をもってこれをほめたので、江戸城の西の楼を「含雪」と言い、汀辺の亭を「泊船」と名付けた。また、道灌の詠、

吾が庵《いお》は松原続く海近く
富士の高根を軒場にぞみる

これは今の富士見櫓の眺めを詠んだものであろう。また、平川の辺、艮《うしとら》（東北）の方向に池水があったが、これを小川の清水という。また、道灌の歌、

武蔵野の小河の清水絶えやらで
岸の根芹をあらひこそすれ

ところで、文明四年（一四七二）の秋、鎌倉建長寺の得公長老は『江亭一覧記』を書いて、さらにその絶景を記述した。「江戸城の様子は、北が高く、南が低い、東北は広々とした蒼い海、浅草川が

道灌堀　東京都千代田区

流れをたたえる。西南は京へ続く大道。四神が守ってくれるよい所である。物資も豊富で、魚亀・柴薪の何一つとっても自由にならないものはない。その繁盛は永遠のもので、類まれなる名城である。」と。

ところが、持資は不幸にも文明十八年七月二十六日に罪がないのに殺害された。一族はこれによって打撃をうけたが、今も四代の後胤新六郎康資が北条家の家臣となっている。江戸城主遠山丹波守直《なお》景《かげ》の婿となり〔一説に太田下野守の婿とあるが、誤りである〕、江戸城西の郭の香月亭を守っている。康資は身の丈六尺以上で、筋骨は太く、見る者はこれを「大人」と呼ぶ。声は大きく雷が震えるかのようである。普通の男が三十人ほどで持ち上げる岩を、軽々と一人で持ち上げる強力でもある。荒馬に乗って刀を振るう大剛の兵であり、戦いではいつも敵味方の注目の的となり、高名《こうみょう》をあげないことはなかった。

氏康も康資を大切に思っていたとみえ、源六郎と名乗っていたのを自分の一字を与えて新六郎と改めさせ、さらに諱《いみな》の一字も与えた。しかし、康資も一城を預かるほどの身分ではなく、先祖の名を汚したことを悪く思って、結局逆心を企てた。運を開こうとして、

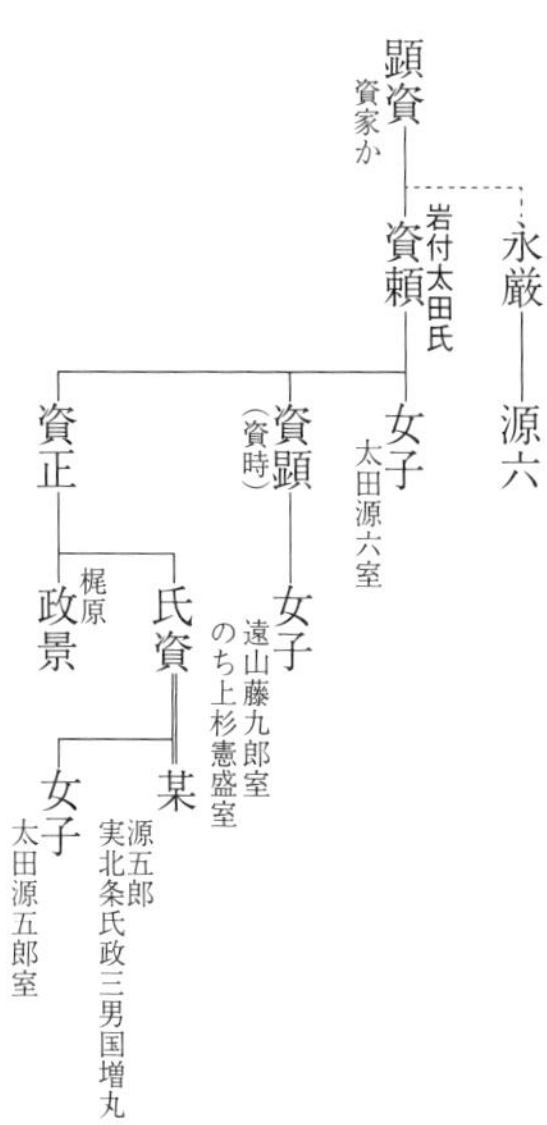

太田氏略系図

岩築の太田三楽斎は本来親族であったので、内々にこれと相談した。ふいをついて江戸城を乗っ取るか、里見義弘を引っぱり出して、国府台に兵を進めさせ、氏政父子が出陣したところを康資兄弟が後から打ち出て、挟み討ちにするかなどと評定を進めた。

江戸の北曲輪、平川の法恩寺《ほうおんじ》は康資の父大和守資高《すけたか》が、先代の資康入道法恩斎の十三回忌をとむらうため、日住《にちじゅう》上人という法華宗の僧侶を開祖として、大永四年（一五二四）に造営したもので、資高夫婦をはじめ一族の位牌を置き、折りにふれて仏事を行っていた。その側に三十番神の小堂を建て、密談の場所として利用していた。

永禄五年（一五六二）の暮、歳末の回向と病死した弟の源三郎資行《すけゆき》の四十九日の焼香のため、弟の源四郎や甥の源七郎らと連れ立って法恩寺に参詣し、法事が終わって、番神堂に入って三人で小声で例の謀議を練った。その後、譜代の郎等二十一名も加え、互いに心を変えることのないよう牛王《ごおう》の神水《じんすい》を飲み交わして盟約を結んだ。

ところが、この話を住職の上人が立ち聞きしていた。住職は重大事が起こったと考え、太田家は寺の大旦那であり助けてやりたいが、今では遠山家の一部将にすぎず、とうていその企みが成功するとも思えない、もし失敗すれば寺にも災難がかかるので早く訴え出るほうがよいと考え、遠山丹波守にこれこれの旨を言上した。康資兄弟らは城内にいられず、女子供も引き連れて夜闇に紛れて、岩築に落ちて行った。

二月の末から三月初めに輝虎の越山を求める手筈になっていたが、企てが露顕したためそれは叶わず、むしろ敵の逆寄せが心配となった。太田三楽斎は新年の慶賀を述べるとともに、安房源氏里見屋形に出陣を求め、康資を伴って下総葛飾郡国府台へ出陣した。利根川と鬼怒川の合流する市川の渡を前にして真間《まま》の林を抱えて、江戸城を西に見ながら、旗本を据えて馬印を立て並べ、敵の到来を今や遅しと待った。

里見家は、左馬頭義弘を大将に、里見越前守忠弘《ただひろ》・同長九郎弘次《ひろつぐ》・同民部少輔・正木大膳亮時綱・同弾正左衛門・同左近太夫時忠〔時綱の弟〕・同平六郎・同平七郎・薦野《こもの》神五郎治成《はるなり》・勝山《かつやま》豊前守種《たね》量《かず》・同右衛門大夫・武田八郎信栄《のぶひで》・真里谷三河守信高《のぶたか》・鎌田美濃守・多賀越後守・加藤伊賀守・同左馬亮・板倉大炊助・山川豊前守・鳥井信濃守・丸彦四郎・金鞠藤次・安西伊予守・同助次郎・東平安芸守・忍垂美作守・下民部少輔・伊北左衛門尉・伊南九郎左衛門・東条玄蕃允・庁南七郎・庁北右近大夫・冬木丹波守・草刈兵衛大夫・筑山《つきやま》隼人佐・鷺沼《さぎぬま》源五・池田《いけだ》善四郎などを中心として、安房・上総の軍兵六千余騎。一方、岩築勢は、太田三楽斎・舎弟五郎左衛門・同新六郎康資・同源四郎・同源七郎・川崎・広澤・舎人《とねり》・黒川・益戸・村上・高橋以下二千余人。日頃の武勇を顕すのはこの機会と手ぐすねを引いて備えていた。

この国府台は昔、景行《けいこう》天皇の皇子の日本武尊《やまとたけるのみこと》が関東に下って東夷を征伐し、その帰路市川の流れに臨んで浅深を測りかねていたとき、鵠《こう》（俗にいう白鳥）が一羽飛んで来て、川の浅瀬に立って瀬《せ》踏《ぶみ》をして渡れる所を教え、この丘に上がって翼を垂れて尊に向かったので、尊はこれを喜んで「この丘をお前に与える。ここに長く住み続けよ。」と声高に言い含めたところから、鵠《こう》台と呼んできた。ところが、葛飾郡は国の府中があったため、後世いつかはわからないが、国府の文字に書き換えたという。

また、文明十一年（一四七九）七月、総州の一揆共が臼井《うすい》城（千葉県佐倉市）に籠もって扇谷家に背いたとき、太田道灌が兵を率いてこの地に陣城《じんじろ》を築き、一揆勢と戦ってついにこれを退治した。ここは要害の地であったのである。なお、天文七年（一五三八）の冬には、生実の御所足利義明が里見刑部大輔義堯と組み、ここに陣を張って北条氏綱と戦った。しかし、義明父子・舎弟基頼《もとより》はともにここで討ち死にし、里見家も大敗を喫した。安房源氏には好ましくない場所であり、今度も二の舞になると言って里見家をはずかしめる輩もいた。

国府台、最初の合戦――里見・北条が総力で激突した攻防戦と国府台

安房源氏と岩築勢が国府台に進出したことは小田原にも届いた。氏康は、「彼らは関東一の強敵、急に戦うのに策はない。馳せ向かって一戦しよう。」と言い、急いで伊豆・相模・北武蔵の軍勢を集め、早々に打って出た。

従う者は、長男氏政・次男氏照・三男氏邦・北条新二郎氏晴《うじはる》・同左衛門太夫綱成・嫡子常陸介氏繁・

次男福島孫一郎頼季・同伊賀守勝広・松田左衛門佐憲秀《のりひで》・長田左馬助・同兵衛太夫秀植・大道寺駿河守直宗・埣和伯耆守網可・伊勢備中守員運・多米周防守長家《ながいえ》・清水太郎左衛門・同又太郎・同右馬允・笠原能登守・山角四郎左衛門・荒川豊後守・内藤備前守・依田大膳亮・太田下野守・用土佐渡守・荻蔵人・中条出羽守・庄式部少輔・毛呂土佐守以下二万余騎。先駆けは北条綱成、二陣は松田憲秀、後備えは北条新三郎と大道寺駿河守であった。

ところで、江戸の遠山丹波守直景・葛西の富永四郎左衛門政家は氏康被官の中でも硬骨の武者であった。大敵を前に他人に先駆けを許しては恥辱であると、取るものも取りあえず、居合わせた人数を集めて、遠山は行徳《ぎょうとく》筋へ、富永は小松川《こまつがわ》辺へ馳せ出た。しかし、さすがに氏康の下知を受けずに私的に先駆けをすれば後日に咎められるので、一応先陣の将に通じておくべきと考えて、北条綱成・松田憲秀の陣に使者をやって、先駆けを申し受ける旨を言い伝えた。綱成はうなずいて、

望みはもっともだ。弓矢を取る者の気持ちはよくわかる。されば、貴殿の意思に任せるので忠義を尽くして励まれよ。し損じることのないように。

と返答した。息常陸介と松田父子は同心できない面持ちで、「もう少し考えたほうが。」と言ったのを聞いて、綱成はにこっと笑って、

某《それがし》は不肖ながら御大将に先駆けの命を受けたからには、他人に譲ることはないのは当然であるが、今回はやむえないと思います。当家では松田殿や某が先鋒になることが普通で、珍しいこと

ではありません。これからも何度も陣頭で頑張ることがあるでしょう。平凡な戦いに臨むときは、功をあせらないことです。とにかく敵を破りさえすればよいので、先駆けとか何とかは問題ではないのです。今回の敵里見・太田の二将は関東でも有数の敵で、遠山・富永も当家を代表する侍大将です。面前の敵を見て、やむえない気持ちから先駆けを望むのであれば、自らの生涯をかけて戦うつもりでしょう。某はその気持ちを奪うことはできません。

と言ったので、松田も折れて、それ以上の言葉はなかった。

昔、頼朝卿が奥州の藤原泰衡《やすひら》を追討したとき、畠山庄司次郎重忠《しげただ》は先陣として奥州伊達《だて》郡に打ち入り、厚借山《あつかしやま》を過ぎて、大城戸に攻め寄せた。その夜、三浦平六郎義村《よしむら》・葛西三郎清重《きよしげ》・工藤《くどう》小次郎行光《ゆきみつ》以下七騎が先陣を志して、こっそりと畠山の陣所を乗り越えて前に出ようとした。重忠の家の子榛澤《はんざわ》六郎成清《なりきよ》がこれを見つけ、制止しようとして戦う姿勢を示したが、重忠は頭を振って、

彼の面々は私に先立って敵陣に打ち入り、駆け破って武勇を振るえば、忠義がはっきりわかる。同時に重忠の侍大将としての余耀も明らかになる。人に抜きんでて戦功を励もうとする輩の気持ちを妨げるのは、刀の矛先を折るようなもので、弓矢の道の本旨ではない。どうして重忠一人のみの手柄を願うものか。偽りを知らずにいるほうがかえって穏当なのだ。

と申したという。これを当時の人は皆美談としたとか。

綱成の判断に皆一致して感心しないものはなかった。遠山・富永もこれで胸中のわだかまりを捨て、

勇気を鼓舞してこれが最期の軍と思いながら、前へ向かった。市川を前にして、両人は備えを敷いた。敵方はこれを見て、寄手をだまして呼び込み、狭いところで引っかけて討ち捕らえようと考えた。

永禄六年（一五六三）癸《みずのと》亥《い》正月七日の夕刻、里見方は真間・国府台のふもとに出していた人数を山上に引きあげたので、北条方は房州勢が退散するものと考え、謀略があるとは思わなかった。遠山・富永は、

国府台城跡に建てられた里見諸将群霊の墓　千葉県市川市

　これまで先陣を願ってここまで進んだのに、敵にやすやすと引き揚げられては名折れである。すぐに追いかけ討ち止めよう。

と、市川を渡り、国府台の坂下に詰め寄った。このとき、臼井の原上野介胤繁の旗本で小金頭大谷口の高城《たかぎ》治部少輔が二百余騎で馳せ着いたので、遠山・富永はいよいよ機が熟したと考え、八日辰の下刻（午前八時頃）頃に鬨の声をあげて、坂中まで攻め登ったところに、里見方の陣頭正木時綱・弾正左衛門父子が真っ先に馬で乗り出し、鉄砲を並べ麾で合図して矢継ぎ早に撃ちかけたので、寄手は的となって多数が撃たれて死んだ。

寄手は真間の坂を下るか滑るかして橋を目指して引き退いた。房州勢は勝ちに乗じて矛先を揃えて、一同に「おお。」と声を出して

駆け下り、激しく戦ったので、北条方はたちまち混乱し、敗れると見えたところに、栟和・清水・多米・内藤・山角らと鉄砲の青武者衆が先陣で軍が始まったと見て次々に押し寄せ、先陣に代わって切ってかかった。

黒川権左衛門・浜野《はまの》修理亮・川崎又次郎などの岩築の武者もこれを迎え討って戦った。北条方の清水太郎左衛門は老武者であったが、太刀の名人である。愛用の樫の棒を振り回し、次々に敵をなぎ倒した。このため、太田康資の太刀も鍔元でへし折られてしまった。康資は無念と思ったのかすぐに自陣に戻り、

残念ながら太刀では清水に負けたが、これでもう一稼ぎし、敵に目にもみせ、清水も薙ぎ落として野原の土にしてやろう。

と例の八尺余の鉄棒を持ち出して振り回し、乗り換えのために引き寄せた七尺ばかりのたくましい黒駒にひらりと飛び乗り、一息ついで再び前へ進んだ。

康資は今年三十三歳、これ以上の者はいない大男で、馬に乗って鉄棒を持っていると、まるで大きな山が樹木とともに揺るぎ出したかのようで、敵も味方も振り仰がないものはなかった。敵陣の真ん中に何の会釈もなしに割り込んで清水と戦おうと狙ったが、見つからないのであきらめ、次に敵を選ばず鉄棒を文字通り縦横無尽に振り回して十八・九人まで薙ぎ伏せたので、近づく敵はなかった。

そのとき、遠山丹波守直景がしずしずと馬を寄せて弓を構え、

新六郎、今日の振る舞いは見事である。人を撃つのはともかく、馬には罪がない。意味のない罪作りはやめよ。弓矢執る身で親子・兄弟が敵となるのは普通のことで、今更そんなことは言っても仕方ないが、雑兵の手にかかるより、甲を脱いでこい。わしの手柄に替えて旧領安堵を申し出てやろう。

と、とくとくと申した。康資はこれを聞いて、

無駄で愚かなことだ。大事を思い立った身にどんな面を下げて、再び北条方に降ることがあろうか。ここに屍をさらして塵芥《じんかい》になっても、もとより望む所で、今のお心遣いはむしろ恥辱である。

今生の暇乞《いとまご》いに、太刀をうけて勝負に参ろう。

と言うままに、鉄棒を取り直し、「南妙法蓮華経」と題目《だいもく》を唱えながら微塵に砕けよと打ち込んだ。さすがに大剛の遠山も深田の中へ薙ぎ倒されて、起き上がることができずに息が絶えてしまった。実は甲が砕け、首が胴にめり込んだのでどうしようもなかった。

康資はこれを見て、敵ではあるが舅なので首を取るには及ばないと馬の鼻を返し、その場を退こうとしたが、同じく直景の婿で川村修理亮・高城治部少輔・太田下野守らが康資を「逃《のが》さじ。」と、討ちかかってきた。房州勢も康資を討たすなと戦い、敵味方が入り乱れる大混戦となった。組み合って差し違いする者・首を取られる者・取る者と、皆戦いに没頭した。

その中で、川村修理亮・高城治部少輔は正木大膳亮を見つけ、組んで勝負をつけようと左右から駆

け寄った。大膳亮は組んではまずいと馬を駆け退かせ、右手に来た川村の甲の真ん中を打ち、さかさまに切り落とし、返す刀で左手の高城の腰の刀を薙ぎ払うと高城はそのまま落馬して即死した。

そもそも、この大膳亮は三浦党で、代々房州正木郷に住み、里見家随一の宿老であり、器量も他人にすぐれ、力も強い武者であった。幼名を久太郎と言い、十二・三歳頃から好んで馬に乗り、片手綱で乗ることができた。古老がこれを見物して、

片手綱で乗るのは、馬の駆け引き・隅の口鞍の固め手続き・鐙轡《あぶみくつわ》の操作までさまざまな技術を会得してからがよい。初めからやると怪我のもとだ。

と諫めたが、大膳亮は笑って、

それは普通の武士の心構えだ。団扇・采配を扱う身には、馬から下りて槍を合わせ太刀を打ちあうのはたまたまのことで、多くは馬上の戦いである。例え、形はどうでもうまく乗って戦えればよい。そういうつもりで習練に励んでいるのだ。

と言って、ますます稽古を怠らなかった。その結果、荒馬でも癖馬でも自由に乗りこなせた。十八歳のとき、義堯が家臣を集めて宴会を催し、誰が剛強かという話になった。「異国の孟賁《もうふん》という力士は牛の角を抜いたと聞き伝えられているが、日本ではそのような者はまだいない。」と義堯が申したので、大膳亮が進み出て、「さしでがましいようですが、某が試しに抜いてみましょう。」と望んだので、義堯は面白がって、すぐに庭前に牛を牽き出させた。大膳亮は寄って角を左右の手に握り、五月雨に筍

を抜くかのように簡単に引き抜いた。満座一同驚いて舌を巻かないものはなかった。

大力で、緋威《ひおど》しの鎧に大鍬形《おおくわがた》を打った兜を着て、鴾毛《ときげ》の馬に紅の総掛をして乗り、右に長さ四尺六寸・幅二寸程度に蛤歯《はまぐりば》に打った大太刀を持ち、向かう敵を切り落とすその有り様は、魔修羅王・帝《たい》釈天《しゃくてん》が荒ぶるようだと思うばかりである。

次いで、時綱の嫡子弾正左衛門は敵六・七騎を倒し、加藤左馬允朝明《ともあき》・同新次郎・庁南七郎・矢嶽五郎・金鞠藤次・鷺沼源五・大山新八郎・森源七郎などが思い思いに首を分捕って活躍したので、富永四郎左衛門・太田下野守・山角四郎左衛門・中条出羽守を先頭に、北条家の名のある武士百四十騎・雑兵九百余人が討たれ、騎兵は退散してしまった。

このとき、氏康は後陣にいたが、そのことを聞いて大いに怒り、時を移さずすぐに押し寄せてもう一度一戦しようと、間を空けずに川を渡り真間・国府台の前面に列を作って準備した。搦手に向かった福島・松田の合図を今や遅しと待ち受けた。

国府台、後半の戦い――一瞬の油断が敗北につながった里見家の不運

さて、北条綱成は遠山・富永に先陣を譲った後、松田と密談した。

聞くところによると、国府台の西北のほうは岸が切り立って険しいが、東南はなだらかという。その陰に廻って敵の後からふいを襲い、大手・搦手の双方から攻めたてれば、勝利は疑いない。

どうであろうか。

と言うと、松田も、「最善の策ができた。これは良い。」と同意して、氏康に申しあげた。氏康も大いに喜び、「これも陰の働きであるが、立派な武略だ。氏政も差し添えて早く出発させよう。」と申したので、両将は氏政を伴い、葛西筋から市川の川上の迦羅鳴起《からめき》の瀬という場所を渡って、真間・国府台の東南に到着した。

旗を整えて陣を取り、しばらく人馬を休ませ、綱成はその間に部下の大橋《おおはし》山城守・横江《よこえ》忠兵衛にひそかに敵陣の様子を見よと命じたが、大手での初めの戦いはすでに終わり、敵は勝ったと喜びの法螺を吹き、酒を飲んで寛いでいるように見えた。急ぎ帰って敵が油断していると申し上げると、綱成と松田は「もう勝ったも同じ。時は今。」と、真間の森陰から合図の旗を颯爽と指し上げ、木の根・楯の端をたたいて鬨の声をあげた。

折しも、小雨が降りだして、北風が木の梢に吹きつけたので、山・谷に大きく響いた。大手も合図をみるや否や鬨の声をあげ、攻め登った。敵は大いにあわてて、勢を二手に分け、東西で防戦したが、朝の戦いに頑張ったため疲れており、新手の寄手にふいをつかれたため大混乱に陥った。

しかし、義弘・二楽はさすがに武勇でならした大将、従う里見一族・正木党・武田・真里谷・多賀谷・薦野・山川・勝山なども数度の戦いに慣れた剛の者、一歩も引かずに戦った。綱成の先手は切り崩され、一騎当千ともいわれた家来二十余騎がたちまち命を落とし、横江忠兵衛・同助九郎・堀内《ほりうち》宮内丞・木村源内・間宮新兵衛・佐枝《さえだ》甚五郎以下の十四・五騎になった。綱成の地黄八幡の指物も所々切り裂かれ、鎧の袖・甲の返しもすぐに矢三本が刺さり、危急な状態になった。このとき、綱成の子常陸介氏繁は鉄の団扇を振って下知をして、父の救出に駆けつけた。このため、敵方は五十余騎が討たれて引き退いた。

氏政・松田左衛門佐・笠原能登守も自ら突き進んで敵をかき乱した。安房勢はなお頑張ったが、前後の敵に押しつぶされて、ついに引いた。義弘も嵐鹿毛というまたとない駿馬に乗って、敵三騎を切り落とし、五人に手疵を与え、樊噲《はんかい》・周勃《しゅうぼつ》のような勇気を奮ったが、流れ矢が来て、馬が草むらの篦《やがら》のへりに当たって膝を折ったので、馬を捨てて徒立《かち》ちとなり、今やどうしようもないと歯ぎしりした。

そこに、安西伊予守が馳せ来て、馬から飛び下りて、轡《くつわ》を取って、

戦はこれまでです。恐れながら、この馬にのって早々に退散してください。数に入らない身の某ですが、大切な時が来たので、あの世への思い出に御諱を名乗らせて頂き、逃れるまで矢を防いでおりましょう。

と申したので、義弘は、「ともかく頼む。」と、その馬に飛び乗り、北側の麓へ駆け下り、上総のほうへ落ち延びていった。安西はその場から退かないで、ついにそこで討たれてしまった。里見家重代の「交割大切鉾」という名刀もこの一戦で失ったという。

太田三楽斎は氏康の旗本に向かって力戦し、二ヶ所に疵を負いながら、依然陣中にいた。北条方の勇士清水太郎左衛門の嫡男又太郎とひねり合ったが、戦い疲れて手疵を負っていた。清水は有名な大力の武者、清水が三楽を投げ伏せて取り押さえ、首を掻こうとしたが、失敗した。そのとき、三楽は苛立って、「そのほうは狼狽したか、予の首には喉輪《のどわ》がある。外して掻《か》け。」と言ったので、又太郎はうなずいて、「よく教えてくれた。立派な最期に感じいった。」と急いで喉輪を押し下げたところに、三楽斎の近習、舎人孫四郎十九歳・野本《のもと》与次郎十八歳が連れ立って馳せ来て、又太郎を引き倒して三楽斎に首を取らせ、ただちに戦場を去った。康資も死生を顧みず奮戦したが、数ヶ所に疵を負い、市川の上の瀬を馬で乗り越え、岩槃を指して落ちた。

正木大膳亮は手の者がわずかに二十人ほどまで討たれて様子を見ていたところ、四・五百人の北条勢に急襲された。時綱が先に来た敵四人を胴切りにし、折れた刀を鞍の前輪《まえわ》に押しつけて真っ直ぐにして、また九人まで切り伏せた。合計二十一人を打ち倒し、薙ぎ払い、義弘の後を追い、上総の方へ落ちて行った。

正木の嫡子弾正左衛門は敵四騎を切って落とし、さらに駆け入って戦ったところに、山角伊予守が迫って来て、組み合いとなって馬の間に落ち重なった。正木は左の手で山角を押さえたが、落ちるとき右の腕を折ったため、太刀をとることができず、ひねり殺そうと思って押さえつけている間に、山角は刀を抜いて三度刺した。一回は通らなかったが、二回は腰の関節を通ったので、正木をはね返し、首を捕らえて刺しあげた。

その他、里見民部少輔・多賀谷越後守・正木左近大夫・同平七郎・勝山豊前守・鷹野神五郎・鳥居信濃守・同悪左衛門・秋元将監・庁南七郎・加藤左馬允・同新次郎らが踏みとどまり、三十余人がこかしこで討たれた。総じて、この日に北条家が得た首は五千三百二十余級、北条方の討ち死には三千七百六十にのぼった。

義弘・三楽斎のような知謀・武勇に優れた武将が、敵にふいを襲われて負けたとは考えられない。運命の致すことであろう。よく油断大敵というが、このようなことをいうのであろう。このときの落首。

よし弘が頼む弓矢の威は尽きて
からきうき目に太田身の果て

退陣の後、氏康は陣中に綱成父子と松田を招き、酒色をもてなして、礼を述べた。

今日の三将の勲功は抜群とのこと、感じいった。そのほうたちがいなかったら、味方が勝利できたかどうか、わからない。吾が家において、漢の三傑に比べられよう。

と申して、褒美を与えた〔あるいは、この戦いは永禄七年のことというが、伝写の誤りである〕。

巻七

武田信玄、西上州を攻める――西上野に狙いを定めた武田信玄の内山峠越え

永禄六年（一五六三）の春、武田信玄は西上野の地を奪い取ろうとして、一万三千余騎を率いて、二月十二日に甲府を出発した。これは、旧冬に長野業正が病死したという噂を聞いて、この機会に乗じようとしたからである。信州佐久郡から内山《うちやま》越をして上野に入り、西牧の砦に着馬した。

上野の浪人小幡憲重《おばたのりしげ》〔入道泉龍斎〕・同尾張守重貞《しげさだ》父子はなかなかの武将で、この方面の案内人であったので、信玄は去る庚申《かのえさる》（永禄三年、一五六〇）九月にこの場所に砦を築いて、父子を入れ置いた。信玄は早速彼らを招いて西上野の様子を尋ね、まず国峯《くにみね》城（群馬県甘楽町）を一気に攻め落とし、その間に安中・松井田・箕輪の三ヶ所に兵を分けて一斉に押し寄せ、互いに助けることができずに手遅れになるよう、急攻めをすることを評議で決定し、そのことを各大将以下に言い含め、手配を完了した。

このとき、信玄は泉龍斎を近くに寄せて、

国峯城の小幡図書助はお前とは同族で相婿というが、どんな人物か。

と聞いた。泉龍斎は、

力量も優れ、真っ正直な人物ではありますが、生来短気で、ふいのことには動転してしまう性格でございます。

と答えた。信玄は小荷駄奉行の内藤修理亮昌豊を呼び、

お前が召し使う駄馬どもに提灯を一匹に二つずつ結び付け、口取りの男にも松明《たいまつ》を一本ずつ持たせるよう準備をせよ。また、予の旗本では竿の先に提灯を結び付けておいて、国峯城に迫って旗本が提灯を指しあげるのを合図として、お前の小荷駄の松明・提灯に火を灯し、城近くの高場の所へ一気に押し上げよ。そのとき、急に城攻めをして、敵を脅せば城を乗っ取ることができよう。

と計略を示した。

そこで、信玄は西牧を出て、甘楽《かんら》郡に向かったが、例の計略があるのでわざとゆっくり進み、黄昏《たそがれ》に国峯に取り懸かった。旗本から合図の灯を差し上げるや否や、内藤は小荷駄に下知して山手へ追い登らせ、鬨の声を発した。大手を攻めていた甲兵も同時に鬨を作り、叫んで攻め寄せたので、図書助景純《かげずみ》はすっかり動転し、暗夜に前後から大軍が来たのに城兵はわずかであったためしばらくは奮戦して支えたものの、すぐに防戦は不可能と考えて自害してしまった。

同月二十六日、松井田には飯富兵部少輔虎昌・浅利右馬助信音《のぶおと》〔初め式部少輔と号す〕・小宮山丹後守昌友・城《じょう》織部資充《すけみつ》〔入道意安〕・原与左衛門勝重《かつしげ》・市川梅印《ばいいん》など、安中表には甘利三郎四郎信景・原隼人正昌勝《まさかつ》・曽《そ》根内匠助昌世《まさただ》・小幡尾張守重貞などを馳せ向かわせた。安中左近大夫広盛は苦戦し

て防いだが、少ない兵で多数に敵対できず、交代の兵もないので、力及ばず降参を申し出た。信玄はこれを許し、城を受け取り、番兵を置いて守らせることにした。

広盛の父越前守春綱は松井田の城に籠もって必死に抵抗した。神成監物《かんなりけんもつ》以下の郎等らが心を一つにして、射れども突けどもひるまず、駆け出ては防いだので甲兵の死者も増え、寄手は攻めあぐんだ。しかし、寄手は新手に入れ替えて力任せに攻め、二の丸まで打ち破った。

城兵の内、平尾平次助という者は元は甲州の者であったが、訳あって浪人し、越前守の助けを受けて籠城に加わっていた。城入道意安と槍を合わせたが、引き分けて城内に引きあげた。小敵が頑《かたく》なのは、大敵への怖れからであるという。城兵が次々に討ち死にし、今は弓は折れ、矢はなくなったので、春綱は潔く切腹しようと支度をした。そこに、安中城が落ちて、子息左近大夫が降参したとの報が伝えられた。春綱もこれと軌を一にしようと考え、降参を申し出た。

二月二十八日に飯富・浅利が城を開かせ、小宮山丹後守・原与左衛門に入れ替えて在城させた。その後、信玄が処分を決めたが、春綱は甲兵を大勢殺し降参も遅かったので、惜しい人物ではあるが切腹させ、広盛はいち早く降ったことから許され本領も安堵された。安中城に置かれて、甘利三郎四郎の妹を妻にした。

箕輪城落城——箕輪城を枕に自刃して果てた若武者長野業盛

箕輪の城には飯富三郎兵衛昌景・馬場民部少輔信房・小山田弥三郎信有《のぶあり》らが馳せ向かった。飯富は手勢を二隊に分け、一隊は小菅五郎兵衛を侍大将として搦手の城戸口を押さえさせ、自身は大手法峯寺口の一ノ門へ押し寄せた。

城主左衛門大夫業正は昨年霜月の初めより病に臥せ、医療の効験《くげん》なく死んだ。死に臨み、息左京亮業盛《なりもり》を近くに呼び、

吾はこの年まで四方に敵を受けて、屈することはなく、土地も奪われることはなかった。これは偏《ひとえ》に旧主上杉憲政公を再び関東にお迎えせんがためで、吾が望みもこのこと以外にはない。しかし、命には限りがあり、今黄泉《よみ》へ向かおうとしている。この鬱憤は永久に散らすわけにはいかない。吾が死骸は累代の菩提寺である室田《むろた》の長年寺《ちょうねんじ》へ送り、土中に埋めてほしい。陀羅尼経《だらにきょう》の読経作善《さぜん》も無益である。ただ一人でも敵の首を霊前に備えてくれれば、それが親への孝養である。甲・南両家に降って先祖の名を汚してくれるな。運が尽きたら、城を枕に腹を切って死ね。

と遺命を与えた。業盛は今年十九歳、行く末は父に劣らぬ健やかな若武者振りで、父の遺命を肝に銘じて、一千余騎の士卒にもその旨を告げた。敵の囲みもものともせず、大手・搦手を固め、敵が詰めよって来ると、鉄砲五十挺をつるべ撃ちに撃ち出したので、正面の甲兵はたちまち三・四十人が打ち倒れ、まだ余力があるようにみえた。

飯富は黒地に白い桔梗の旗を押し立て、城戸口に支え置いて、「こんな小城、どれほどのことがあ

るか、平攻めに攻めよ。」と下知した。

そのとき、馬場と小山田の兵は二陣にいたが、先手に構わず攻めかかったのをみて、城中から七・八十人の射手《いて》が立ち並んで、雨雹《あめあられ》のように矢を飛ばしたので、寄手がたわんだ形になって混乱したところに、二百人余が切っ先を揃えて打ち出て、火花を散らして戦った。

一方、飯富の組内に、大熊《おおくま》夕五郎朝秀《ともひで》・三科伝右衛門形幸・広瀬郷左衛門景房《かげふさ》・早川弥惣左衛門幸憲・猪子才蔵・和田嘉助などの精兵は真っ先に進んで戦った。その中で、猪子才蔵は一番槍を目指して、挙げ城戸の柵際まで進んだところで、鉄砲で脇腹を撃ち抜かれた。城兵が首を取ろうとして挙げ城戸を下ろして駆けつけたが、三科が金の輪貫《わぬき》の指物でこれを押さえ、槍をつけた。この間に、広瀬〔三科の従弟〕が白い幌張りの指物で猪子を肩で抱え、五・六間下がって郎等らに渡し、自身はまたすぐに城戸際に進んで二番槍を合わせた。

大熊は元は越後譜代の武士で、輝虎に背いて逐電し甲府に来て、飯富の手下となっていた。大熊は熊野先達《くまのせんだつ》の由緒ある家筋で、山伏《やまぶし》旅立ちの指物を持って、大勢の中に割って入り、敵五人を突き伏せた。その首を取って引き揚げたが、このとき指物を落とし、城兵に奪われてしまった。「これがほしければ近くへ来い。」と呼ばれ、その声の許に向かい、その武者を討ち取って、指物を取り返し、無事陣に帰った。後日、信玄はこの働きに感じて、大熊を備前守と改称させ、同心三十人・足軽七十五人を預け、小畑山城入道日意の妹で小宰相《こさいしょう》という老侍女の娘を娶らせ、遠州小山の城代に据えた。

このように、寄手は激しく迫ったが、長野が頼みとする家臣の藤井《ふじい》豊後守・赤名豊前守・上泉伊勢守・寺尾備後守・土肥大膳亮・神奈図書助・矢島《やじま》久左衛門・友野《ともの》十郎右衛門・町田《まちだ》兵庫助・窪島《くぼしま》・愛《あ》久津《くつ》・八木原《やぎはら》以下応援の白井《しろい》・惣社《そうじゃ》の両勢らは、義を金石より重んじ、命を塵芥より軽んじて、大手・搦手から打って出て防戦に努めたので、甲兵にも思いの他多くの死人・手負いが出て、落城は難しいものに見えた。このとき、搦手で飯富の同心で平尾久助が槍働きで信玄から褒美を与えられている。

ところが、安中・松井田の両城に向かった甲兵が、両城の落城によって箕輪に到着した。飯富・馬場は小山田と相談し、新手で攻めることにした。

城意安は弟の玉虫《たまむし》忠兵衛資吉《すけよし》が先頭に進んで命を落としたのをみて、槍を取って敵兵五・六十人が密集している中に駆け入った。散々に槍を突き廻し、首七つを取った。槍の柄が撓《たわ》むのを膝の上で直し、さらにまた駆け入ろうとしたとき、城兵の矢島久左衛門が白い練絹《ねりぎぬ》に梯子《はしご》の絵を書いた指物を負って意安に対して槍を合わせた。しばらく突きあったが、意安は疵を受け、引き退いた。甲兵が意安を討たすなと太鼓を打ち、声を出して叫びながら城戸や逆茂木《さかもぎ》を引き破ろうと集まったところに、城中から大石・巨木が投げ落とされ、鉄砲が撃たれたため、寄手がここで四百人もの死傷者を出した。

この頃、信玄父子も到着した。旗本からも加勢の人数が出て、寄手は新手を次々に入れ換えて攻めたので、城方はしだいに兵が少なくなり、持ちこたえ難くみえてきた。

業盛の腹心で宿老の藤井豊後守正安《まさやす》は、榛名山のほうが心配となり、物見に出た。見回って引き揚げるところに、武田四郎勝頼十八歳が搦手に向かっているのに出合った。勝頼は初陣で手柄を顕そうとはやっていたので、藤井を見つけると大いに喜び、「よき敵。逃がさん。」と馬を駆け寄せて馬を並べた。組み打ちとなったが、馬の間に落ち重なり、上に下にとなった。藤井は音に聞こえた大力で、勝頼を手の下に引き伏せて首を掻こうとしたところ、原加賀守胤元《たねもと》が馳せ来て、急いで馬から飛び下り藤井を乱暴に引き倒し、勝頼に首を討たせた。そのとき、加賀守がこう諫めた。

伝長野業盛の墓　群馬県高崎市

　およそ、先陣を志す者は、大将でも士卒でも、後陣が続いてくるのを見積もって行動するものでございます。ひとり高名を立てても、味方から離れ、敵の中にただ一騎に深入りすれば、敵の虜のようなもので、不覚の原因となりましょう。一方の部将が自分一人の働きだけをもっぱらにし、匹夫《ひっぷ》の勇《ゆう》を行ったら、それは言語道断のことでございます。大将たる者は軍勢に下知し、その進退を臨機応変にして、時を失わせないのが誉れの極致でありましょう。これから以後、しっかりと考えて頂きたい。

と苦言を言った。これは勝頼が生来血気盛んな武将なので、戒めたものであった。

業盛は藤井が討たれたと聞いて大いに力を落とし、今は味方の運もこれまで、最期の一戦をして、腹を切って死のうと思い、残った城兵を点検した結果、物の用に立つ者は二百余人であった。業盛は鎧兜に身を固め、長刀を杖について、兵を集め、城門を開かせ、真っ先に打ち出て、死生を顧みず力戦して敵十八人を薙ぎ倒した。白糸の鎧は朱に染まり、疵から流れた血も拭わず、鎧に立つ矢を折り、本城に引き返し、大声で念仏を唱え、腹を掻き切って果てた。これだけの戦であったが、切り抜けて落ち延びることもできたのに、父の遺命を守って城を枕にしたのは、若手に稀な人物と惜しまぬ者はいなかった。

武田家は弘治三年（一五五七）より今年まで七年の間、関東に越山して西上州を攻め続けたが、業正の知勇をくじくことはできなかった。ここに来てようやく信玄の思いは実現した。信玄は長根・大戸・三倉・後閑・甘尾の面々を降伏させ、利根西の大半を領国に加えたのである。

信玄の西上州の仕置き――小幡憲重、信玄の計らいで国峯城に復帰する

箕輪合戦で武田家は一千五・六百人の死者を出したが、ついに城を落として領国に加えた。長野の被官の内、生き残った者二百余人を探し求めて召し抱え、内藤昌豊を箕輪の城代にして、これを預けた。内藤は西上野の目代《もくだい》と定められたが、初めは五十騎の隊長にすぎなかった。今度二百五十騎を加えられ、都合三百騎の侍大将に出世した。

長野の旧臣上泉伊勢守金刺秀綱は箕輪落城のとき、切り抜けて東上野へ落ち行き、桐生大炊助直綱に頼っていたが、直綱没後、子息又次郎重綱《しげつな》のとき、桐生を立ち退いて箕輪城下に戻って来た。旧友の馴染みが多いことから、秀綱も内藤の組下となって武田家に出仕し、ここで安穏に暮らしていた。下総国香取の郷士飯篠山城入道長意《ちょうい》の流派の天真正《てんしんしょう》の剣術を修練し、自己の工夫を交えて一流を立て、新当流《しんとうりゅう》と号し、若い弟子を指南した。心のままに諸国を廻って武者修行をしたいと志を立て、その趣を内藤に伝えた。他家に奉公するつもりはなく、もし行き先で仕官の話があれば、必ず信玄の許可を得てからと堅く約束し、信玄もこれを認めたので、秀綱は武蔵守と改めて上方へ出発した。和州山辺郡柳生《やぎゅう》（奈良市）の住人、柳生又右衛門宗厳《むねよし》はその剣術に傾倒し親交を結んだので、ここに留まってついに死を迎えた。今も墓は残っているという。

武田家が攻め取った甘楽郡国峯城は、もとは小幡憲重入道泉龍斎の先祖以来の相伝の城である。小幡家は山内上杉家の宿老として一千余騎を預かる家柄であり、同人は長野業正の婿であった。同族の図書助景純も業正の婿であったが、両人が不和となり、景純が憲重を悪く言ったので、業正と憲重の間も疎遠になった。

天文二十一年（一五五二）の夏、長尾景虎が関東に出陣したとき、業正・景純は小幡一族の三河守員政《かずまさ》らとともにその麾下に馳せ加わったが、泉龍斎は折から病気療養のため豆州熱海《あたみ》（静岡県熱海市）の温泉に赴いて留守であった。景純はこれ幸いと讒言によって景虎をだまし、国峯城をもらいうけ、泉龍斎が帰ってもここに入れなかったので、泉龍斎はしかたなく妻子を連れて、甲州に移ったのである。

信玄が泉龍斎を助け、信州小日向で五千貫を与え、その後西牧の砦に入れ、今回景純が没落したため、国峯に戻ることができた。なお、国峯の支城の庭屋城《にわや》（群馬県甘楽町）には信玄の旗奉行で甲州出身の上原図書入道随応軒《ずいおうけん》が、庭屋左衛門尉以下の先方衆を差し添えられ、西上野七郡の総横目として置かれた。

小幡家は、これ以後、信玄の出陣のときには常に五百人を率いて参陣した。その後、次男の弾正忠信氏《のぶうじ》がその弟左衛門佐信秀・又八郎昌定《まささだ》らとともに五百人を預かり、国峯城を守った。永禄十二年（一五六九）の冬、駿州蒲原《かんばら》の城攻めで弾正忠が討ち死にした。それ以後は、弟又八郎が城代を務めた。

永禄十一年（一五六八）、信玄は内藤・原の両人に、

泉龍斎は上州の先方といえども、当家への忠義・武勇は譜代の者に劣らない。予もまた人並み以上にこれに報いた。ところで、泉龍斎は長野業正の婿である。長野は武田家には敵であり、その娘と連れ添うことはまずい。お前らは諭して離別をさせよ。そうすれば予が仲人となって、当家の主だった者の娘を娶らせよう。

と申したので、両人は泉龍斎にこの旨を伝えた。これに対して、泉龍斎は、

信玄様のご恩に対しては死んでも報いることはできず、一命をなげうっても惜しむものではあり

ません。また、お話を断るものでもありませんが、妻と連れ添ってすでに二十七年、生まれた子も数多い。また、先年国峯を離散したとき、妻は父業正の義絶《ぎぜつ》を受けても、私に従って甲府に参り、苦労をさせております。こちらから離別する理由はまったくないのです。離別をすれば、親戚もなく実家も滅びておりますので、頼るものがなく、路頭に迷って餓死する他ないのです。このことを信玄様に披露して、今回のことはなかったことにしていただきたい。」

と涙を浮かべて答えたので、原・内藤もうなずき、ありのままを信玄に言うと、信玄も感動して「義も情もあるいい話だ。」と、それ以上の沙汰はなかった。この年、嫡子尾張守重貞を上総介と改めさせ、その妹を武田左馬助信元《のぶもと》の妻として、武田家との誼《よしみ》を深めた。

輝虎、下総臼井城を攻める――空堀の崩壊で撤兵、国府台合戦の復讐ならず

この年（永禄六年、一五六三）癸亥《みずのとい》の春、輝虎は越後にいたが、母堂青巌院尼《せいがんいんに》は前年暮から病が重く、また軍師宇佐美駿河守入道定行も老いて病み勝ちで、二人の療養に心を砕く毎日であった。越山も日延ばしにしていたが、ようやく四月になって上州厩橋に出陣した。この春の国府台の一戦に参加できずに味方が敗れたので、せめてその近辺の敵城を攻め落とし、里見家・太田家に償い、死んだ兵卒への手向けにしようとして、館林の長尾新五郎顕長・小泉の富岡主税助重朝を先陣として、武蔵野を押し通り、総州葛飾郡松戸《まつど》の渡しを越えて、小金原《こがねはら》（千葉県松戸市）に打ち出た。

同郡臼井城は、千葉介親胤の宿老原上野介胤繁の城である。胤繁の父次郎左衛門胤高《たねたか》は豊後守光胤《みつたね》の子で、以前生実の城にいたが、発性院足利義明のために追われ、弟中務少輔賢胤《かたたね》と共に臼井城へ逃げ延びて、今の上野介に至ったのである。

越後勢が攻め来たことを知った上野介は、千葉・佐倉などに知らせ、後詰めを頼んだ。千葉家では相手が輝虎で、千葉本城も攻められるかもしれないのですぐに軍勢を出すことはせず、籠城の手配を急ぎ、その上で椎津《しいづ》主水正・椎名《しいな》孫九郎に五百余騎を差し添え、加勢として臼井へ送って二の郭を守らせた。

同国大和田《おおわだ》の砦（千葉県八千代市）には北条方の松田孫太郎康郷《やすさと》が以前から籠もっていたが、輝虎の侵攻を聞くと同心・手の者百五十余人を引き連れ、すぐに臼井へ駆けつけた。康郷は筑前守康定《やすさだ》の次男で、左衛門佐村秀《むらひで》の叔父でもある。坂東では有名な剛の者で、常に朱の具足を好み、金の鹿の角をつけた兜を愛用し、数度の合戦に大きな手柄を立て、北条家の赤鬼と異名をとった人物である。

こうして四月二十日、曙にならない内から、越兵は法螺を吹き、鉦《かね》を鳴らして城門に押しかけ、鬨の声をあげて攻めかかった。白井四郎左衛門入道浄三《じょうさん》は、千葉一族で武者修行のため上方に赴いて三好《みよし》日向守長慶《ながよし》の許にいたが、この間に帰国してこの城にいた。天文による占いの名手で、このとき軍配を占っていたため、城中はひっそりと静まり返っていた。寄手の二陣の隊長の本庄越前守繁長はこれに苛立って、備えを回して攻めかからせた。城兵もこれに応じて弓・鉄砲を撃ち放し、しばらくもみ合ったが、ここで浄三が占いの卦《け》の日取りを言うと、城兵は大きく鬨をあげ城門を開いた。原式部少輔胤成《たねなり》〔上野介の長男〕・高木下総守胤辰《たねとき》らが真っ先に進み、長尾・富岡勢に駆け合わせ激しく戦った。

輝虎の下知によって、沼田の藤田能登守信吉の先鋒三山兵庫助正秋《まさあき》・石毛平馬允将之《まさゆき》・森下三河らは柵を壊し、堀を越え、外曲輪の塀七・八間を力で引き崩し、城中に入り込もうとした。これを見て、原家の長老佐久間主水佐《さくまもんどのすけ》と松田孫太郎らは突き出て、破られまいとここを支えた。松田は大長刀を振りまわして沼田衆六・七人を薙ぎ倒し、その後樫の棒をとって騎馬武者をたたき落とした。沼田衆はこれに手こずってさわぐところに、横から味方の本庄繁長が松田の同心橋本《はしもと》伝左衛門・蔭山《かげやま》新四郎などの使い手をはじめ、数人を討ち取って、残兵を城中に追い込んだ。

こうするうち、真昼も過ぎ、空は曇って雨も降ってきたので、寄手は引き揚げて堅陣を作った。その夜は一晩中、風雨が吹いた。明け方に雨が止み、風も治まったので、越衆は朝早くから城に迫って鬨の声をあげた。白井浄三は卦を占うため鉄砲も撃たせなかったが、輝虎はこれをいぶかり、

聞くところによると、なかなかの武士が多く、人数も多いというが、音も香りも出さず、相手もしないのは昨日の戦でつかれたか、風雨を嫌っているのか、他に何か理由でもあるのか。

と申したので、軍師の海野《うんの》隼人正が進み出て、

城中には白井浄三という占い師がいると聞いています。最悪の日を占って、待っているのではな

いでしょうか。

と答えると、輝虎は、

そうか。昔も占い師が卦を占うときは待って打ち出たのだが、こんな平城、空堀に柵だけにすぎない。落とすのに手間はいらない。一時攻めに攻め落とせ。

と先手に下知をしたので、長尾顕長は馬を乗り回し玉の汗をかきながら、兵を指揮した。顕長の手の者が城戸・逆茂木を引き破り、「えいえい。」と声を出して駆け入り、城兵百余人をすぐに討ち取った。

大手が乗っ取られたとみえたとき、思いもよらないことが起こった。空堀の片崖の地盤が急に裂けて寄手の側に崩れかかり、雑兵八・九十人がこれに打たれた。輝虎は気持ちが変わったのか、挙げ法螺を吹いて引き揚げさせた。これをくい止めようとして、松田が黒駒に乗って黒地の四分の一の指物に筋違いをつけた馬印をつけて、真っ先に駆けて出ると、続けて原式部少輔も十曜の紋を書いた隅赤の旗を押し立て、四・五百人で打って出てきた。

北条《きたじょう》丹後守がとって返し、踏みとどまってこれと戦った。そのとき、輝虎の命で新発田因幡守治長〔幼名九郎〕が金の福禄寿《ふくろくじゅ》の前立《まえたて》の兜をかぶり、白綾の縄をかけた姿で、手勢七百騎がまとまって、追撃する敵兵を斜めに切り取るように、大手に迫った。原・松田は分断され城内に別々に戻ったが、百余人が討たれていた。越兵も軍をまとめて、まもなく上州に帰陣した。

このとき、松田孫太郎が他に勝る動きをしたのを見て、輝虎は「岩船山の赤鬼と皆が噂するように立派な武者振りだ。」と褒めたので、北条家でもこれを感じ、氏政から感状に添えて、相州田島で二百貫の地を与えた。

太田三楽斎の岩築没落――氏康の太田三楽斎懐柔作戦と岩築城の乗っ取り

同年五月、北条氏康は使僧を岩築に送り、太田三楽斎をおどして、

当春の国府台合戦では、思わざる結果で北条家が勝利した。弓矢を執る者が敵味方に分かれるのは仕方がない。これからは和親を結び、二心のないおつきあいを願いたい。されば、三楽斎殿は嫡子源五郎殿に家督を譲って隠居せられよ。安穏な余生が送れます。そうすれば、氏政の妹を娶らせて北条家が後ろ楯となり、長くお家が保てるように致しましょう。ぜひこの申し出に賛同してほしい。

と二度に渡って申し送った。三楽斎も思慮深い男なので、あれこれと熟慮した。累年の戦いで財産を大きく失い、また当春の一戦で頼みになる被官・一族はみな討たれてしまい、要害とは言えない平城に楯籠もっても未熟な若者共ばかりでは、この機に乗じた南方の軍勢に囲まれれば、心は猛っていても持ちこたえることは難しい。ひとまず和平を結び、後日に策を図るために多年の本心を捨て去り、申し出に応じると返答したので、氏康父子は大いに喜んで、吉日を選び息女〔後に長林院と号す〕を岩築城に送り、婚姻を結んだのである。

この祝い事によって両家は何事もなくみえたが、しばらくして氏康は小山・長沼を攻めようと作戦を考えて、源五郎氏資や恒岡《つねおか》越後守・春日摂津守らの太田家の宿老たちに氏政の下で出馬して、人数を出すことを命じ、三楽斎を追い出すよう強く求めてきた。

三楽斎はこのことを漏れ聞いて、もともとこんなことがあるのは前もって予期していたことなので驚く気配もなく、知らぬ顔を決め込んで、妾腹の長男源太左衛門資晴《すけはる》を呼び、今後の身の振り方や手違いがあった場合の対応を密議し、川崎又次郎を差し添えて佐竹義昭の許へ行かせた。自身は浜野修理亮を連れて宇都宮に赴いた。恒岡・春日はこれ幸いとこの動きを小田原へ注進したので、氏政は三楽斎が戻れないように太田大膳亮に二百騎を率いさせ、岩築城の外郭に入れた。

岩槻城跡の堀障子　さいたま市岩槻区

三楽斎と資晴はついに浪々の身となった。資晴は新六郎とともに佐竹を頼り、三楽斎は武州忍の成田左馬助氏長の婿であったため、その援助をうけた。前管領上杉憲政の旧臣は多いが、太田と長野はその忠信を変えず、最後まで上杉家の再興を志してきた。しかし、武運つたなく、今年長野は没落し、三楽も他家の食客となってしまい、北条家の勢力はますます大きくなった。

この後、太田源五郎は北条方の幕下となり、三・四年経った永禄九年（一五六六）の秋、小田原に所用で赴いた。このとき、上総国周淮《すえ》郡三船（富津市）の台の砦に北条綱成の配下の藤澤播磨守・田中美作守・磯部孫三郎らが警固していたところ、ここに里見衆が急襲して城兵が危機に陥ったとの知らせを飛脚が伝えた。氏政がすぐに加勢を申しつけたので、氏資は、

岩築で命じられたのであれば相応の手勢を伴うこともできますが、小田原には別の所用で来ているため、今召し連れている人数は少なく、一方の防御も難しい。

と取りあえず返事をしたが、側にいた北条家の家臣らがあざ笑って、

源五郎殿は言葉の通り小勢、またあの武に誉れの高い三楽殿の子息とはいえまだ若い、大敵の援兵は無理であろう。どうか、吾らを差し向けるように。

などと口々に言うのを、氏資はみくびられたと感じて、引き連れた手勢五十三人を率いてすぐに出発した。八月二十三日に上総の浦に渡海し、三船の城外で安房勢と戦ったが、一歩も引かずに華やかに奮戦し、恒岡越後守ら五十二人の家臣らとともに枕を並べて討ち死にした。なお、病気で休んでいた兵一人は翌朝、戦の場となった所へ行き、切腹して死んだという。太田家の主従を褒めないものはなかった。

岩築城はしばらくの間、太田大膳亮・春日摂津守らが守っていたが、氏政の次男と氏資の娘小少《こしょう》将《しょう》を娶あわせ、太田の名跡を継がせた。氏政の次男は十郎氏房《うじふさ》と名乗った。

上総国池の和田城合戦——首一つに手柄を上申した三人の論争と後日談

上総国小尾津荘池の和田城は里見義弘の家臣、多賀越後守が在城していたが、国府台で討ち死にした。その子蔵人・右兵衛尉は兄弟とも剛の者で、父の死後喪に服し、堅く城を守っていた。秋になって取り入れの頃を迎えた。兄弟が兵を挙げ、北条方の村々を攻めて米を略奪し、北条方の砦を攻め脅かすとの噂が小田原にも聞こえてきたので、氏政は一万余騎を率いて、浦賀港《うらがこう》（神奈川県横須賀市）より出発して上総の浦に渡って陣を取った。

十月二十日、大物見に出て観察したところ、西北南の三方は深田で馬では進みにくく、東は高い山に連なって尾根に堀切を設けて要害としていた。そこで、氏政は人夫百人で民家を壊し、その堀切の埋め草とするよう下知を加え、山上から鉄砲・弓矢を撃ち込み、塀・柵を引き破って攻めかけた。

多賀兄弟・正木大膳亮の加勢の人々はさまざまな方法で防いだので、寄手の死傷者は多くなり、城はすぐに落ちるようにはみえなかった。ところが、城中に裏切りが出て、郭内に放火した。そのため、城戸・櫓が燃えあがり、黒煙が天を覆い猛火が広がったので、兵は戦意を失い、脇虎口から逃げ出してしまった。多賀蔵人もわずか二十四騎で房州をさして落ちていった。

これを見た南方勢二・三百人は逃さじと追いかけたが、多賀右兵衛尉は「某《それがし》が殿《しんがり》をして、敵に物をもみせよう。」と大槍を引き下げ、ただ一騎で引き返し、山の曲がりかどで踏み留まった。馬上の敵七・八人を突き落とし、歩兵の数十人を当たるを幸いとたたき伏せ、夏育《かいく》や孟賁《もうふん》のような勇猛を振るったので、敵は躊躇して進むことができなかった。

北条方の山中《やまなか》左衛門尉・伊達与兵衛は弓に矢をつがえて、多賀の左右に馳せ寄って、近づいた所で同時に放った。一筋は射損じたが、もう一筋は多賀の脇腹に当たって突き抜けるほど射込まれたので、多賀は鞍の上に留まることができずどうと落下した。そこに片岡《かたおか》平次兵衛が走り余って首を掻いた。氏政による首実検が行われたが、山中がその首は自分の矢で射落としたと訴えると、伊達も自分の矢によってと主張して、首一つに三人が争論することになった。氏政も戦が終わっていないのに詮議はできない、後日に必ず詮索をして判断する旨を三名に言い渡した。横目の役人を呼んで、山中・伊達の甲冑に馬の毛があったかどうかとか、矢尻のことまで問いただささせ、両人の口上もそれぞれ書き記し、敵の鎧を収めて置くことまで命じた。

今度の合戦で、正木大膳亮が援兵を送ったにもかかわらず、あえなく落城したのを、北条方があざけって、落首を書いて立てた。

正木にてゆいたる桶のたがきれて
水もたまらぬ池の和田哉

氏政は小田原に帰り、三人の手柄についての争論を氏康に話した。氏康は片岡平次兵衛を召し出し、そのときのなりゆきを尋ねた。

そのときの射手の二人の装備を覚えているか。

片岡はさすがに場馴れをした武者で、

さて、敵は萌黄糸威《もえぎいとおどし》の鎧を着て、槍を持って山の鼻でただ一騎、ここで支えようとしていたのを、味方は三方から馳せ寄って行きました。その中で黒糸の鎧を着て栗毛の馬に乗った武者が弓を持って、敵の射向かいの方向からかかって行きました。右手のほうへは藤縄目の鎧を着て鴇毛馬に乗った武者が矢をつがえ、左右同時に矢を放ちましたが、敵は即時に射伏せられ馬から下に落ちたので、某がその前を走りよって、すかさず討ち取りました。

と言った。次に、氏康は二人を招いて尋ねたが、片岡の言うことと違うところはまったくなかった。ただし、山中の矢は鷹の羽の尖り矢、伊達の矢は柳葉ということであるが、多賀の鎧を取り寄せて点検すると、右手の脇の下に柳葉の矢尻で射通した穴と見分けられる穴があったので、射当てたのは伊達であると判断された。これを聞いた同僚らは山中をあざ笑って言った。

敵を射損じたのに、むだな争論に訴え出て、面目を失った。昔、頼朝公が那須野で狩倉をしたとき、大きな鹿一匹が勢子《せこ》の囲みを破って駆け出し、幕下の御前を走って来た。これを下河辺六郎《しもこうべ》行秀《ゆきひで》は馳せ違いざまに射たが、矢は外れて鹿も向こうに逃げ去った。下河辺は自信を失ったのであろう、即時に髻《もとどり》を切って、その場から去ったと言い伝えられている。山中の振る舞いはこれにすぐる恥辱であろう。

同年十一月五日、例の三士をはじめとして、戦功の恩賞が与えられた。まず、伊達与兵衛は弓を以て敵を射落としたので、ともかく第一番の賞であった。山中左衛門尉は強敵に対し勝負をしようと、敵の正面に向かって行ったとして、第二番の賞、片岡平次兵衛は敵の首を取ったことによって第三番の賞となった。このとき片岡は、

山中は敵を射はずして争論を構えたため恩賞からは外れたのではないのか。そうであれば、某が第二番でありましょう。このご沙汰に納得がいきません。

と申したが、これに氏康が言うには、

およそ賞罰は勲功の軽重によることは皆も知っていよう。戦場に臨んで、討つも討たれるも武士の習い、ひとえに時の運によろう。今度の戦いでは、山中が射損じたとは言っても、臆してそうなったわけではない。山中が最初から剛敵の左手に向かい雌雄を決しようとの振る舞い、その功を捨ててよいものだろうか。行賞に値する行動と評価される。お前が敵の首を取ったのは、他人の矢に当たってすでに落命した後であるので、二人の功には及ばないとはいえるが、三人が同時に詰め寄ったのが幸いしたのであろう。だからお前にも恩賞を与えたのである。

片岡はこの理に負けて言葉なく退去した。近習・外様の面々は氏康の仕置きを聞いて、「前に山中を笑ったのは吾らの心得違いであったか。」と舌をまいたという。

池の和田合戦はあるいは天文十三年（一五四四）または永禄八年（一五六五）ともいうが、これは誤っ

た説で、癸亥《みずのとい》（永禄六年、一五六三）が正しい。

武田・北条、東上州を攻める――上杉壊滅の作戦に乗り出した北条・武田の戦略

この年、北条家は里見・太田を破り、武田は西上州を手に入れた。両家はさらに奥州の葦名修理大夫盛氏と手を組み、輝虎の息の根を止めようと出陣を企図した。十一月中旬、信玄は箕輪の内藤修理亮と組下の先方衆を案内者として、東上野・野州へ乱入しようとした。一方、氏政は小田原を発して武州松山城へ入り、信玄と戦の手だてを相談し、まず佐野表に軍勢を差し向けた。

蘆名盛氏画像　東京大学史料編纂所蔵模写

このとき、野州朽木城には本庄越前守繁長が仮の城代として守っていた。天徳寺了伯は甥の小太郎宗綱に勧めて再び南方に一味させ、唐沢山《からさわやま》の要害（栃木県佐野市）に楯籠もって北条家の出陣を求めた。氏政はとりあえず人数を送ったが、繁長は大剛の武者でよく守った。しかし、今までいた佐野の家人らが皆唐沢山に逃げ去り、繁長の手勢は少なく備え不足となった。その上兵糧も乏しかったので、後詰めか加勢がなければ長籠城は犬死になるとみて、郎等共を集めて城を払って打ち出た。繁長は難なく切り抜けて沼田に

逃れ、そこから本国越後に戻ることができた。

その後、甲・南両家は大軍で厩橋城を囲んだ。押しに押して攻めたが、北条《きたじょう》丹後守長国は少しも屈せずに力戦し、輝虎の越山を催促した。輝虎は深雪を踏んで、十二月二十一日、沼田に着陣した。これを聞いて、甲・南両軍は囲みを解き、利根川を渡って新田郡藤阿久《ふじあぐ》（群馬県太田市）に陣を移し、金山・館林を襲おうとした。間者《かんじゃ》・斥候《せっこう》を出して様子をうかがったが、狭い場所が多いため駆け引きが難しく、その上横瀬雅楽助・長尾但馬入道父子はそれぞれ険阻な城に拠り、防御の備え怠らず、敵が来れば一戦して追い払おうと待ちかけていたので、両将も考えを変え、佐野口から足利表に廻り、岩井山の砦を攻め取ろうとして進んだが、これも守りは堅固であった。

信玄は厳寒の時節に悪い場所を選んで戦いを起こし、無用の兵糧を費やしたと悔やんだ。また、もし輝虎が忍・新田・館林と呼応して沼田から出て来て、帰路を塞がれたらさらに大変な事態となると考え、あちこちに放火して足利陣を去り、閏十二月中旬には箕輪に入り、早々に甲府へ帰陣した。氏政も松山城に帰り、しばらく逗留すると聞こえてきたので、輝虎はまたも厩橋に越年した。

翌年甲子《きのえね》（永禄七年、一五六四）正月中旬、氏政が小田原に帰陣すると、同月二十六日、輝虎は野州佐野に進み、朽木城を攻めた。城兵は防ぎかねて降伏を申し出た。輝虎は今回のことは叔父了伯の計略で起こったとして、若輩の宗綱には咎なしと許した。このとき、了伯は所用で小田原に行き、輝虎の侵攻を知らずに佐野に帰ったところを捕らえられた。輝虎は了伯を譴責し、最後には追放した。

この後、了伯は京都へ旅立った。

小山・佐野城の戦い――那須家の内紛に乗じた北条の小山・佐野攻め

永禄七年（一五六四）の干支は甲子で、これは北条家にとっては幸運の星に当たっていた。小田原城においては新年の祝いから鎧始めの儀に至るまで、つつがなく行われた。

このとき、会津の葦名盛氏が家臣の荒井《あらい》釣月斎《ちょうげつさい》を小田原に送り、野州の那須家で旧年から内紛が起こり、領内が穏やかでないので、この際軍を発し那須を攻める。氏政にも小山・宇都宮辺に出陣してその地を収めるようにと申し送ってきた。

この釣月斎は初めは治部少輔と称して、江州の佐々木《ささき》抜関斎《ばっかんさい》承禎《じょうてい》の家人で、中条流という剣術の達人であった。浪人となって東国に下向し、北条綱成の家に養われていたが、最近は会津に赴いて剣術の指南に当たり、盛氏の信任を得ていた。

氏政も葦名の申し出に同心した。四月中旬に二万余騎を率いて総州古河城に着陣し、足利義氏に謁見し、それから小山下野守高朝・同弾正少弼秀綱の居城祇園城を攻めた。北条綱成を先陣として、三日三夜攻め続けたが、城兵も果敢に防御した。綱成もがまんできず、例の地黄八幡の小旗を差して駿馬に乗り、小山勢が百人ほどひかえている所にただ一騎で乗り込み、あっという間に十余人を駆け倒して武勇を示した。これを見た手の者たちが負けてはいられないと突っ込み、四十三人を討ち取り、

祇園城跡遠望　栃木県小山市

残りを追い払った。さらに、城門へ攻め入ると、小山勢は叶わずと搦手から逃げ出し、最後にはことごとく落ちていった。氏政はこれは幸先よしとして、祇園城に氏照を入れた。

結城左衛門督晴朝は父政勝以来、北条家と手を組んでいたが、近年越後の輝虎や常陸の佐竹家と一味し、氏康父子を疎んじるようになり、この春にはついに手切れとなった。そこで、今度はまず晴朝が押さえていた小山の地を最初に攻め落とし、続いて結城の本城へ迫ったのである。

五月十五日から周辺の田を踏み荒らし、竹木を伐り捨て、放火をして二十日ほどを過ごした。そこで和睦となったが、晴朝をはじめ、山川・岩上・水谷・長沼・近藤らも盟約に署名して、北条方となった。

このとき、宇都宮辺には会津の葦名平四郎盛興《もりおき》・白河の結城上野介義親が向かうことになっていた。ところが、どのようなことがあったか子細は不明であったが、その発向はなかった。それは、佐竹義重・長倉遠江守義富《よしとみ》・大関左衛門佐高増らが相互に助けあうため、宇都宮城に参陣して、要害に入って守りを固めたとのうわさがあったためである。氏政もここまでと考えて、宇都宮への出陣はやめて、佐野表に向かった。

佐野表では、大手の前河原筋に陣を取って戦いを挑んだが、大貫・山上・赤見・津布久《つぶく》・高瀬・飯塚・野代《のしろ》・遠藤・小杉・富士・清水などの手練の武者たちが、ここが勝負とばかり戦い、寄手を何度も押し返した。また、大手は山が高く、上から大石・古木を投げ下ろしたので、南方勢も進むことができなかった。兵馬とも暑さにも疲れ、兵糧も乏しかったので、長陣は難しく氏政もついに陣を払って再び古河へ戻った。ここで、氏政は古河城の修復を高修理亮氏師・町野備中守義信・和知右馬助以下の人々に命じ、七月上旬に小田原に帰った。

その後、野州では多賀谷修理太夫・壬生下総守・真壁・茂木・羽石・久下田などが相談し、佐竹からの援兵とともに、小山城を攻めた。百々塚《どどづか》・大塚辺で日夜戦いが行われたが、最後に氏照が負けて追い落とされ、小山下野守高朝父子が城主に復帰した。

巻八

上州石倉砦の一戦――武田家が厩橋城の押さえとして築城した石倉砦

永禄八年（一五六五）乙丑《きのとうし》の春、越後の上杉輝虎は瘧病を患った。日ごとに熱が高まり、左の足が腫れて苦痛ががまんできないほどになった。近国にはすでに死んだとも再起不能ともうわさが流れたが、なんと数ヶ月後には治ってしまった。

しかし、体力は弱まり、左足も完全には治癒せず片足をひきずる状態となってしまい、この年は信濃・越中どころか、関東への越山もできなかった。

上州石倉砦《いしくら》（前橋市）は、去々年信玄が西上野に侵攻したとき、高崎城のつなぎとして築き、厩橋城の押さえとしたもので、甲州の武士帯全某を城将として、上野先方の長根・大戸・三倉らに守らせていた。ところが、この年六月、北条《きたじょう》丹後守がふいに攻め寄せ、番兵を討ち捕らえて砦を奪い取り、甥阿老神六郎を部将として人数を籠め置いた。丹後守はさらに、和田兵衛大夫の居城高崎城も奪い取ろうと画策を始めた。

これを聞いた信玄は、七月下旬、大軍を率いて箕輪に越山して、石倉を囲んで一気に攻め寄せた。二時《ふたとき》（四時間）の間に攻め取り、阿老をはじめ城兵の半分以上を討ち取った。その後、馬場美濃守信房に下知して、城の縄張を改めて修築を加え、今度は曽根七郎兵衛を城代として置き、高崎城にも援兵を置き、甲府に戻った。

武州羽生城の戦い——上杉・北条の間でゆれる、成田家の家督騒動

武蔵国埼玉郡羽生城《はにゅう》（埼玉県羽生市）はもともと忍城の砦で、成田下総守長泰のものであった。去る庚申《かのえさる》の年（永禄三年、一五六〇）、上杉輝虎が小田原を攻めた際、鶴岡八幡宮の神前において、長泰は先祖代々の旧例と称して下馬しなかったことから問題が起こった。輝虎は小田原攻めの目論見が失敗したのはこのせいとし、越後へ帰陣のとき、厩橋城代の長尾弾正入道謙忠に命じて羽生砦を攻め落とさせた。さらに、これを横瀬雅楽助に渡して番兵を籠め置かせ、忍城の皿尾《さらお》口に対する付城《つけじろ》として、長泰を圧迫した。

金山城から木戸《きど》伊豆守・河原井《かわらい》某らが砦に入り、敵の隙があれば忍城に攻め込もうと狙っていた。あるとき、長泰は彼らを小勢と侮って、皿尾口から人数を出して逆に攻め寄せていった。前もってこのことを想定していたのであろうか、すぐに岩築の太田三楽斎の兵が後詰めとして現れ、成田衆は散々に討ち破られ、やっと忍城へ戻った。

長泰はこれを無念に思って再度の戦いを挑もうと考えていたが、壬戌《みずのえいぬ》年（永禄五年、一五六二）、騎西領山根城攻めによって再び上杉方となり、子息左馬助氏長は三楽斎の婿となって、対立は解消し

皿尾城跡遠望　埼玉県行田市

たのであった。

この年（永禄八年、一五六五）、新田領と佐野領の入り組んだ所で境目の相論が起こった。双方の百姓が乱闘となり、互いに棒切れ・竹槍・鎌などを持って田んぼでたたきあうなどの騒動になり、果ては地頭どうしの対立となった。輝虎は館林の長尾但馬守顕長に両家への仲介を命じ、その斡旋によって問題は解決した。ところが、横瀬雅楽助父子は何を思ったのか、突然上杉に背いて古河公方義氏につき、北条方となってしまった。

これを絶好の機会と考えたのは長泰であった。長泰は羽生砦を攻め取ろうと松岡石見守・成田土佐守などの精鋭を先発として送り、八月十八日に急に羽生砦に攻めかかった。しかし、木戸・河原井も精一杯頑張って防戦に努めたため、忍衆は討ち死にする者が多く、ついに引き退いた。

このとき、長泰は戦いの模様を検分するため、配下の若者を召し連れ、皿尾口から出馬したが、折しも秋晴の晩で、「今宵の月は見逃せない。城外の別荘で一夜を明かしてから。」と、酒宴を催した。ところで、長泰は老境に至って、嫡子氏長に家督を譲るのをやめ、次男左衛門次郎泰喬を総領にすえようと考えていた。その様子をそれとなく知った氏長は悩んだが、ついにこのときは我慢できず、宿老の豊島美作守に「この際、父長泰を追い出して家督を奪いたい。」と告げた。美作守もそれは不孝であると一応は諫めたが、美作守も日頃から長泰に不満を抱いていたので、これも仕方ないと考え直し別府《べっぷ》・玉井《たまい》らを誘って、その夜急に氏長を本丸に移し、城門の出入りを厳しくし、番兵に虎口を固めさせた。

長泰は忍城に戻ることができなくなり、仕方なく斎藤別当実盛《さねもり》が建立した成田家の菩提寺である上野村龍淵寺《りゅうえんじ》（埼玉県熊谷市）に入って、氏長を討つための軍勢を集めたが、譜代の家臣らは寺僧に講和の仲介を求めたので、長泰もあきらめて隠居して剃髪した。その結果、氏長は晴れて成田家の家督となった。これを永禄九年とする説もあるが、誤りである。

その後、氏長も翌年春夏に二・三度羽生砦を攻めたが、番兵らがよく守った。八月初旬にも氏長はまた攻めて城を囲んだ。このときは金山・岩築から援軍が来て楯籠もり、これを防いだ。忍勢は先陣は負けたが、二陣の左衛門次郎泰喬が入れ替わって激しく攻めたため、城方はついに降伏して城を明け渡した。木戸父子・河原井らは金山に退いたので、氏長は成田大蔵少輔・桜井隼人佐らを入れ、防備を命じた。

上州金山・桐生・高崎の戦い——金山城・和田城攻略に失敗した、輝虎の誤算

新田金山城主横瀬雅楽助成繁は、かつて甲子《きのえね》の年（永禄七年、一五六四）に将軍足利義輝によって

幕府御供衆《おともしゅう》の列に加えられ、姓を改めて由良刑部大輔と称した。去年乙丑《きのとうし》（永禄八年）に上杉方を離れたため、輝虎は永禄九年（一五六六）丙寅《ひのえとら》二月に上州厩橋に越山し、金山城を攻めた。十日間ほど攻めたものの、要害堅固で陥落は難しかった。そこで、ここを引いて次に桐生城を攻めたが、ここも狭隘な山城で味方の損害が大きく、陣を払って厩橋に戻った。

一方、輝虎は北条丹後守長国に高崎城を攻めさせた。ここには武田方の横田《よこた》十郎兵衛守量《もりかず》が加勢として入っていたが、城主和田兵衛太夫・舎弟松山兵部丞が一緒に力戦したため、なかなか落ちるようにはみえなかった。そのうちに越後から早馬で急変を告げてきたため、輝虎は帰国することになり、北条丹後守も厩橋に引き揚げた。

同年秋閏八月上旬、信玄も箕輪城に入り、五料《ごりょう》・二本木・和田から軍勢を三手に分け、館林・佐野・足利辺に乱入して一戦しようとした。しかし、地理不案内のため深入りすると危険と考え、形だけ見せかけて早々に甲府に帰陣した。

那須七党の分裂――那須一族の不和・那須資胤と大関高増の抗争

下野国那須家においては、那須党七騎と称するものがあった。いわゆる大関・太田原・蘆野・福原・千本・医王野・岡本の七つである。その中でも大関・大田原はもとは同姓で、武蔵七党のうち丹治党《たんじとう》の流れであった。

宣化《せんか》天皇の王子上殖葉《かみえは》王の子孫で、正三位中納言丹比県守《たじひのあがたもり》の六代子孫の家義《いえよし》は、醍醐《だいご》天皇の頃、和州渋田《しぶた》荘を賜った。その孫、武延《たけのぶ》が初めて関東に下り、武蔵国加治《かじ》郷（埼玉県飯能市）に居住したが、これによって丹党が成立した。

天文の初め頃、大関弥五郎増次《ますつぐ》と大田原備前守資清《すけきよ》は仲が悪くて対立が起こった。資清はがまんできずに、急に兵を起こして黒羽《くろばね》城（栃木県大田原市）に対して夜討ちを行った。増次はこのとき二十五歳の荒武者で、とりあえず討って出て寄手を数人切り伏せ、そのまま落ちようとした。しかし、大田原の兵に追い詰められて囲まれたため、石井澤という所で切腹して死んだ。その怨念は散りがたかったとみえ、その後しばしば祟りがあった。資清は増次の怨念を宥めるため、祠堂を作って丹《に》生明神《うみょうじん》としてその霊を祀り、嫡子右衛門佐高増に大関家の名跡を継がせ、大関家の先祖の慰霊を怠りなく行わせた。

高増は知謀に優れ、那須七党の中心として那須家をもり立て、先年の小田倉表での戦いで先陣に立ってこれを勝利に導いたが、その結果、他党の人々の恨みを買った。他党の人々は福原弾正左衛門資経《すけつね》の功のみを言い立てたので、高増はこれを怒って病と称して出仕を止めてしまった。

那須資胤はこの機会を利用して大関の家人松本美作守を引き込み、密かに高増を殺害しようと企んだ。松本は仕方なくこれに応じたが、黒羽城に戻って高増に、

御屋形に召されて参上したところ、殿を討てとの命を与えられ、辞退すれば即座に誅されかねな

い雰囲気であったので、ひとまず了解して帰ってまいりました。

と告げたので、高増は、「罪もなくて殺されるのは納得がいかない。」と考え、たちまち逆心を抱き、常陸の佐竹義昭に通じて助けを求めた。烏山城を攻めて資胤を追い落とし、佐竹家から義昭の次男三郎義宗《よしむね》を迎えて、那須家の家督にするとの約束を得て、高増は黒羽城に楯籠もった。

癸亥《みずのとい》（永禄六年、一五六三）の三月下旬より、烏山との長い戦いが始まった。今年丙寅《ひのえとら》（永禄九年、一五六六）閏八月二十四日、佐竹義重の重臣東左近将監政義《まさよし》は宇都宮の兵と大関家の兵をあわせて三千余騎で、烏山の西二十余町（約二km）の神長村の治部内山の辺に陣を敷いた。これに合わせて、那須資胤兄弟も一千二百余騎で馳せ出て、合戦が始まった。

那須方では千本常陸入道秋縄斎《しゅうじょうさい》・鷹野意教斎《いきょうさい》・秋元越前守・大関紀伊守・舎弟奥野《おくの》駿河守・鹿子畑大隅守・沼野井摂津守・池澤《いけさわ》左近太夫・塩屋丹後守などが奮戦し、宇都宮・那須上庄大関の両勢を西北のほうへ追い込めた。その間に東政義が千束の台に退去して陣を立て直そうとしたが、そこに那須勢はまっしぐらに切りかかって、一人も逃さんと取り込めようとした。佐竹衆は一方を破って引けば引くことができたのに、政義は臆病風に取りつかれ敵を雲霞《うんか》の如き大軍と見誤り、切腹して果てようと思って兵を一所に集めた。これを見た千本秋縄斎は使を立てて降伏を勧めたので、政義もこれに同意し、旗を巻いて降伏し、兵の助命を求め、常陸に戻った。これ以後、千束の台を降参の峯と言うようになったという。

この戦いで、那須勢を大軍と見誤ったのは、那須八幡大菩薩湯泉権現である瀧寺の千手観音が那須家を守護するため、霊験《れいげん》を現したと人々は話した。

その後、福原弾正左衛門・岡本右京亮・金丸下総守・秋元佐渡守・森源左衛門以下八百余騎が黒羽城に押し寄せた。高増は微勢と言いながらも、金丸伊予守資満《すけみつ》・浄法寺《じょうほうじ》弥七郎茂明《しげあき》らの勇士らがよく支えて何とか防ごうとしたが、寄手は城門を破って塀を乗り越えようとした。城兵もここが最期と奮戦したが、敵が城内になだれこもうとしているのを見て、高増は麾を振って、

もはや我らの運もここまでだ。各々、譜代の家人であれば、生涯の忠義を尽くすのは今だ。城の戸口を枕として討ち死にせよ。櫓に登っている者共は塀際で近づく敵を狙って前の者共を撃たないようにして、後に続いて来る敵を鉄砲で撃ち払え。

と声をあげて下知をした。城兵は下知によって櫓から下り、矢玉を飛ばして思うままに撃ち立てたので、寄手は後ろが崩れて前後に入り乱れ、それぞれが引き退いた。そこに高増の弟大田原山城守綱清《つなきよ》が大関家の急難を救おうと人数を集めて馳せ来たので、烏山勢は手勢を引き上げさせ、次にこそ攻め落とすと言って囲みをとき、すぐに退散した。

北条氏政、皆川・館林城を攻める――北条家の猛攻から館林城を守護した尾曳稲荷

同年（永禄九年、一五六六）丙寅九月下旬、北条氏政は北武蔵へ出陣して松山城に入り、先勢を館林・

館林城跡出土墓石群　群馬県館林市

皆川両城へ向かわせた。金山の由良刑部大輔は以前に北条方となっていた。今回はこの二城を落として野州攻めの先鋒にして、この方面の平定をやりやすくしようとしたのである。

河越・流山の兵が皆川表に押し寄せ、しばらく戦った。城主長沼信鎮斎の子皆川又三郎広照《ひろてる》と関口《せきぐち》但馬守・同彦四郎・幸島式部丞・武田弾正忠・勝附玄蕃允・柏倉大炊助・野中右京進・植竹《うえたけ》三河守・軍司勘解由などの人々がよく防ぎ戦ったので、寄手は敗勢になり引き退いた。

館林には垪和伯耆守・伊勢備中守・山角紀伊守以下が二千余人で向かった。この城の西方は佐野口といって佐川田《さがわだ》の渡しを抱えており、東方は下戸張口で、その北に加保志口がある。東南のほうの躑躅《つつじ》カ崎は泥沼で人馬が通ることはできない。このように要害の地であったので、小田原勢も攻めあぐんで、数日を無駄にした。

時に、南風が激しく吹いた夜、城兵の大畑《おおはた》佐渡守・同治部少輔・福地左衛門佐・栗崎《くりさき》山城守・久米伊賀守・恩田《おんだ》越前守・立川《たちかわ》将監・江川《えがわ》左衛門尉・同海老助・寺田十郎左衛門など七・八十名が子《ね》の刻（午後十一時頃）に討って出て、寄手の陣所に夜襲をかけた。鬨の声をつくり、声をあげて散々に切り回ったので、陣所は混乱し、同士討ちする者、寝たままの姿で走り回る者共も多かった。

また、このとき大袋山より松明二・三百ほど連なって何勢か不明であるが、北条方の後ろに回ったように見えたので、北条方は総崩れとなって吾れ先にと落ちていった。これを大畑・栗崎が真っ先になって追い打ちし、北条方の兵をここかしこに九十八人も切り伏せ、勝鬨をあげて引き返した。

大袋山のほうを見やると、最前の松明は消え、人の声もまったくせずに鎮まり返り、梢を揺らす音だけで、人声はまったくなく静まり返っていた。城兵は不思議に思い、夜が明けてからその場所に行ってみると、牛馬の骨が谷や尾根に散乱し、獣が踏んだ草が倒れていた。それをつけて行くと、鎮守稲荷大明神の社地に至って、終わっていた。これはこの神の使である白狐の命婦院御前の所業であろうと、皆は感動して、いよいよ信仰心を厚くした。

野州烏山大河井合戦――大河井を血に染めた那須家六年越の内輪争い

永禄十年（一五六七）丁卯《ひのとう》の春、那須上荘の人々の要請により、佐竹義重の陣代長倉遠江守義当は茂竹左馬介・川井甲斐守・助川《すけがわ》周防守などの常州の兵を率いて、烏山から三十余町（約三㎞）東の下境大河と山麓に出張して、川を前に陣を取った。

優れた武将の軍配は、川を渡って船を捨てるところにあると言う。この場所は後ろが大山、前が大河であり、進んで川を渡っておくべきであった。そのときは長雨の後で、佐竹勢は烏山の兵が打って出ても、川を渡さないなどということはないと侮って油断していた。二月十七日の早朝、烏山勢は早速迫って来た。敵方の陣を見ながら「もともと川の様子はよく知っているはず、者共川を渡れ。」と言う間もなく資胤の先隊秋元佐渡守が一番に進むと、二陣の大久保《おおくぼ》民部少輔が続いて進み、順々に馬を川に入れ一斉に押し渡り、佐竹衆・那須上荘の衆の二千余騎の真ん中に割って入った。烏山勢は重代の恩顧の武士から野伏・一揆の衆まで振り返りもせず切りまくり、命を捨てて動き回ったので、佐竹衆は切り立てられ後方の大山に吾も吾もと逃げ登った。

このとき、長倉と那須上荘の輩との間に殿《しんがり》をめぐって口論があった。金丸伊予守資満が言うことには、

地元ではあるが、ここは吾らの在所から隔たっているので地理を詳しく知らない。長倉殿は出張してきたが、攻め衆の案内者である。殿は長倉殿に任せた。

と言って先に引き退いた。これをみて資胤は大声で下知をした。

上荘の者共はもともと那須家の家来、最後には旗を巻いて降参して来る。逃げるならば、そのまま逃がしてやれ。常陸勢は討ち漏らすな。

と鬨の声をあげて息もつがず攻め続けたので、佐竹衆は大半は討ち死にし、長倉も鎧の草摺《くさずり》もはずれ、矢に当たって手傷を負って引き退いた。大河井の流れは四・五日間も朱色に染まり、紅の波が楯を並べたように見えた。

この後、雨が降り続き、那珂川は満水した。これを好機とみて、佐竹衆二百騎は下境へ打ち出て放火しようとした。烏山勢はとりあえず駆けつけ、今度も那珂川を渡って攻め入った。その中に大久保民部少輔・秋元豊後守・森源左衛門などが先陣を切って渡ろうとした。大久保が帰依している僧の泉《せん》蔵坊《ぞうぼう》という法師もこれを一直線に追ってきたが、このとき大久保が乗っていた馬が高波に押し流された。これを見た泉蔵坊は泳ぎ寄って、馬の前足をつかみ取って、無理やり引き立てて一緒に向かいの岸へ打ち上がり、そのまま敵陣内に駆け込んだ。敵兵はこの勢いに気を奪われ、矢の一本も射出すことができずに退散したという。

那須家の内輪争いは癸亥《みずのとい》（永禄六年、一五六三）より足掛け六ヶ年も続いたが、討ち死にした者・傷を被った者は数を知らずという有り様であった。ここで、金剛寿院《こんごうじゅいん》の住職尊瑜《そんゆ》法印が仲介に入り、和議が成った。永禄十一年（一五六八）戊辰《つちのえたつ》九月十一日、資胤の嫡子那須次郎資晴〔後に修理大夫と号す〕は時に十三歳であったが、馬廻の十七騎を供として黒羽城に入り、正式に和睦を結んだ。高増はさすがにこれ以上主家に弓を引くことは天も許すまいと考え、すでに戦いの途中に入道して法体となっており、味庵《みあん》と称していた。

北条家・上杉家の和睦——北条三郎氏秀、和睦の証に謙信の養子となる

前管領上杉憲政没落後、関東では北条氏康・上杉輝虎・武田信玄が三つ巴の戦いを続け、領地の取

り合いに明け暮れしていた。この三者はいずれも智勇傑出した名将で、戦いはいつ果てるとも知れなかった。

氏康は敵の動きを確実に知り、隠れた竜の趣があった。信玄は隣国のため、地の利を得て出兵すれば良かった。これに対して、輝虎は国から遠い山を越えての出陣で、また十月から三月までは領国が深雪のため軍を発することも簡単ではなかったが、輝虎は強い意思をもって時々関東で越年しながら戦った。一度は関東全体をなびかせ、小田原まで乱入して北条家を屈伏させるところまでいったこともあったが、不運にも成功しなかった。以後、軍略によって兵や兵糧を蓄え、大きな軍事行動は行わなかった。厩橋・倉内の両城を固く守り、東上州を敵に奪われないように工夫し、時期を待った。これに対し、甲・南の両家は上杉家の隙をうかがって、領土を広げようと考えていた。

永禄十一年（一五六八）戊辰の夏、氏康は一族・宿老を集めて、上杉家と和議を結ぶことを伝えた。また、野州富田の大中寺《だいちゅうじ》（栃木県栃木市）の虎溪《こけい》和尚を湯本の早雲寺《そううんじ》（神奈川県箱根町）に招き、自らの考えを述べ、まずは皆川の長沼信銕斎と佐野小太郎宗綱に密かに話を伝えることを依頼した。和尚は喜んでこれを承諾し、皆川・佐野を行き来した。五月下旬、東上野の上沼積の金剛院という山伏に小田原から遣わされた足軽大将の荒川道龍斎《どうりゅうさい》をさし添えて氏康の使者として、越府へ赴かせた。このとき、佐野宗綱の家臣遠藤織部正が案内者となった。

彼らは越府で新発田尾張入道道如斎《どうじょさい》・山吉《やまよし》玄蕃允豊守《とよもり》に面会し、氏康の希望を伝え、和議成立の場合は氏政の末弟三郎氏秀を人質として差し出すことなどを申し述べた。これに対し、輝虎も満足して、同意の返答をしたので、北条方から再び御礼のためとして、武州江戸城主遠山左衛門佐景政《かげまさ》と評定《ひょうじょう》衆《しゅう》の頭人である板部岡江雪斎《いたべおかこうせつさい》に金剛院を加え、春日山城に赴いて、互いに約束を違えないように誓紙を交わした。

同年九月上旬、富田の大中寺において氏康父子と輝虎は面会し、互いに両家の和睦を喜ぶ祝宴が行われ、これがいつまでも続くことを祝った。三郎氏秀は今年十七歳で、元服前の童形であったが、坂東で有名な容姿に優れた人物で、この頃のはやり歌に、

　武田の三郎殿と一夜を契らば梨子地鞍《なしじのくら》
　召さずば泣いてござあるべいな
　　辛苦て有りもすべい

と歌われたほどの美男であった。

氏康がどう考えたかはわからないが、氏秀は幼児のときより僧形にさせられ、出西堂と呼ばれていた。成長の後は早雲寺現住職の明叟和尚の下で出家させることになっていたが、今川上総介氏真の仲介で武田信玄の養子となり、いったんは太郎義信の弟に決められた。しかし、去年丁卯（永禄十年、一五六七）十月に義信が父信玄の怒りによって切腹させられて以後、駿甲の関係が途切れ、氏秀も小田原に戻された。氏秀はこのとき武田の姓を捨て、本姓に復し、北条三郎と名乗ることになった。

今度、越後へ人質として送られたのを、輝虎は顔色を変えて、

予は十三歳より弓矢を取って以来、他家へ人質を出したことはない。これは当家に武運があったからだと思うが、お前は氏康の七男で末子でありながら、人質に出されたのはさすがに誉れ高い北条家の威光を危うくするもので、予の本意ではない。幸い予には子がないので、養子としようと約束した。この後、元亀元年（一五七〇）三月、輝虎は氏秀を越府に移し、自分の若いときの名を与えて、三郎景虎と名乗らせ、長尾喜平次景勝《きへいじかげかつ》の妹〔輝虎の姪〕を妻として娶らせ、春日山城の二の郭に置いた。

異説に、永禄十二年十二月、北条家の持城駿州富士郡蒲原城《かんばら》（静岡市清水区）が信玄によって落とされ、北条新三郎氏時《うじとき》が討ち死にした。氏時の父久野幻庵《くのげんあん》は氏康の伯父で、初めは葛山《かつらやま》三郎長綱《ながつな》と名乗っていた。そのときはすでに晩年となっており、嘆くこと限りなしといった様子であった。氏康はこれを憐れみ、氏秀を幻庵の幼い娘と娶あわせ、家督を継がせた。その後、氏秀が越府に移ったとき、室も同道したという。今考えると、北条家と上杉家の講和は永禄十一年の夏で、蒲原落城は翌年の冬のことである。天正六年三月、輝虎が没し、その後景虎と景勝の戦いが起こった。およそ一年余で景虎が負けて、越後国鮫ヶ尾《さめがお》城（新潟県妙高市）で自害し、室も子息道満丸《どうまんまる》も殺されたことは『北越軍談』に詳しい。以上、今流布している本の説は誤っている。

今川氏真、武田信玄と争う――今川・武田の手切れ、武田義信の恨みの自刃

信玄の長男太郎義信は武勇を誇り、父の命に背いたため、監禁の上自害を命じられた。義信の妻は今川氏真の姉であったので、信玄は彼女を駿府に送り返した。こうして、駿・甲は手切れになり、互いに刃を交えることとなった。鄒陽《すうよう》の書に、「意を合わせば、則ち呉越、兄弟となる。合わさざれば、則ち骨肉《こつにく》讐敵《しゅうてき》となる。」というまたとない格言がある。

今川氏真画像　「秀雅百人一首」　個人蔵

ところが、氏真は戦国の世に生まれながら武を嫌って遊楽を好み、こびへつらう者に惑わされて領国内の政道を混乱させた。譜代の功臣も見限って離れていき、今川家の内輪はたがが緩んだ状態となった。これを見て取った信玄は手切れになったことを幸いとして、駿遠二国を併合するため、永禄十一年（一五六八）の冬、駿河へ軍を送って氏真を追い落とし、久能山《くのうざん》（静岡市駿河区）に新城を築き、番衆を置いてこれを堅固に守らせた。

氏真は遠江掛川城《かけがわ》（静岡県掛川市）に逃れ、北条家に助けを求めたので、氏政は駿豆の境に出馬して陣を敷き、武田家と一戦に及んだが、日夜の戦いでも勝負がつかなかった。北条方はこれによって駿河方面の所々へ常に軍勢を出

さざるをえず、また兵糧と軍馬のまぐさの運搬もあって、大きな負担となった。

信玄は北条方の難儀に乗じて、小田原に乱入しようとした。三万余騎の軍勢を動員し、信州余地峠から西上野に入り、北武蔵から南下して相州の地に侵攻し、帰陣は相模国中郡三増峠《みませ》（神奈川県愛川町）を経て、都留郡《つる》内に引き帰ることを決め、永禄十二年（一五六九）己巳《つちのとみ》九月二十四日の巳の刻（午前九時頃）頃に甲府を出発した。道筋に堅固な城があれば、手近な味方を集めて攻めかけ、二・三の郭を落とす程度で城下に放火して引き返させ、またその城の様子によっては手を出さずに睨みつけて通過せよ、と前もって諸軍に触れた。

中武蔵の高麗郡滝山城に氏康の次男大石源三氏照が楯籠もっているとの風聞があったので、「これこそまず落とせ。」と郡内の小山田左兵衛尉信有を差し向けた。小山田は今年二十七歳、このたびの合戦ではぜひとも手柄をたてようと、陣触れを聞くや否や、富士浅間大菩薩《ふじせんげんだいぼさつ》に願文《がんもん》を捧げ、相方の加藤丹後守信厚《のぶあつ》を甲相の国境の上野原《うえのはら》（山梨県上野原市）に備えさせて、自身は二百余騎・雑兵九百余人で出陣した。

信玄の下知によって、小山田は滝山城の八王子表に向かった。小木爪坂を越えて斥候を放つと、戸取というところの山に砦を構え、氏照の重臣布施《ふせ》出羽守・横地《よこち》監物・中山勘解由というなかなかの武者が二千人ほどで籠もっていることがわかった。小山田はよく思案し、密かに忍びの者を山中に入れて敵の様子をうかがわせ、密計を立て、二百騎を五手に分けて各所に配置した。まず、その一備を山の高場に上げて、十月朔日の夜明け頃に砦へ向かって鉄砲を撃ちかけさせたので、城兵はたまらず三百余人が山際に討って出て、鬨の声をあげて攻めかかった。このとき、小山田の下知で山の右手に進ませておいた先備の一隊が応じたので、城兵は二方の敵を受けては負けると考え、二手に別れようとして混乱した。さらに、小山田は山の左手にも一備を差し向けたので、城兵は退去しようとさらに混乱が激しくなった。ここで、旗本の一隊を敵の左手から矢玉を飛ばしながら攻めかからせ、同時に山上から旗の合図で城兵の後ろからも人数が突っ込んだので、敵は混乱のうちに敗北し、砦は落ちた。小山田が取った首は二百五十一級にのぼったが、その中には野村源多衛・金刺《かなさし》平右衛門などの采配を持つ剛の者もいた。

信玄は本国を立つとき、越後の押さえとして馬場美濃守信房を信州牧島の砦に置いた。しかし、信房は、

今度の小田原攻めは、信玄様が一朝一夕に始めたことではない。三・四年来の軍略があってここまで来たのだから、当家の重大事である。このまま閑居してはいられない。主命には背くが、咎められればそれはそのとき、それまでの武運であろう。

と考えて、砦の縄張を堅固にし、防戦の手だても言い含め、中心になる兵七十騎を牧島に残し、五十騎のみを引き連れて武蔵松山で追いついた。信玄は思わず両手を打って炎天に雷雨を得たような喜びを表し、典廐信豊《てんきゅうのぶとよ》・四郎勝頼に付けて滝山城攻めに向かわせた。

この間に信玄は榛島の森に兵を進めた。甲兵は多勢をもって外郭を打ち破り、二ノ郭に攻め入ったので、氏照は二ノ丸の二階門に昇って白旗を振るって、「ここを破られまいぞ。」と下知した。武田勝頼はこのとき二十四歳であるが、自ら大身の鎌槍を握って突き散らし、例の二階門の下で大剛の古武者師岡山城守と槍の勝負となった。この戦いは勝負がつかず、引き分けとなった。このとき、馬場信房の手の者が競って進み、ついに二ノ郭を押し破った。これに続いて甲兵が乱入したが、城兵もよく防ぎ寄手を追い返した。このとき、勝頼は横から槍を入れて奮戦したので、城兵も郭内に引き取った。

信玄はこの次第を聞いて、

この城は一時には落ちるまい。無理攻めをして信豊・勝頼などを討ち死にさせては意味のない働きになってしまう。大事の前の小事である。すぐに兵を引かせよ。

と下知して諸勢を引かせ、小田原に向かった。

相州三増峠の戦い――同盟から敵対へ、武門の意地をかけた三増峠

駿河の諸城に人数を分け送っていたため、小田原城の守りは特に手薄であった。しかし、玉縄の北条綱成父子・秩父の新太郎氏邦・足柄の新四郎氏忠をはじめ、松田尾張守村秀《むらひで》〔初めは左衛門佐と号す〕・大道寺駿河守直宗・遠山左衛門佐景政・福島伊賀入道道遂・上田暗礫斎《あんれきさい》・原式部少輔胤成以下、武蔵・下総の軍兵が集まって軍勢に不足はなかった。時に、北条幻庵・福島兄弟・松田・大道寺らが

集まって評議し、

先年、北越の大軍に二度もここまで押し寄せられたが、味方は堅固に籠城して出て戦わず、敵の疲労を待って打ち破った。今度も甲兵が長い距離を押して乱入したが、それほどの成果もあげていない。兵糧が尽きて、長陣はできず、すぐに退散するであろう。前のように城を守り、折々寄手に仕掛けて疲れさせるのがよい。

と一決して、近辺に出しておいた人数をすべて城中に引き上げさせ、防御を専らとして、寄手が来るのを待った。

そうしているうちに、甲州勢は滝山表を引き払い、府中・高井戸・世田谷・目黒・池上・丸子筋・稲毛・小机・帷子辻《かたびらのつじ》辺の家々・寺院を思いのまま略奪した。藤沢・大磯を通って、十月三日には前川・国府津《こうづ》・酒匂駅《さかわのうまや》まで着陣したが、酒匂川の水が出て、先陣はそこで立ち止まった。信玄は使番の初鹿野伝右衛門昌次《まさつぐ》を呼んで、「お前は丈夫そうな若者だ。この川の瀬踏みをして参れ。」と命じた。初鹿野は「畏まって候。」と答え、白い四半の布に百足《むかで》を描いた捺物《おしもの》の指旗をひらめかせ、ただちに馬を乗り入れ波を切って越えたので、全軍もその通りに難なく渡ってしまった。

この初鹿野昌次は加藤駿河守昌邦《まさくに》の次男で、初めは弥五郎と称していた。生まれつき並みはずれたところのある者で、信玄もひいきにしていた。初鹿野源五郎忠次《ただつぐ》が川中島で討ち死にしたとき、その名跡を継がせ、原美濃守虎胤の婿ともした。また、今度の陣中でも陣羽織《じんばおり》の背の紋に「香車《きょうしゃ》」という文字を書いたので、信玄に見咎められ「出過ぎたことをした。」と注意を受けていた。

今年二十五歳であるが、この瀬踏みによって朋輩らの目を驚かせた。帰陣すると、初鹿野に向かって朋輩らが、「お前の羽織には香車の文字があるそうだ。香車では二度と戻れないが、帰陣したのはどうしてか。」と言ったので、初鹿野はうなずいて羽織の裏を返して、「これを見よ。時がたって、金に成り変わった。」と答えた。裏の紋所に「金」の文字がありありとついていたので、皆大笑いをした。

翌十月四日、甲斐の軍勢は、内藤修理亮昌豊・小山田備中守昌行《まさゆき》・真田《さなだ》源太左衛門信綱《のぶつな》・舎弟兵部丞昌輝《まさてる》・依田右衛門佐信蕃《のぶしげ》・同能登入道常喜《じょうき》・武田四郎勝頼・小山田左兵衛尉信有・小笠原掃部太夫信嶺《のぶみね》・下条《しもじょう》伊豆守信氏《のぶうじ》・保科《ほしな》弾正忠正俊《まさとし》・安中左近太夫広盛・板垣修理亮などが兵を率いて蓮池口の上土門の辺まで詰めて、鬨の声をあげて攻めかかった。城中からも鬨を合わせて、三浦衆が打ち出た。内藤修理亮の配下の寺尾備後守・神奈図書助・木部駿河守・町田兵庫助・愛久津大学助・矢島久左衛門など長野業正の旧臣らが、真っ先に進んで槍を合わせ、見事な戦いで敵を押し詰めた。三浦衆もしばらくは支えたが、城中から制止の合図があって全員が引きあげた。城方はその後は一兵も出さず、時々狭間《さま》や櫓から矢玉を撃つだけなので、寄手は退屈した。

信玄は城下を焼き払うように命じ、蓮池の波打際を通り、品川口を右手に見て、湯本の風祭《かざまつり》に陣を移した。内藤の手の者が侍小路・商家・民屋まで片っ端から火をかけて焼き払った。このとき、馬場美濃守は風祭の陣所にいたが、信玄から放火の様子の検分を命じられ、一回りして帰ってきて、「松田尾張守の宅地は城下から離れているので、焼け残ったようです。」と告げたので、これを聞いて信玄は、「松田ほどの武将の家を焼きもらしたとすれば、後日にどんな批判があるだろうか。松田もきっと広言するであろう。残念の至りである。」と眉をひそめて言うと、馬場は、「某は牧島の留守を命じられた身で、自ら松明を持ってここに来た客のような者です。客として火をかけましょう。」と言って手勢を引き連れ、小田原から兵が出てきそうな道筋に茅《かや》を積んで火を放ち、中間のところで遮ってから、松田屋敷に火をかけ、焼け土にしてしまった。

信玄は遠征の難しさを熟知した武将で、深働きや長陣の無益さを知っていたので、そろそろ退陣しようと考えた。十月六日、速やかに総軍に引き上げを命じた。このとき、殿《しんがり》は勝頼が志願した。丸子川に着くまで、四度まで敵兵が迫ってきたのを追い払い、無事退散した。その中でも、小田原の宿外れで、松田尾張守の組下の境川蔵人が馬で勝頼に追いつき、馬上で尋常の勝負を求めてきたことがあった。

甲州勢は風祭・久野の道筋から丸子川を渡り、飯泉《いいずみ》で人数を集結させて、前隊・後駆けの区分を決め、大磯・平塚・田村を通り、反田から中津川を越えて牛久保坂に懸かり、三増の道筋まで退去した。北条方は手練の忍者を前もって寄手の陣に入れてあり、その帰路を確かめて途中で待ち伏せて、討ち取ろうとしていた。北条上総介・大石源三・舎弟北条新太郎・同助五郎・同新四郎・千葉・臼井・土気・東金・深谷・忍・岩築・松山・河越らの人数、二万余騎が取る物も取りあえず、小田原から荻野街道

三増合戦場　神奈川県愛川町

へ出て、志田山・道場原・三増峠・栗原・深沢辺へ到着して、堅陣を張って待ち構えた。

信玄も敵国内に入っての戦なので油断は禁物と、諏訪の森から三増までの間に村人などを捕らえて敵の様子を聞き知っていた。たとえ氏康が在陣していても何ほどのことはない、まして一族や部将の出張では恐れるに足りず、逆寄せに打ち散らして通過せよと、下知した。

志田山の北の朽地川の南方に、北条方の内藤備前守の筑井城〔津久井城。相模原市緑区〕があった。信玄は小幡上総介重貞の手勢千二百余を沼という所に差し向けてこれを押さえさせた。また、内藤修理亮を小荷駄奉行にして小倉村の西方に備えさせ、峠筋栗沢の陣頭には浅利右馬助〔信玄の従兄弟〕・武田逍遙軒〔信玄の弟〕・同左馬助〔信玄の甥〕・一条・甘利らを置き、山県三郎兵衛・小山田備中守・同左兵衛尉・真田源太左衛門兄弟・小笠原掃部太夫・諏訪・芦田・跡部《あとべ》・八頭らは武田家の有力武将であるが、これらを遊軍として、二路根村から志田澤に廻し、先手が戦うと同時に敵の背後に攻め寄せさせることとした。なお、信玄の本陣は峠の右手の高地で、旗が立てられていた。

十月八日、甲兵は予定通りに峠を石山伝いに移動したが、これを見た北条方は敵は逃げるものと見誤り、鬨の声をあげて攻め始めた。北条綱成は甲兵の先陣を討ち破り、なおも前進を続けた。武田方の浅利右馬助がこれを追い払おうと向かったところ、鉄砲で胸板を撃ち抜かれ、馬から落ちて即死した。浅利隊の検使役の曽根内匠助昌世が兵を集め、苦戦しながらもしばらく支えた。そこに、武田典厩の陣より合図の旗が振られ法螺貝が鳴らされたので、馬場美濃守が突きかかり、四郎勝頼が横槍を入れて必死に戦った。

馬場の隊には、旗本から検使役として加えられた武藤《むとう》喜兵衛昌幸《まさゆき》〔後に真田安房守と称す〕がおり、一番槍となった。これを見た馬場の同心飯寄勘兵衛〔初め鳶大貳と称す〕の弟鳶二位という紀州根来《ねごろ》の法師武者は二番槍では面白くないと、持った槍を投げ捨て太刀を抜いて、当たるを幸い敵八人を切り落としたので、見る者で舌を巻かない者はいなかった。

小田原勢も踏みこたえ、死生を省みず奮戦した。激しい乱戦となって、武田方が敗勢となるかと見えたとき、山県三郎兵衛・両小山田以下の遊軍が後方に回って、鬨の声をあげて攻めかかった。そのため北条方は前後から攻められ、戦い疲れていたこともあって急に劣勢となった。栗澤・深澤などに陣を張っていた北条方も先隊を助けることは困難で、彼らの大半は崖から仲津河原に飛び降り、河原を渡って田代山・榛原山へ逃げ去った。

氏康は一万余騎で荻野街道まで進んでいたが、もはや戦いは終わり、味方が不利との注進を聞いて、すぐに小田原に引き返した。信玄は二路根山より山王の瀬を渡って長竹村に出て、三増峠より三里程北西の反畑辺の石滝山で首実検をして、それから郡内に入った。

この日、武田方が取った首は三千七百六十九級に及んだという。しかし、信玄は浅利右馬助の討ち死にを残念に思ったのであろう、そこに死骸を埋めて墓を築かせ、石瀧山の密院に属させ、菩提を弔った。こうして浅利隊の名を戦場に残したのである。

巻九

東上野桐生家の盛衰――山越・津久布の専横が招いた桐生城の内紛劇

永禄十三年（一五七〇）庚午《かのえうま》四月二十三日、改元があって元亀元年となった。東上野桐生城の城主大炊介直綱は、足利太郎太夫俊綱《としつな》第一の重臣桐生六郎の子孫で、代々桐生の地を支配して山内上杉家に臣従していた。その後も上杉輝虎の幕下となり奉公に励んできたが、近年、由良・長尾にそそのかされて上杉家を離れ、古河公方義氏に属すようになった。

その後、直綱は老いて死に、実子がなかったため佐野周防守昌綱の弟又次郎重綱を養子にして家督を継がせた。このとき、佐野家から重綱の後見として、山越《やまごし》出羽守・津布久《つぶく》刑部少輔・新井主税助・茂木右馬允の四人が付き添って来たが、この中で山越・津布久は狐の威を借りるような人物で、慣例を無視して勝手な振る舞いをし、桐生譜代の功臣の谷右京進・大谷勘解由左衛門らを政務から退けた。上泉伊勢守・根津采女正・八木伝七郎などの他家からの新参の武士らも見限って、立ち退く者も出てきた。

山越・津布久の独断によって、桐生家の内実は不安定となった。浪人が桐生家を頼ってきても、重綱にも相談せず両人の裁量で採用を決めたため、四人の仲さえ不和となり、新井・茂木も日陰の地位に甘んじるようになった。

こうした中で、譜代の家臣伊藤右近尉・鹿貫《かぬき》将監・大谷治部少輔・白石掃部助らは耐えきれず反逆を企てた。伊勢崎の砦にいた上杉方の萩田備後守に内通し、手引きをすることを謀った。萩田は兵が少ないので、大胡民部丞・夏目左衛門佐・深津刑部少輔、さらに藤田能登守信吉の郎等石毛平馬允・早瀬川修理亮・秩父下野守・吉岡式部丞など八百余人を集め、その年九月四日、黒川谷寄居《よりい》筋まで侵入し、村人を追いかけ乱暴を働いた。

これに対し、桐生方は神梅から兵が出て迎え討ったが、萩田備後守が先頭に立ってこれを散々に追い散らした。翌五日、桐生へ攻め込もうと兵の手配をしているところに、金山城から桐生方の加勢として、矢場《やば》能登守・金井平五郎・鳥山・林・江田以下の人々が到着した。新手の金山衆の力戦によって、萩田方は百余人が討たれて撤退した。金山衆は勝ちに乗じてなおも敵を追い、荻原村五覧田《ごらんだ》・大胡の根小屋などで戦い、鹿貫・白石・伊藤・大谷以下二百余人を討ち取った。萩田備後守・早瀬川修理亮も傷を負った。

由良家は喜びに沸き返り、事の次第を記し、首注文を添えて古河公方家に報じたので、義氏は由良成繁に花押がついた感状を下した。

その後、金山・館林・桐生・小俣の軍勢が大胡・伊勢崎を攻め取るという風聞を知った厩橋の北《きた》条《じょう》丹後守長国は、越府に飛脚を送り、輝虎の出馬を催促した。十月二十日、輝虎は春日山城を出発し、関東に越山した。一方、信玄は越後大田切辺《おおたぎり》（新潟県妙高市）まで進出し、その後、西上野に入って箕輪に在城し、上野・武蔵国境の金窪原《かなくぼはら》（埼玉県上里町）まで出て、輝虎と対陣した。先手同士が二・三度小競り合いをくりかえしたが、決戦に至らず双方とも退いた。

このとき、信玄は上州山名《やまな》と鷹巣《たかのす》の間に砦を築き、信州の望月《もちづき》神八郎重氏《しげうじ》・仁科《にしな》加賀守信盛《のぶもり》・伴野《ともの》助十郎らを置いて守らせた。信玄が箕輪にいる間に、常州の佐竹常陸介義重・多賀谷下総守政経・上総万喜の土岐少弼入道慶岸《けいがん》らが密書を届け、同盟を求めて来た。

北条氏康、死す――氏康の死がもたらした北条・武田の同盟復活

同年（一五七〇）庚午《かのえうま》十月三日、氏康入道万松軒《ばんしょうけん》は小田原城において病死した。歳は五十六歳で、まだ死ぬ歳でもなかった。氏康は心の広い偉大な武将であったため、家臣らはその死を惜しんだ。

氏康の家督は氏政であり、その妻は信玄の娘であった。その腹には新九郎氏直《うじなお》が生まれていたが、同女は不幸にも先年死んでいた。信玄はそのつながりを利用して、奥方の侍女小宰相という老女を十一月下旬に小田原に送り、講和を取り繕わせた。また、相州の福田寺《ふくでんじ》・結願寺の両住職を甲府に招いて協力を求めた結果、氏政も同意して、翌年（元亀二年、一五七一）辛未《かのとひつじ》の正月、人質として氏政の弟新四郎氏忠〔氏康の五男〕を甲府に送ることとし、長尾藤左衛門・日向宗十郎を両使として指し添え、郡内上野原の加藤丹後守信厚のもとまで行かせた。

北条五代の墓　神奈川県箱根町・早雲寺

　このとき、信玄は駿河・伊豆境の深澤に在陣しており、加藤がそこに駆けつけ事情を説明すると、信玄は承諾はしながらも、「人質一人では心もとない、もう一人出させよ。」と命じた。武田方から小人頭萩原甚之丞が北条方の両使とともに小田原に赴き、信玄の下知を口上したところ、北条方から氏忠の弟竹王丸氏堯《うじたか》〔氏康の六男〕も甲府に送ってきた。これによって両家の和睦が成立した。
　なお、氏政は伊豆に置いた笠原新六郎・清水上野介・大藤式部少輔らも深澤の陣中に遣わし、武田家が出陣の折にはいつでも協力するとの申し出を行ったので、信玄は大いに喜んで三名と面会した。三名は折々甲府にも出向き、元亀三年（一五七二）の冬、遠州三方ヶ原《みかたがはら》合戦で馬場美濃守の下で先手の活躍もした。

佐竹義重、葦名盛氏と対陣する――奥州に抱いた佐竹の野心と、戦国の駆け引き

　佐竹義重は奥州山東の地を領国に加えようと、陸奥・常陸の国境の南郷《なんごう》という所まで出馬し、陣を敷いた。これを聞いて、葦名盛氏入道止々斎《ししさい》と子息平四郎盛興は、白河の結城左衛門佐義親を先駆けとして、兵を発した。

標葉《しねは》郡手越《てごし》の相馬弾正少弼盛胤・石川郡泉の石川大和守昭光《あきみつ》は相談して、双方に和議を持ちかけた。佐竹は最初は承諾しなかったが、北条氏政が下妻の多賀谷を攻めるため小田原から出陣したとの風聞を知って、多賀谷を救援するためこれに応じ、兵を引いた。

岩築の太田三楽斎道誉は先年に居城を追われ、婿である成田左馬助氏長のもと、武州忍の城下に隠れ住んでいた。輝虎が関東に越山して帰るときに越府に移ることを誘われたが、子の梶原源太左衛門資時〔後に美濃守と改める〕が佐竹家の招きを受けて常陸にいたので、自身も望郷の念に堪えず常陸に赴き、吾が子と一所に過ごしていた。義重は父子を厚くもてなし、源太左衛門には真壁右衛門尉氏幹の娘を世話して娶らせ、新治郡梯岡城に置き、三楽には片野の砦を与えて、小田天庵の押さえを命じていた。

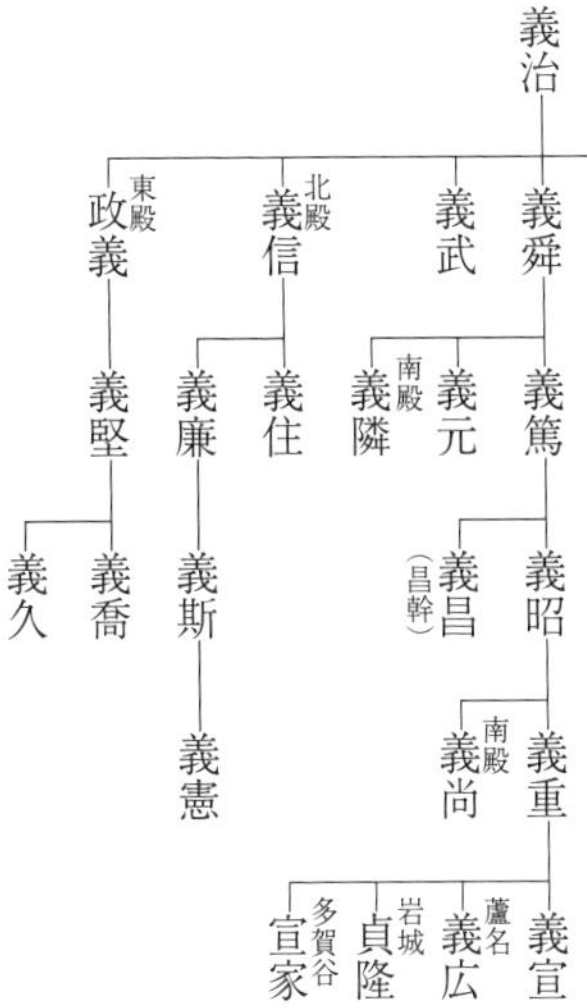

佐竹氏略系図

今回も三楽斎父子は、佐竹家の一方の部将として南郷まで出陣していた。和議が成り双方帰路についたとき、三楽斎が無二の旧友であったことから葦名家の先鋒佐瀬源兵衛に「これ以後会うこともあるまい。今生《こんじょう》の暇乞《いとまご》いをしたい。」と申し伝えたところ、佐瀬は喜んで鎧を脱ぎ捨てて旅服に着替え、馬に乗って三十人ばかりを連れて太田の陣に赴いた。両人は膝を交えて昔話や消息を、次から次へと時が経つのも忘れて語り合った。最後に名残を惜しんで「命があったらまた会おう。」と再会を期して別れた。
このとき、葦名家の者が源兵衛に言うことには、
太田と懇意なのはよいが、敵陣に素肌で雑兵ばかりの供で行くのは軽々しい。誠に危険な振る舞いで、みんな手に汗を握って聞き耳を立てて待っていた。
と口々に言ったので、佐瀬は笑って、
各々方のお気持ちは有り難いが、そんな心配はまったくないのだ。わしは昔武者修行して関東を廻っていたとき、三楽の居城岩築にしばらくおり、武術の雑談に昼夜もなく明く暮れした。心は通いあっている友人であり、折々消息を交わしている。今、陣中であるが、和議が成って面談したいと言ってきたのに、甲冑をつけていけるものか。万一、三楽が謀《はかりごと》によって討ち取ろうとすれば、目を見合わせただけでわかる。刺し違えになるだろう。そうすれば、会津方は源兵衛、佐竹方は三楽が死んで、損得はない。また、帰るところを討とうとすれば、わしの乗るこの馬に一鞭当てれば、韋駄天《いだてん》のように疾駆して、追いつかれることはない。だから何憚ることなく敵陣に行ったのだ。
と答えたので、感心しない者はいなかった。

南方勢、常州下妻を攻める――多賀谷政経、伏兵によって北条勢を撃退する

氏政は舎弟氏照・氏邦を先駆けとして、二万余騎を率いて野州表に出陣した。これは多賀谷修理太夫政経を討つための出陣であった。

北条勢が途中総州関宿を通ることから、足利義氏は簗田中務大輔政信の代理として子息出羽守綱政《つなまさ》に兵を差し添え、先手氏照の陣に加えることを命じていた。結城晴朝はすでに南方へ一味していたので、氏政兄弟らは五月二十二日には結城家重臣の山川民部大輔の居城に着陣して、ここでしばらく人馬を休め、今後の段取りを評議したが、この間にも義氏からの使者が来て出陣をねぎらった。

その後、氏政は土山に陣を構えたが、ここは鬼怒川を隔てて多賀谷領を見渡せる場所であった。一方、下妻の後詰めとして総州上野川に佐竹義重、筑波根の蚕養川《こかいがわ》辺にその舎弟山直小次郎義昌《よしまさ》と東左近将監政義が堅陣を張って、南方衆の模様をうかがい、下妻と連携をとりながら一戦に及ぼうとしていた。

このとき、北条方の所領であった岩井村の辺に富永下総守・猪俣能登守・宇田川《うだがわ》石見守などが陣を張っていた。ここは佐竹方の領分にも近く、氏政は敵が不意をついて夜駆けをすることもあるので、あらかじめ伏兵三百人ほどを置き、夜守の備えも怠るなと下知をしていた。案の定、二・三日も過ぎた夜半、義重の幕下の野州芳賀郡茂木の城主茂木上総介・同山城守父子ら百五十余人が押しかけてきた。南方衆は予想通りと伏兵が現れて迎え討ったので、野州勢は不利となって引き退いた。

この茂木上総介は優れた武者で、結城晴朝と何年も戦うことがあった。あるとき、結城勢が居屋場

という所に攻めてきたが、上総介は馳せ向かいたちまち打ち散らして大勝利を得たので、晴朝はこれに懲りてその後は茂木の領内には足が向かなかったというほどの剛の者であった。今回は折が悪く、不運の至りと敵方がうわさしあった。

こうして、小田原勢はついに鬼怒川を上・下の二ヶ所で渡り、南北の二方から下妻城へ押し寄せ、まず神社・仏閣・民家にまで火をかけ、狼藉を働いた。この城の北方は地の利がよくて防戦しやすいため、寄手は十分な働きができず、南方から攻めかかって一気に勝負をつけようとした。これを見た城兵は策略を用いた。まず、小島という所に伏兵を置き、寄手が近づくと囮の兵が負けたふりをして逃げ退いた。寄手がさらにこれを追って峯町の辺に来たとき、伏兵が立ち上がって逆襲したので、彼らは前後から遮二無二突き立てられて、三千余人が討ち死にし、残った兵も散々に討たれ、走り逃げた。

翌日、氏照と結城・簗田の兵は古澤村筋に向かい、ここで敵味方入り乱れての乱戦となった。下妻勢が打ち負けて引き退いたので、寄手は城近くまで押し詰めて、さらに城を打ち破ろうと気勢をあげた。ここで城内から寄手に矢文が射られた。大宝《だいほう》八幡の神主による和議を求めるものであったので、寄手はここで戦いを止め、その日は暮れた。

この和議の申し出は、敵の攻撃を緩めるための策略であった。その夜が明ける頃、城兵は大手・搦手から同時に黒煙を蹴りあげながら押し出して、死生を知らずに戦った。この勢いに南方衆はあおりたてられ敗北した。地理を知る城兵は逃げる敵を急追したので、南方衆は一層困惑し、あるいは泥田に落ち、あるいは川に流され、討ち死にした者は数がわからないほどであった。その結果、城方が得た首の数は千三百級に及んだという。

南方勢、野州小山・多劫城攻め――北条勢、小山・多劫城の必死の反撃で退却す

元亀三年（一五七二）壬申《みずのえさる》閏三月中旬、氏政の命により、秩父新六郎氏邦・太田十郎氏房・松田右馬助らは武蔵・相模の勢を率いて野州表に出陣し、小山弾正少弼の祇園城を攻めた。村々を略奪し城を囲んだが、小山勢も討って出て戦った。

このとき、氏房の家来広澤三郎重信《しげのぶ》〔後に兵庫助と改める〕は十八歳であったが、先陣を切って進み、粉骨の活躍をした。また、春日与兵衛・小次郎兄弟もこれに続き優れた働きをみせた。南方衆は競って攻めたが、小山家の譜代重恩の面々も命を捨てて応戦したので、寄手が不利になり、揚げ法螺を吹いて人数をまとめ、ここの陣所を引き払った。

次いで、宇都宮家の支配地をうかがい見るため、多劫《たこ》石見守房興《ふさおき》〔塚田玄蕃公朝の祖父〕の居城に押し寄せた。南方衆が押しに押して攻め、宇都宮方は防ぎかねて敵を城内に入れたが、ここを破られまいと抵抗したものの、南方の先陣松田左馬助は無理やり駆け込んで、ついに外郭を乗っ取った。

太田氏房は後備にいたが、「誰でもよい、先陣の様子を見て参れ。」と下知したので、広澤三郎がすぐに馬を引き寄せ、駆け出した。本道は敵味方入り乱れての混雑で、脇道を駆け抜けて行くと、先陣

の兵が塀を乗り越えるところに着いた。折から、本丸と二の丸の間に味方の先手の大将松田左馬助が矢疵《やきず》を負い、家人に肩を抱えられて退くところであった。さらに、松田六郎左衛門定勝・岡上佐渡守以下の面々も敵に右左へと追い立てられ、城外へ逃げ去った。これを見て広澤は馬から飛び下り、槍を持って崩れかかった兵を押し留めようとしたが、我れ先と逃げ走ったため制止できず、槍を取り直して城門から十間ほど離れ、侍屋敷の角で城兵が味方を追って出てくるのを待った。ここでは御宿《みしゅく》三河守・黒田半之丞・渡辺主水佐・沼田孫九郎・向笠内蔵介などの松田配下の勇者も、広澤と一緒に踏み留まって周囲を固めていた。

しかし、城兵はどう考えたのか、逃げる敵は追わず速やかに城門を閉じ、弓・鉄砲を撃つばかりであった。広澤・御宿らは仕方なく元の陣所に戻った。

翌日は氏邦の勢が攻めることに評議で決まっていたが、宇都宮の本城から加勢として赤堀《あかほり》信濃守高経《たかつね》・戸祭《とまつり》備中守房相《ふさすけ》・野中伊予守則興《のりおき》・祖母井《そぼい》越前守・玉生《たまお》伯耆守以下千五百余騎が旗先に見える所まで近づいてきたと風聞があり、兵らも疲労して新手と戦うのは危険も大きいとみて、総軍引き上げとなった。

野州小俣の戦い――小俣渋川家の臣、石井尊空の命をかけた忠節

野州足利の西郡小俣の城主渋川相模守義勝は、昔、建武二年（一三三五）の秋、北条次郎時行が関

東に蜂起したとき、武州女影原《おなかげはら》の合戦で将軍足利尊氏方として勇猛果敢に戦って討ち死にした刑部大輔義季《よしすえ》の後胤で、代々この地を支配してきた。義勝は岩井山の長尾修理亮政長《まさなが》の妹婿となり、輝虎に一味していたが、近年、由良・長尾・桐生らと結びつき、古河公方義氏の幕下となっており、今は小田原の指揮下に入っていた。

この年（元亀三年、一五七二）壬申《みずのえさる》の夏、義勝が小田原に伺候している隙を狙って、善《ぜん》備中守宗《むね》次《つぐ》と伊勢崎の萩田備後守は人数を合わせて小俣城を乗っ取ろうと考え、四月二十日、境野の三ツ堀筋に出陣し、ここで軍勢を二隊に分け、下菱山・中島の二ヶ所から攻め寄せた。

このとき、小俣の重臣籾山《もみやま》出羽守は、

主だった者共はことごとく殿に供奉して小田原に行っている。留守のわずかな兵で防戦しても、華々しいことができるとは思えない。今は城を渡しても、後日殿が旗を挙げる折に、奮戦して会《かい》稽《けい》の恥辱を雪《そそ》ぐのがよい。

と言ったので、大部分はこの意見に同意したが、城代石井《いしい》入道尊空《そんくう》は顔色を変え目を苛立たせて、

たとえ殿が留守であっても、御先祖足利式部大輔義国《よしくに》以来数百年の間、維持してきた城地をおめおめと一戦にも及ばず敵の手に渡すことは決してあってはならない。その上、日本無双の武将である輝虎の手の者に囲まれて討ち死にするのは弓矢を取る者の名誉である。死出の旅、三途《さんず》の川の思い出に、これ以上のことがあろうか。他人はともかく、尊空の一家は城を枕とすること以外

は考えてもいない。

と言ったので、皆は「もっともだ。」と同意し、居合わせた百五・六十人の侍で防備を分担した。笛吹坂の前後には籾山出羽守・窪澤《くぼさわ》豊前守・桑子《くわこ》内匠助・泉《いずみ》備前守・別府・阿戸らが固め、石井尊空・嫡子安芸守・次男丹波守・大川土佐守・山本雅楽助・加藤隼人正・石渡弥五郎・松本小太郎・片岡金五郎・窪田《くぼた》金八郎・神内平六郎らは鶏足寺《けいそくじ》の嶺に登って石弓や落とし穴を作り、攻め登る寄手を防ぐこととした。ここで尊空は諸卒に下知した。

大将が留守の上に、少ない兵で多数を迎え討つので、とても勝つことはできない。各々はこの死を汚すことなく、誉れを万代に残してくれ。ただし、仏神の加護を頼むので、その助けはあるだろう。

それから尊空は、鶏足寺の住持法印俊国《しゅんこく》を呼んで、
当山の五大尊は平親王将門《まさかど》を調伏《ちょうぶく》して以来、天下に知られた霊験あらたかな明王である。また、貴僧の修法は近国でも評判は高い。どうか、吾らのため加持によって仏の加護を祈ってほしい。

と求めたので、俊国はうなずいて本坊に帰り、急いで護摩壇《ごまだん》を飾り、独鈷《どっこ》を握って金鐸《きんたく》を揮《ふる》い、魔軍降伏・怨敵退散の秘法を珠《たま》の汗を流しながら、一心不乱に行った。

寄手の兵は中島に攻め入り、左右の在家《ざいけ》を焼き払った。これを見て、籾山出羽守は麾を振り、山上より矢玉を飛ばし、岩石を投げかけて防戦した。善備中守は攻めあぐんでここから引き、萩田備後守

と合体して黒暗澤を攻め登った。ここは石井一党七十余人が固めていたが、大石・巨木を落とし、火・水になって懸かれと戦った。寄手も剛の者が多く、錣《しころ》を傾けて必死になって踏みとどまり、声をあげて前進した。

未の刻（午後一時頃）を過ぎ、城兵も疲れ果て、あわやこの口が破られるかと見えたとき、にわかに激しい風雨が起こり、寄手の正面から吹きかかった。半時ばかり間、あたりは暗夜のようになり、草木の色も見分けられないほどであった。善備中守をはじめ、その手の者五・六十人が山上より落ち、岩に当たってたちまち命を失った。不思議なできごとであるが、これはひとえに五大明王の威力によるものと、後で思い及んだ。萩田も二百余人が討たれて、ようやく攻め口を引き、米澤山の中腹で兵をまとめ伊勢崎に戻った。

このとき、石井尊空は三浦久助という騎馬武者を早打ちとして急いで金山城に送り、援軍を頼んでいた。由良刑部入道宗得《そうとく》は重病で、荻野養意《ようい》という医師を招き療養の最中であったが、舘林の長尾顕長のもとにも知らせて人数を集めようと、兼ねて決めておいた合図の早鐘をついた。しかし、激しい風雨によって音が聞こえなかったので、加勢の人数は集まらなかった。そうはいってもためらってはいられず、矢島弥五郎・小林虎之助に居あわせた士卒二百人を差し添えて向かわせた。

二人は馬に乗って渡良瀬川まで来たが、折しも川は水かさが増しており、淵瀬が定かではなかったので、人々は躊躇した。弥五郎が川端に乗り寄せて「方々、それ乗り越せ。」と自ら先頭に立って川に馬を入れようとしたところに、小俣からの早打ちが対岸に着いて、「味方は勝利。善備中守以下何人かを討ち取り、戦は落着した。城は堅固に固めて維持している。」と高らかに告げた。「それではこれで引き返そう。」と両人は諸卒を引き連れて、金山に戻った。刑部入道は虎之助を再び小俣に遣り、ことの次第を逐一聞き、石井父子・大川土佐守以下の手柄に褒美を与えた。石井尊空も謝礼に金山を訪れた。

刑部入道は病床で会見し、引出物を与えて、

今度の一戦をみると、善備中守は壮年で、持ち前の血気におばれ、戦術というものをわきまえていなかった。その結果、吾が方の勝利となった。これに限らず、大体将たる者が兵より強すぎると必ず兵を無用に失い、失策の原因ともなる。むしろ劣っているほうがよい結果が出るものだ。

と笑って言った。

このことが小田原に聞こえたので、渋川相模守も早速小俣に帰った。留守の者を全員集めてそれぞれに賞を与え、三日間の祝宴を張った。また、この遺恨を晴らさずにはおかないと、金山・館林に応援の兵を頼み、同年六月二十八日に善城を攻めた。

小俣勢は石井安芸守を先陣として百七十五騎、金山からは藤生紀伊守・金谷因幡守・今井大蔵少輔・鳥山伯耆守・増田伊賀守・木戸伊豆入道以下二百余騎、館林からは白石豊前守・久米伊賀守・大沼田淡路守・宮崎五太夫・小菅縫殿助・矢野九郎兵衛・江川海老助・窪田金十郎・小花弥五郎・市川主馬

助・杉本半七郎ら百五十騎で攻め寄せた。

城方は前の戦いで主だった者共が討ち死にし、生き残った輩は老人・若輩ばかりで、敵が攻め寄せるや否や、戦意を失って戦う状態ではなかったので、斎藤右近尉・鶴生田《つるうだ》玄蕃允・野村弾正左衛門・長島甚兵衛などの譜代の家臣が話し合い、備中守の家督でわずか四歳の春松丸を連れて、厩橋へ立ち退いたので、城はそのまま落城した。

寄手は苦もなく城を奪い、小俣衆に金山の兵を加えて番手として置いた。三家の軍勢は鹿田山まで戻り、もし厩橋から兵が出てくれば一戦しようとここに陣を張ってその夜を過ごしたが、何の動きもなかったので、それぞれへ兵を収めた。

このとき、善の一族善又四郎・斎藤友之助とその他十数名が城を出て、近くの龍玄寺《りゅうげんじ》の林に入って落城の様子を見ていた。これを金山の今井大蔵少輔の手の者が発見し、「落人を逃がすな。」と取り囲んで攻めかかった。善・斎藤も、「もう逃れられない。こんなことなら城中にて潔く討ち死にすればよかった。無念の至りだ。」と切っ先を揃えて立ち向かい、三・四人を切り、残りを追い散らした。両人は手傷も負わず、そこからいずこともなく逃げ出したという。

太田三楽斎、小田城を乗っ取る――連歌の夜会を狙った三楽斎の小田攻めの顛末

常陸の小田家はその家の吉例として、毎年十二月晦日の夜に家臣らが集まって連歌の会を催し、

小田城跡　茨城県つくば市

百韻《ひゃくいん》を興行してこれを年忘れと号し、酒宴は夜中まで行うのを定番としていた。また、小田讃岐入道天庵はその頃藤沢城におり、小田の本城には嫡男彦太郎守治《もりはる》が在城していた。太田三楽斎はこの頃片野の砦にいて、このことを聞き及び、策をめぐらせて小田城を奪い取ろうと考えた。

この年（元亀三年、一五七二）壬申《みずのえさる》の冬、三楽斎は真壁氏幹と密談し、佐竹・多賀谷の武将たちにも相談して、

小田の城内でそれなりの人物が内応し、大晦日の夜に夜襲をかければその手引によって勝利できるとの旨を伝えてきた。

と密書を二・三通見せたので、皆同心した。

その日になり、三楽斎父子・同新六郎康資《やすすけ》・真壁掃部助（氏幹の甥）・坂本信濃守、佐竹衆の岡谷縫殿助・根本太郎、多賀谷家人では白井全洞らが小田城近くに集まり、人馬を休め兵根などの確認をしたが、小田方の手引の者は一人も見えなかったので、皆が不審に思って尋ねると、三楽は、

前に各々方に見せた密書は、某《それがし》が作ったにせ物だ。本当は内応の者はいない。今夜は年忘れの連歌の宴会で、上下うちとけて酔いつぶれる。ここを攻めるので、必ず勝てる。各々一命を三楽

に任せ、存分の働きをしてくれ。

と頼みこんだ。皆、

ここまで来たのだから、今さら帰ることはできない。日頃の付き合いに免じて、粉骨の働きをお見せしよう。

と互いにうなずいて、城下に進み、法螺を吹き、楯の板をたたいて鬨を作り、一斉に攻めかかった。三楽斎の所従益戸勘解由・高橋上野介・石井・峯岸《みねぎし》などの勇者が真っ先に進み、遮二無二大手門を押し破り、城中になだれ込んだ。

城方はこのようなことが起こるとは予想もしないで、夜も更けて酔いつぶれ、寝耳に水のようで動転するばかりで、「太刀は、物具《もののぐ》は。」と言うものの、多くが堀や塀を乗り越えて落ちて行き、防ぐ者はいなかった。小田彦太郎も仕方なく脇虎口から逃れ出て、菅谷入道全久《ぜんきゅう》の木田余《きだまり》の城（茨城県土浦市）へ退いた。三楽斎は安々と小田城を奪い取り、しばらくは番兵を置いて守らせていた。

二月初旬、異常な大雪が降った。このとき、彦太郎は天の助けと菅谷・大藤・月岡《つきおか》らを引率して、不意に小田城に押しかけ、番兵を追い払って城を奪い返した。これで、元のように彦太郎が城主に返り咲いたのである。

桐生重綱、桐生城を失う――家中の結束を失う桐生城を狙う由良家の策謀

由良刑部入道宗得の嫡子信濃守国繁《くにしげ》〔初めは横瀬六郎と称す〕は金山城へ実弟長尾但馬守顕長及び新田一族の重臣らを招き、内談をした。

今や、桐生家は武道がすたれ、古参・新参が権力を争っており、内輪もめで物の役に立ちそうな武士は次々に立ち去り、農民・町人までも寺院に逃げたり、牢舎につながれて困惑している者が多いそうだ。これはすべて山越出羽守と津布久刑部少輔のわるさが原因で、譜代の家臣は皆、鬱憤を抱いている。上下の分を乱したことで、桐生家の滅亡は近い。このことは世間に明らかなので、いずれ他家から攻められることは間違いあるまい。桐生家の家来で不満を持つ者共を内通させ、当家の味方に加えたい。今がその時節であろうと思うが、各々の考えを聞こう。

これを聞いて藤生《ふじう》紀伊守が、

誠に近隣でも殿の仰せのように取り沙汰しているようです。この折に出馬すれば、すぐに落城するのは疑いありません。早々に御決断なされるのがよろしかろう。

と申した。これに対して、顕長は、

桐生家を討つことはこれで決まりだ。ただし、佐野小太郎宗綱が後詰めをしたら由々しきことになり、手間がかかる。味方の兵を損ねることなく切り従える策も必要ではないか。

と言ったので、藤生は「一手立てしてみましょう。」と答えた。彦部加賀守・津久井和泉守・斎藤丹

後守・関口尾張守らは藤生の旧縁の輩であったので、密かに書状を送り、金山に内応するように伝えると、四人とも同意し、さらに新井主税助・茂木右馬允・谷右京進・大谷勘解由左衛門にも話をつけ、すぐに連判による返答を送ってきた。また、荒巻《あらまき》式部大夫・佐下橋《さげはし》治部少輔・風間将監・伊藤帯刀らは藤生からも話をしたが、彦部・関口に誘われてこれもまた一味の起請文を寄越した。

この期を延ばすのはまずいと、天正元年（一五七三）癸酉《みずのととり》二月十二日、矢場内匠助・藤生紀伊守・小金井《こがねい》四郎左衛門を部将として三隊に分けて出発した。従う輩は横瀬勘九郎・金谷因幡守・向井出雲守・木戸伊豆入道元斎《げんさい》・簗井修理亮・小保方隼人正・林伊賀次郎・沼尻平左衛門・小林虎之助・増田伊賀守・南土佐守・国定《くにさだ》玄蕃允・岡田石見守・谷島淡路守・浜田内蔵允・唐澤出羽守・真下土佐守・高木内蔵允・斎藤磯之助・田部井《たべい》伊右衛門・金井田伝蔵・畑六之助・園田彦七郎・広瀬長蔵・岸根《きしね》彦五郎・松本十蔵ら都合三百五十騎が境野原に陣をとり、三方から桐生城に向かった。

桐生では思いがけないできごとで、大いに驚き上へ下への大騒ぎとなった。

山越出羽守は広瀬一不斎を伴って、配下の侍五十騎ばかりで出発し、正蓮寺《しょうれんじ》の辺に馬を止めて敵陣を見渡した。敵は三隊に分かれて家々の旗や纏《まとい》を押し立て、雲霞のように見えたので、山越は今はこれまでと思い切った。観音山の麓の川側に前後に百騎ばかりでいた兵を相手に選び、ここで討ち死にしようと面も振らずにまっしぐらに打ちかかった。この隊は藤生紀伊守の兵であったが、山越は弓を並べた歩兵の真ん中に割って入り、火の出るような勢いで戦った。金山勢も秘術を尽くして応戦したが、散々にまくし立てられ、藤生も手傷を負って討たれそうにみえたところに、小金井四郎右衛門が入れ替わって、新手で攻め立てた。

山越も戦いに疲れ、行人坂《ぎょうにんざか》の前まで引き退き、味方の兵を数えると、三十騎が討たれ二十騎ばかりになっていた。いずれも五ヶ所・三ヶ所の疵を負っていないものはなかった。山越が頼りにしていた木村・岩下などはまだ生き残っていた。

各々の今日の働きに感動した。吾は八ヶ所に手傷を負ったので、ここで腹を切る。お前らは一方を打ち破って、どこへでも逃げよ。

と山越が言うと、山越新助がすぐに、「冥途《めいど》でまた一緒になりましょう。心静かに切腹あれ。某《それがし》が防ぎ矢を仕る。」と、また敵の中に駆け行った。これを見て、山越出羽守・広瀬一不斎をはじめとして、二十数人が次々に駆け入り、一人も残らず枕を並べて討ち死にした。

城中には二心《ふたごころ》を持つ人々が過半で、誰が敵かと疑心暗鬼で、出て戦おうとする者はなく皆黙っている有り様であった。又次郎重綱は先祖伝来の所領を捨て、津布久刑部少輔を召し連れて、山伝いに佐野へ落ちた。

寄手は勝鬨をあげた。城代に横瀬勘九郎、介添えに藤生紀伊守が残って、総勢は金山へ引き上げた。翌年（一五七四）甲戌《きのえいぬ》三月九日、由良国繁が桐生に入り、領内を検分した。山越・津布久に関係する者は足軽に至るまですべて追放し、今後、佐野から策謀が入ることのないように手当てして、金山に戻った。

常州乙幡合戦──小田天庵、遺恨を晴らすため真壁家を攻める

小田氏治入道天庵とその子彦太郎守治は、前年十二月の恨みを晴らすため、真壁暗夜軒道無《あんやけんどうむ》を討ち果たそうと決意した。

この年〔天正元年、一五七三〕癸酉《みずのととり》四月下旬、四千余の兵を催して筑波根の尾根続きの青柳山を越え、新治郡乙幡村へ着陣した。ここは道無の領分だったので、民屋に放火し略奪を行った。梯岡へは一里ばかりの間で、梶原源太左衛門資晴がこれを最初に知り、片野に報じたので、三楽斎は早々と太田新六郎康資を伴って出陣した。

味方はもともと少なく、敵は比べることができないほどの多勢であったので、一戦するや否や引き揚げ、近くに手頃な古屋敷という古城があったので、父子はここに楯籠もった。敵が引けば突いて出て、敵が迫れば引き上げて籠もるということが、四・五度に及んだ。

暗夜軒は嫡子右衛門太郎広幹《ひろもと》〔後に安芸守と称す〕次男右衛門次郎久幹〔後に式部少輔と称す〕・甥の掃部助らを引率し、小田勢が西のほうから迫っていると聞いて、そのほうへと馬を急がせたが、事実はそうではなく乙幡にいるというので、弓袋の山手に出て近道をして駆けつけた。

天庵父子は真壁の旗を見つけて「吾が敵が来たか。」と太田勢を打ち捨てて、備えを真壁勢に向けた。

ここは三方を山に囲まれ、中の平場は十町にも満たない狭い地であったが、小田勢は蜘蛛の子を打ったように広がり、錐《きり》を立てる場所もないほどであった。暗夜軒はこれをよく見て、先陣の矢を外させてしばらく切り合いをした後、弓・鉄砲の者に敵の先鋒ではなくそれに続く中心に激しく撃つように命じた。これで小田勢は崩れ始め、右往左往と混乱して敗れ去った。

暗夜軒は居城から出馬するとき、家老の坂本信濃守を呼び、右衛門太郎は十六歳、弟次郎は十五歳、両人とも初陣なのでよきように取り計らえと言い含めてあった。右衛門太郎は敵の矢玉を厭わず山上へ攻め上ってきた屈強な武者に駆け寄って組み合いとなった。上になり下になり、山から下へ飛び落ちたのを郎等が助けようとしたのを、坂本信濃守は制止した。平場に移って敵が上になり、首を掻こうとしているところに、右衛門太郎の馬の口取りの男が飛び掛かって敵の右腕をねじり、さらに吉田隼人正が駆けつけて敵を引き倒して右衛門太郎についに首を取らせた。戦いの後、彼の口取りを柴内膳正と名乗らせて、侍の身分に取り立てた。また、右衛門次郎も同じく組み討ちの高名をあげ、兄弟は初陣の面目を施し、敵・味方から称賛をうけた。

小田方は敗北して、来た道を乱れて戻ったが、真壁勢はこれを逃さじと山を登って追撃した。敵は上道四里の間を、一度も反撃することなく小田を指して逃げた。このとき、梶原源太左衛門は古屋敷より兵を出して、戦いの途中で横から突きかかって敵を追い崩そうと備えを敷いて控えていた。小田方が早く敗れ退散するのを見て、逃げる敵には手を出さず、逃げる敵の傍らを筋違いに並んで駆けた。

小田城に近くなると固まって同じように叫び声をあげ、無二無三に城内に乗り込もうとした。番兵は逃がれてきた味方と勘違いして、城門を開いて中に入れた。

太田父子はうまくいったとばかり手勢を残らず城内に入れ、城門をかたく閉じて番卒を撫で切りにし、旗を押し立てて楯籠もった。天庵父子は歯噛みして悔しがり、散兵を集めてすぐに城を奪い返そうとしたが、後から真壁勢が迫ってくるので、手の施しようがなかった。そればかりか、大曽根の白井金洞らが太田を助けるため兵を引き連れて来たので、前後の敵に囲まれてはかなわないと、天庵は藤澤の城、彦太郎は木田余の城へ入り、後日に運を期したのである。

三楽斎親子、再び小田城に入る――小田城の争奪、太田三楽斎、執念で死守する

三楽斎父子は前に小田城を乗っ取ったが、すぐに奪い返され、無駄骨を折り面目も失って無念至極であったが、今度また手のうちに入れ、大いに喜んだ。城には源太左衛門資晴を残して、各郭の手配を完全にし、以後、天庵方の働きかけがあったときは、真壁・大曽根に報じて助けを受けるための合図を決めた。つまり、井楼《せいろう》を作って物見を置き、敵が間近に来たときは早鐘、遠くにいるときは狼煙《のろし》をあげることとして、三楽斎は片野に帰陣した。

その後、四・五度、三楽斎と天庵は兵を出して、白子谷・手配山・小張・樋口などで相まみえた。三楽斎父子は毎度粉骨の働きをしたので、ついに小田城を敵に渡すことはなく、天正十八年（一五九〇）

の小田原落城の頃も源太左衛門がここを保持していたのである。

小張表での戦いでは、資晴と高橋・峯岸・高谷・原島などの家臣が戦って勝った。このとき、資晴の弟安房守資武《すけたけ》はまだ源三郎と称して十五歳であったが、群がる敵の中に三度馬を乗り入れ、敵の勇者に槍を付け首を取った。また、白子谷の一戦のときも、小田方の硬骨の士である月岡大隅守・小幡和泉守・吉田治部少輔・幸丸大炊助・同大学助などに対し、源三郎は槍を付けたが、敵は多勢で取り囲まれて負けると見えたところに、家人の田村源十郎が走り寄って敵の突く槍を止め、源三郎にこれを突き伏せさせて命を助けた。また、資晴の手の者で益戸勘解由・池田若狭守・高橋上野介・同豊後守・石井某などの勇士も高名をあげた。杉本五郎は源三郎の供をして十五歳で初陣して、比類ない手柄をあげたという。

武田信玄、逝去する――武田信玄、信州阿智村駒場で没し、謙信悼む

甲斐の武田法性院信玄は近年勢力を強め、織田信長を倒して京に旗を立てようという志を立てた。秋山《あきやま》伯耆守晴近《はるちか》を先陣の大将として、信濃から東美濃の端の恵那《えな》郡の所々を味方につけ、さらに上郡を切り取ろうとして、この年（天正元年、一五七三）三月十五日、東美濃に軍勢を出した。ところで、信玄はこの二月に三河野田《のだ》城攻めで、搦手の照山という所に夜中の大物見に出て、城主菅沼《すがぬま》新八郎定《さだ》盈《みつ》の家来芳久という鉄砲撃ちに狙い撃たれていた。その疵が痛みだしたため、急遽本国に引き返すこ

とになったが、四月十二日、その途中、信州駒場《こまば》で逝去した。年齢は五十三歳であった。
子息四郎勝頼が家督を継ぎ、領国は何も変化はなかった。信玄が逝去するとき、遺言によって落命のことは堅く隠し、葬儀も追善の式も行わなかった。武田家の領国でも他国でも何の催しもなかったが、悪事千里を走るのたとえのように、誰が言うこともなく信玄他界のことは巷説となって流れた。
北条氏政から越後に山中兵部少輔を使者として遣わし、上杉輝虎に報じたとき、輝虎は春日山城の水の間で、湯漬の飯を食していた。これを聞くと、箸を捨て横手を打ち、
信玄の病死は真実で、うそではあるまい。予の年来の敵であるが、坂東で弓矢をとる者の柱石で、良き英雄ともいえる武将を失ったのは残念なことだ。

武田信玄供養塔　甲府市

と涙をはらはらとこぼした。近臣らはこの光景を老いの後までの語り草としたという。
北条家はその真偽を確かめるため、板部岡江雪斎を甲府に遣わした。江雪斎が知らぬふりをして病状をうかがったのを、信玄の弟刑部少輔入道逍遙軒が亡兄に似ているというので、これを病床に入れ、屛風や障子を引いて夜陰に及んでから江雪斎を招き入れ、対面させた。返答も言い含められた通りで、さすがに目が肥えた江雪斎

も贋物とは思いもよらず、急いで小田原に帰って、その旨を披露したという。それで、信玄の死は他人をあざむくもので、生きているのは間違いないと思わない者はいなかった。

板部岡は伊豆国下田《しもだ》の郷士田中備中守の子で、初めは密教の僧であった。氏康が召し出して右筆《ゆうひつ》としていたが、文筆だけではなく思慮深く廉潔《れんけつ》の者であったので、重用されて評定頭人の列に加わった。また、伊豆七島の代官職も兼任した。

もとより弁舌爽やかで、胆力《たんりょく》もある。先年、氏康と輝虎が和睦をしたときも、遠山左衛門佐に差し添えられ、越後にも赴いた。今回は甲府への使者にも用いられ、北条家の中でもかなりの切れ者であった。

天正十八年の小田原落城のときは本丸に楯籠もり、捕らえられて誅せられるところであったが、武勇・忠節にも優れた者ということで秀吉はこれを許し、姓を岡野と改めさせ、家臣に取り立てた。その後は家康公の御家人となり、子孫は岡野・田中の二家となり、今も旗本として仕えているという。

巻十

総州関宿の陣――兵糧米尽きて北条と和睦にこぎつけた関宿城

下総国猿島郡関宿の城主簗田中務大輔政信・出羽守綱政父子は古河公方足利義氏の腹心として多年忠勤を励んできた。

去年の夏、北条氏政が下妻城を攻めたとき、後れをとって退散したのを簗田は不甲斐なく思い、それ以来、北条家との関係は疎遠となり、佐竹義重の幕下に入り、小田原に楯つくようになった。義氏はこれを怒り、この年（天正元年、一五七三）癸酉《みずのととり》十月、氏政と結城晴朝に使者を遣わし、簗田父子を討つように促した。

十一月初旬、氏政は一万六千余騎を率いて小田原を出立した。結城晴朝・千葉新介胤富《たねとみ》の陣代原式部少輔胤成も兵を出し、寄手は三万余騎となって関宿城をとり囲んだ。城の三方は大河に守られた堅固な要害であった。大手の先陣は北条陸奥守氏照、二陣は松田左馬介、搦手は結城・千葉が分担し、雲霞のように並んで鬨の声をあげ、弓・鉄砲を撃ち放しながら駆け寄って戦いを始めた。

城内ではかねてわかっていたことなので、目に余る軍勢ではあるが気にせず、城門を開いて突き出て戦った。中でも、佐竹からの加勢の根本《ねもと》太郎忠治《ただはる》・木造清左衛門・同伝吉・近見《ちかみ》新太郎などの一騎当千の兵二百余人が切り込んだので、大手の寄手は追い立てられて危なげにみえたが、大石越後守・師岡山城守・御宿越前守・松田六郎左衛門がよく指揮して踏みこたえ、城兵も疲れて引き退いた。

このとき、氏照の被官津野戸半右衛門と清水藤五郎は引き上げる敵に続けて駆け入ろうとした。門番も心得て、門を素早く閉めたが、二人はすかさず塀をよじ登り、大声で「一番乗りなり。」と声をあげたので、氏照も「津野戸を討たすな。者共駆けよ。」と下知すると、四・五百騎が吾れ先にと馬を捨てて門・塀にとり付いて押し破ろうとひしめいた。城中からは矢玉を飛ばし、これで命を落とす寄手もいたが、ここで日が暮れて夕陽となり、後陣から揚法螺が鳴ったので、寄手は皆引き上げた。一方、搦手では結城晴朝の家臣簗田民部少輔・羽黒内蔵人・押戸右京亮・槇島主水佐らが大いに活躍した。

関宿城跡本丸　千葉県野田市

遠山左兵衛佐の甥の遠山丹後守と外甥の河村《かわむら》兵部少輔及び千葉次郎は川手から大手へ攻め込もうと、船を塀下に漕ぎつけた。ここで鬨の声をあげ、最初に千葉が乗り込もうとしたが、すでに大手・搦手とも戦いは終わり、寄手は引き上げていたので、城兵は防ぐに易しと弓矢を雨のように放った。千葉は手の者とともになおも攻め破ろうと歯をくいしばって進んだが、残念なことに鉄砲に当たって塀の中に真っ逆様に落ち、城兵菊間《きくま》図書助に討ち取られた。

城はなかなかの要害で、一時で落ちるようにはみえなかった。長陣をして城内の兵糧が尽きるのを待つ以外なしと、それよりは取り巻くだけで、戦うことはなくにらみあったままで虚しく日が過ぎた。

佐竹家は簗田に援助を約束していたので、加勢の人数を関宿に入れていたが、義重は宇都宮広綱が婿であったので、使いを送ってこれと示し合わせ、関宿の後詰めに常陸から出陣した。さらに、義重は武蔵・下総へも手を伸ばそうと考えていたので、時節は吉だと思い、成田・佐野・皆川へも檄を飛ばし、このついでに古河・館林・金山をも服属させようと策をめぐらし、自身は武州羽生城へ兵を進めた。

氏政はこの知らせを聞いて、舎弟氏邦・氏規に大藤長門守・若林和泉守・片山大膳ら三千余騎を添えて、馳せ向かって押さえよと命じて羽生表へ差し向けた。両勢は羽生で対陣したが、氏規は陣の配置を見て、手勢四百余騎を間道《かんどう》から佐竹の後陣へ廻し、自身は七百余人を率いて同時に攻めるため合図を決め、子《ね》の刻（午後十一時頃）に夜討ちをかけ、外張に放火して一気に攻めたてた。

佐竹も心得ており、夜警の備えもあったので少しも騒がず防いだが、後ろに廻った小田原勢が突然鬨をあげ攻めて来たので、佐竹勢は前後の敵にもまれて敗れた。義重は心は猛っていたが、国元から出て長陣となり、兵糧が乏しくなったので、陣払いをして本国に帰った。氏照・氏規らも引いて関宿城攻めに加わった。

日が経つうち、後詰めの可能性もなく、関宿城内の兵糧も不足してきたことから、宇都宮広綱から義重に相談し、芳賀伊賀守高綱・壬生上総介義雄を北条家に遣わし、和議を申し入れた。氏政も承諾したので、閏十一月十七日、簗田父子は城を明け渡し、佐竹家に立ち退き、寄手は小田原に凱旋した。

千葉胤宗の一件──関宿の戦いで戦死した名門、千葉胤宗の断絶

今度の関宿陣で討ち死にした千葉次郎胤宗《たねむね》は、武蔵国豊島郡石浜《いしはま》の城主次郎胤利《たねとし》の子である。先祖は千葉介常胤《つねたね》である。その十四世五郎宣胤《のぶたね》は享徳四年（一四五五）八月十二日に十二歳で早死にし、千葉家の人々は拠り所を失ってしまった。このとき、千葉大炊介の庶長子陸奥守康胤《やすたね》は総州馬《ま》加《くわ》城《り》（千葉市花見川区）にいたが、異母弟次郎惟胤《これたね》と家督を争い、千葉家の家臣まで二分して一戦に及んだ。そして康胤が勝利して家督を継いだ。

敗れた惟胤は、宿老山城守・左馬介らを伴って武州江戸城に赴き、太田道灌に事の次第を告げて援助を頼んだ。道灌も名家でありながら零落した惟胤を憐れんで、石浜の砦を与えた。惟胤は総州の地を取り戻し、そこに戻ろうという気持ちがあり、道灌の援助を受けておりおり印旛《いんば》・匝瑳《そうさ》両郡に兵を出し、功を顕わすこともあった。

あるとき、道灌はその功を褒め、軍扇を与えた。そのとき、京の万里《ばんり》集九《しゅうく》翁が関東を訪れており、その席にいた。道灌の所望に万里は次の詩を詠んだ。

雪月碧湖烟雨後　浄歌鐘声送飛鴻
片帆千里売花市　上下総帰君幄中

後年、道灌は相州粕谷の館で誅せられ、子息の源五資康は上州平井に逃げ、山内上杉顕定に属した。惟胤も総州に帰る望みを遂げることなく死んで、石浜の禅宗寺院総泉寺《そうせんじ》（東京都板橋区）に葬られた。今もその墓はあり、千葉塚と呼ばれている。

その子次郎胤利はしばらく上杉朝興に仕えていた。朝興が北条氏によって江戸城を追われた後、氏康に従って石浜の近辺を所領として与えられた。今回胤宗が討ち死にしたが、跡継ぎがなかったので、氏政は同情して北条常陸介氏繁の三男を胤宗の女子とめあわせ、千葉次郎胤村《たねむら》と名乗らせて所領を相続させたが、程なく夫婦ともに死んで家は断絶したという。

多賀谷政経猿島を奪う――猿島郡を北条から奪還した多賀谷父子の戦略

関宿落城後、猿島郡は小田原領となった。翌年（一五七四）甲戌《きのえいぬ》の秋、氏政は伊勢備中守に命じて湯田村に縄張りして砦を構え、年貢の米穀をすべてここに取り入れた。また、飯沼の先にある天満天神の社を焼き払って城を築き、その米穀を兵粮として船で城内に運ばせ、風間孫兵衛・石塚藤兵衛に兵三百人を添えて守らせた。ここは多賀谷政経の領分に接しており、その押さえであり、敵の隙があれば不意を襲うためでもあった。多賀谷もその意図を見抜いて不安に思い、逆に吾が方から逆寄せして城を乗っ取ろうと考え、飯沼の村人に銭を与えて帰服させ、飯沼城・湯田砦の様子をよく聞き廻った。

その後、政経は三百余騎を率いて岡田原へ出て、砦を攻める素振りを見せた。この間に政経は天満宮を遠くから拝み、敵を撃退し味方が勝利すれば、元のように社を造営する旨を心の中で祈念したという。飯沼城からはとりあえず二百人ばかりを花島村に出し、ここに防備の陣を置いた。そのとき、政経はその子甚太郎重経《しげつね》を鬼怒川の下流から廻して、乾《いぬい》（西北）の方向に出陣させ、敵の中間に進めさせた。さらに、古間木《こまき》の領主渡辺周防守に飯沼の村人を付けて仁連村を通って湯田の砦へ向かわせ、砦を焼き討ちにした。番兵は渋谷喜藤次をはじめ、防戦する間もなくことごとく討ち取られた。

花島へ出た兵らは前後の敵に挟まれ、混乱して飯沼城へ引き返そうとした。多賀谷父子はすかさずこれを追いかけて、深田や池沼に追い込んだ。倒れたところを討たれる者、踏み留まって切り死にする者もおり、付近は屠所《としょ》のように死骸が連なった。

下妻勢は勝ちに乗って城を取り詰め、城戸を破って進入した。城兵はわずか二百人ばかりでとても支えきれず、吾も吾もと船に乗って関宿に退散した。多賀谷父子はこれによって猿島を切り従え、先陣の城の護りとして天満宮を再建し、天神の神影を納め、いよいよ武運長久を祈らせたという。

宇都宮広綱は多年、那須家と対立して、争いは止むときがなかった。天正三年（一五七五）乙亥《きのとい》三月二十五日、広綱は壬生上総介・塩原《しおばら》宮内少輔・籠谷《こめや》伊勢守・豊田若狭守・神山《かみやま》隼人正・鹿沼右衛門尉以下千五百余を引率し、薄葉原《うすばがはら》（栃木県矢板市）へ出陣した。那須修理大夫も旗下の武将を促してそこに向かった。

両軍は川を挟んで陣を敷いて対峙した。まだ戦いが始まらないうちに那須方の若者らが吾先にと駆けだしたのを見て、大関高増入道味庵はその前に出て、大いに怒った。

戦場において軍法《ぐんぽう》が重大であることは常識で、皆知っているはずだ。抜け駆けの高名は無駄なことだ。そんなことをしては戦に負ける。不忠なことなのに何を考えているのか。

と堅く制止したので、那須勢は抑えていたが、宇都宮方の先手はがまんできず、ついに川へ入って渡ろうとした。これを見て、那須方の野伏ら百余人が川端に立ち、矢衾《やぶすま》を作って矢を散々に射かけた。手塚十郎はたちまち射落とされ、川の中に沈んだ。

宇都宮陣は慌ててためらうところに、那須方の先陣塩谷安房守が五・六十騎で川へ入り、叫びながらかかって行った。これを見て、薦野意教斎・同日向守盛泰《もりやす》らが「先手を討たすな。」と続いて川に入ると、宇都宮方はかなわないとみて途中で取って返した。那須勢は「きたなし、引くな。」と言いながら、射手を進め「えいえい。」と声を出して一同に川を渡って魚鱗《ぎょりん》に並んで切りかかった。大勢が引き始めると、宇都宮方は強い者も臆病な者もことごとく逃げ走った。

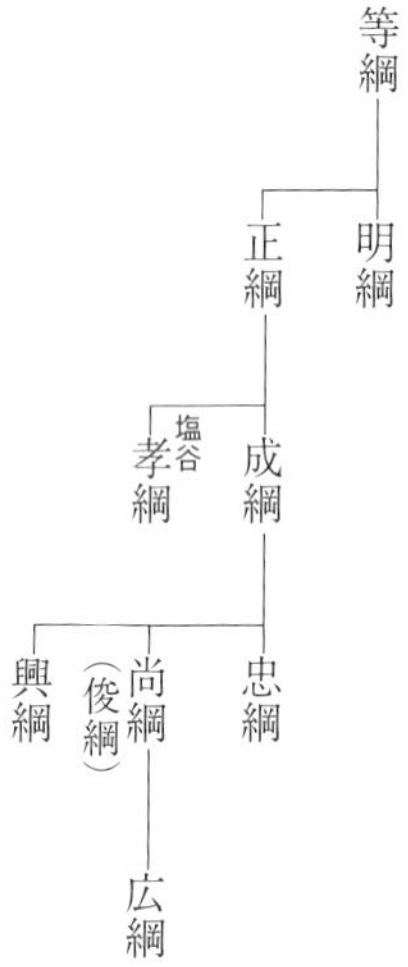

宇都宮氏略系図

広綱はこれが最期かと覚悟を決めた。そのとき、壬生上総介義雄が手勢三百騎余馬で一町余り東へ退いて真ん丸に集まって備えを作り、静まり返って控えていた。大関入道は壬生勢を見つけ、「壬生勢の逃げ道がわからない。油断するな、方々。」と、麾を振って留まるように下知をした。壬生勢は案の定逃げずに、関の声をあげて戦いを挑み、火が出るように戦った。この隙に広綱は熊毛山を越えて退散した。

宇都宮勢の中には壬生勢の奮戦の姿を見て、引き返して那須勢に打ちかかるものもいた。岡本右京亮は一足も退かず、ここを最期と戦った。福原安芸守も岡本の思い切った風情をみて、それに負けまいと前進して戦った。福原の太刀の前に出た敵こそ不運というべきで、福原によって次々に切られ、生きて帰るものはなかった。

牧野《まきの》顕高《あきたか》の嫡子八郎十八歳は、熊毛山の麓を逃げ行く敵を討とうと、ある武者を追いかけて馬上で組んで落ち、ついに首を取った。父顕高も松野に控えた敵にかかっていった。続いて来る味方はなくただ一騎となって駆け入り、一人切ったが、八本の槍に掛けられた。剣術の達者であり、三本は切り落としたが、五ヶ所突かれ、もうこれまでと観念したところ、味方が迫って来るのを見て力を得て、敵を追い立てることができた。太刀も折れ、手傷も負ったが、一命は無事に引き返すことができたのは不思議なことであった。今日の戦いで、那須方の兵は首の一つ二つも取らないものはなかった。その翌日、資晴は兵を集めて、勲功行賞を行った。このとき、薦野意教斎は、日頃は後生のためと心掛けている阿弥陀仏の宝号を昨日はとんと忘れてしまい、六人まで手にかけてしまった。仕方ないこととは言っても、来世はきっと牛頭《ごず》・馬頭《めず》の鬼共に責められるだろう。と言った。この合戦の勝利によって、今まで宇都宮の領分であった喜連川より西のほう、塩谷郡の泉村・山田村の辺まで資晴の持ち分となった。

その後、資晴は高増入道味庵・大田原山城守・福原安芸守兄弟三人など、また瀧守の別当坊が大関紀伊守の伯父であったのでこの人物も入れて相談し、この年十二月八日、千本常陸入道秋縄斎とその子十郎を瀧守に呼んで、闇討ちにした。千本父子も太刀を抜いて戦ったが、福原安芸守・大関紀伊守がこれを討ちとった。千本の供のうち使い手の一人が紀伊守にかかってきたが、奥野駿河守が駆け寄って切り伏せた。残りの郎等も逃げるものは追って討ち、踏み留まったものも切り捨てにした。

去る天文二十年（一五五二）の春、秋縄斎は宇都宮家と示しあわせて那須高資に鴆毒《ちんどく》を盛って殺したが、久しく露顕しなかった。その後、おいおい発覚して君臣の間が良くなかったが、大関家と那須家の内輪の争いがあったので黙って月日を過ごしてきた。しかし、資晴は腹の中では憎み続け、ついにこれを誅したのである。この後、茂木上総介の次男を迎えて秋縄斎の所領を与え、名跡を継がせ、千本大和守資孝《すけたか》と名乗らせた。

里見義弘、北条家と講和を結ぶ――里見家と和睦した氏政が常陸小田城を攻める

安房の里見左馬頭義弘は、先年の国府台合戦で負けてその勢いは衰えたものの、北条家の力に圧倒されたわけではなかった。本領安房はもちろん、上総・下総の持ち分も確保して、歳月を過ごしていた。天正五年（一五七七）丁巳《ひのとみ》四月上旬、北条氏政はこれを完全に押さえ込もうと、小田原より兵船を発して上総国へ押し渡り、三船の台に在陣した。義弘も領内の兵を集め、三船表へ出陣した。

最初の戦いでは北条勢が大いに打ち負け、もう一戦というところであったが、氏政は何を思ったか、和睦を言い出してこれをまとめ、人質を取り替わして陣を払った。松田左馬介が浦田《うらた》城（千葉県君津市）へ行って義弘に謁見し、安房から正木左近太夫が小田原に来て、これで互いに疑心を解いたようにみえた。

和議が成立し、氏政が三船の砦から小田原に凱旋したとき、大道寺駿河守・山角紀伊守に命じて、常州小田城を襲わせた。梶原源太左衛門尉資晴が堅固に守り、城から出て戦うことなく、佐竹・多賀谷・真壁の後援を待ったので、領外の長距離の戦いは不利と考え、南方勢は陣を払った。真壁付近を放火し、総州小金を経て、小田原に入馬したという。

上杉謙信、逝去する――越後御館の乱、景虎・景勝の激烈な家督争い

越後の上杉不識庵《ふしきあん》謙信は去る丙子《ひのえね》（天正四年、一五七六）より去年に至るまで、越中・飛騨・加賀・

能登及び越前の豊原まで切り従え、今年は近江路へ乱入して織田信長を討って、京都に旗を立てようと考えていた。この年、天正六年（一五七八）戊寅《つちのえとら》の春、領国の軍勢を催促して越府を出発しようとしたところ、三月十二日の黄昏に厠に入って卒中《そっちゅう》を起こして倒れ、同十三日、頸城《くびき》郡春日山城で逝去した。四十九歳であった。その死を惜しまない者はなかった。

急病により、領地の処分などについての遺言はなく、養子上杉三郎景虎と甥の長尾喜平次景勝の間で家督争いが起こった。譜代の被官の多くは景勝に属し、本丸を取ってこれを守った。景虎は二の郭に出て、前管領憲政入道が住む御館《おたて》の城に楯籠もり、味方を集めた。上州厩橋の城代北条《きたじょう》丹後守長国は、府内の城に入って景虎方につき、その中心となった。

上杉景虎画像　「北条五代実記」　個人蔵

あるとき、春日山から御館への襲撃があったが、同じ国の将士や一族の戦いなので、華々しい戦いはなかった。翌年、己卯《つちのとう》（一五七九）の二月、景虎は北条氏政に救援を求めたところ、江戸・葛西・河越・岩築勢一万五千の勢が碓氷峠を越えて信濃路から押し入ろうとした。甲府にも氏政から知らせ、景勝を討つための援兵を頼んだので、武田家も一万五千の勢を長沼・飯山まで出陣させようとした。

景勝はそうなれば防戦しにくいことを察し、二月晦日の夜、御館へ夜討ちをしかけ、大勝利を得て、景虎の柱石とも頼む北条丹後守を討ち取った。ついで、四月二日の一戦で景勝がまた勝利し、このとき憲政入道も自害し、三郎景虎と北の方・嫡子道満丸も共に鮫ヶ尾で討ち死にした。小田原勢は信州坂本まで来ていたが、御館が落城したという知らせを聞いて武州に引き返した。甲州勢も飯山で越兵と戦いを始めるところを、北条家が帰陣を告げてきたので、これまた退散した。

ようやく景勝は謙信の跡を相続した。今後、景勝が今勢力盛んな織田・武田・北条の三家を敵とした場合、諸方に軍勢を出すことになるのを老臣たちは心配した。赤田の城主斎藤下野守朝信は秘計をめぐらし、甲斐の某臣長坂左衛門入道長閑斎《ちょうかんさい》・跡部大炊介信春《のぶはる》に南鐐銀二千枚ずつを渡して工作し、勝頼にも銀子一万枚を贈って心をとらえ、景勝との和議を進めた。東上州は勝頼の切り取り自由、油川《あぶらかわ》刑部大輔の女の腹に生まれた菊姫という勝頼の妹を景勝の北《きた》の方《かた》に縁組するという約束が成った。菊姫は同年七月二十日に輿入れした。これで越後・甲斐の間は無事となった。

沼田万鬼斎父子の対立――次男平八郎を溺愛した父、沼田万鬼斎の悲劇

上野国八家とは、西郡では小幡・白倉・安中・倉賀野、東郡では大胡・山上・桐生・沼田である。利根川を境に東西に分け、川東四家は俵藤太秀郷の子孫で、足利・佐野と同族である。

昔、寿永・元暦の頃、豊後国の住人緒方《おがた》三郎大神惟栄《おおみわこれよし》は源氏に属して平家と戦った。源頼朝はこれ

を褒め、恩賞を与えるとの沙汰があったが、源九郎義経が鎌倉を謀る陰謀に失敗したとき、これに加わって罪に処せられた。建久七年（一一九六）の春、所領を没収されて波多野《はたの》四郎太夫能成《よしなり》に召し預けられ、東上野利根郡に流された。ここに数年間住んだが、その間に愛妾に男子ができ、三郎惟泰《これやす》と名付けた。その後、惟栄は許され、本国豊後の佐伯の荘に帰った。惟泰は生まれた所に留まり、井戸上の郷庄田という所に住み、沼田家を興し、以後、子孫が連綿と続いた。

後深草院《ごふかくさいん》の頃に至り、沼田勘解由左衛門尉は利根郡町田の郷に館を構え、これを箕吹城と名付けて移り住み、鎌倉将軍家に仕えていた。その子孫、上野介景忠《かげただ》入道了雲斎《りょううんさい》は当地の鎮守があった場所に新たに倉内城を築き、長男勘解由左衛門顕泰《あきやす》に家督を譲った。

天文の頃、顕泰は家督を嫡子三郎程泰に譲り、自身は入道して万鬼斎《ばんきさい》と称し、まだ幼い次男平八郎景義《かげよし》を連れて下川場の別宅に隠居した。ところが、万鬼斎は老いて平八郎を溺愛の余り、ある日不意に倉内城を襲って三郎程泰を殺し、景義を家督とした。程泰の妻は白井の長尾左京入道一声斎《いっせいさい》の娘で、長野左衛門太夫業正の室と姉妹であったため、白井長尾・長野の両家は大いに怒って兵を出し、沼田に攻めてきた。万鬼斎父子は負けて檜枝岐を越えて会津に落ち、葦名盛氏を頼った。

これによって、倉内城は上杉憲政から猪俣右近大夫則頼に与えられ、その子能登守則直《のりなお》のときに、北条氏康の力に屈し、その麾下に入った。永禄の初め頃、上杉謙信がこれを攻め取り、用土新左衛門邦房に与えた。その後、藤田能登守信吉が城主となった。

沼田万鬼斎は奥州で病死したが、平八郎は金子《かねこ》美濃守らとともに東上野と会津の境目の檜枝岐の砦を預かり、しばらくの間は平穏に過ごしていた。上杉謙信が他界し、春日山城で動乱が起こったことを聞いた平八郎は、本領へ帰るときが来たと思い、この年戊寅《つちのえとら》（天正六年、一五七八）の四月中旬、旧臣を集めて檜枝岐から倉内城へ押しかけた。藤田能登守はよく防ぎ、金子美濃守がまず討たれた。平八郎も剛の者で、北郭まで攻め込んだが、ここで城兵山名弥三に槍を付けられて討ち取られ、残兵も散り散りになって逃げたという。

里見義弘、死す——義頼・梅王丸、義弘の跡目をめぐって対立す

天正六年（一五七八）五月二十日、里見左馬頭義弘は上総国浦田城で病死した。前もって遺言があり、嫡子刑部大輔義頼《よしより》〔実父は義堯〕は安房一国と下総の所領の半分が譲られ、安房館山城が与えられた。次男梅王丸〔義弘の実子〕は上総一国が譲られ、天羽《あまは》郡佐貫城主加藤伊賀守が後見することになった。下総の所領の半分は末の娘政姫《まさひめ》の化粧田と決められた。この結果、里見家の家人らは義頼・梅王丸のどちらかに分かれて奉公するようになった。梅王丸・妹君の母は上総千本（千葉県君津市）の城主東平安芸守の妹で、加藤伊賀守の孫娘に当たっていた。政姫は幼かったので、母とともに亀ノ城に移されていた。

ところが、義頼は家督となったものの、領地が少ないのを憤慨し、加藤伊賀守にも相談して、梅王

丸を安房の円明寺に入れて強引に剃髪させ、春斎《しゅんさい》と名乗らせた。わずか二十貫の厨料《くりやりょう》を与えただけで、館山城に押し込めた。母堂と妹君については上総国高瀧の琵琶ケ首という所に館を作り幽閉した。

義頼の非道なやり方に母堂は大いに恨み、怒りの炎を燃やして、「わらわが死んだら悪霊となり、当家に祟ってやる。」と常に歯ぎしりした。また、上総国の梅王丸の家臣らは怒って、久留里・千本の両城を根城として東平安芸守・右馬允父子らを中心に蜂起した。

義頼はやむを得ず根小屋の正木大膳亮時茂《ときしげ》を大将として数日間これを攻めさせた。伊賀守が心変わりして梅王丸を安房に置くことを受け入れたため、上総の人々は主とすべき人を失い、結局義頼に降参した。中心になった者共も円明寺の住職に従って、赦免を嘆願したので、これも許された。

こうして、上総・下総は義頼の計らいに任されることになった。一方、梅王丸春斎は還俗《げんぞく》が許され、里見讃岐守義成《よしなり》と名乗り、一万石の所領が与えられた。

野州大平山の戦い――氏政の皆川攻め、大平山で足軽の小競り合い

天正六年（一五七八）戊寅《つちのえとら》七月、北条氏政は野州皆川城を攻めるため、小田原を出陣した。先陣は福島左衛門大夫氏勝〔北条常陸介氏繁の長男〕、二陣は太田十郎氏房であった。敵方も南方の兵が来ると聞いたので、壬生・小山・佐野・榎本へ知らせを送り、援軍を頼んだ。

皆川広照画像　栃木県栃木市・金剛寺蔵

先手の兵が太平山へ進んだとき、二陣の氏房の長柄《ながえ》槍の足軽共が、敵が出てきたのを知らずに太平山の麓の二本杉川に二・三十人ほど群れて水浴びをしていた。皆川衆が山上からこれを見つけ、これを討ち取ろうと屈強な若者共が武器を持って馬を進めた。足軽らは驚いて裸で槍を取り、敵と突きあった。氏房がこれを陣所で見て、広澤兵庫助・高下右衛門尉を呼び、「すぐに駆けつけ、足軽共を助けよ。」と命じた。両人が行くと、戦いは終わって足軽らが引き返して来たのに行きあった。両人はその様子を聞いて、

殿の命令は助けて引き上げよということであったが、これでは帰れない。もう一戦して、お前らにも手柄を立てさせてやる。

とそそのかした。足軽らは元気になり、すぐに太平山に駆け上がろうとした。広澤はこれを制して、

敵は大勢で待ち構えているぞ。吾々がこの人数で山を登れば、すぐにやられてしまう。進むのも退くのも山の澤の分かれ目を目印とし、右手のほうの竹林に寄り添って動くのがよい。山の上からの横矢を防ぐためだ。このことを忘れるな。

とくどくど説明した。

彼らはしばらくの間敵を待った。そのうち先陣の福島が押し寄せて来て、戦いを始め、さきほどの川端で敵ともみ合った。このとき、敵方の一人が逃げ遅れ、福島の手の前を行き過ぎた。福島はすかさず馬で乗り付け、槍で突き倒した。広澤・高下が顔色を変えて控えているのを見て、「今日の一番槍はこれだ」と声をかけたので、両人も「見事な御手際。吾らも相応の働きをしてお目にかけましょう。」と言い、即座に馬を駆って太平山へ向かって行った。

敵も踏みこらえたが、福島の多勢が一気に攻め登ってくるのを見て、かなうまいと思ったのか、すぐに崩れたが、その中から五・六十騎が取って返し、防戦した。これに対し、福島の兵は左右に開いて山のすそに付いて逃げる敵を追い、広澤と高下はその五・六十騎の敵と戦った。その五・六十騎も福島の兵が後ろに廻ると思ったのであろう、中から崩れて引き退いた。

その中に逃げるのを恥と思ったのか、柴田《しばた》九右衛門勝久《かつひさ》と名乗った武士を先頭にさらに三人が踏み留まり、広澤・高下両人を見て面も振らずに突きかかってきた。こちらからは森・村井などが馳せ着き、敵四人・味方四人の組み合いの勝負となった。互いに力を出し尽くして戦ったが、高下右衛門が槍を合わせながら落馬し、鎧の肩の隙間を二太刀切られた。これを見た森がその敵を突き倒し、その間に高下が起き上がって敵を討ち取った。高下も深手を負い、首を取ったもののその首を膝の上に置いたまま事切れた。

広澤は敵の胸板を刺し通したが、敵は突かれながら槍を捨て、太刀を抜こうとした。広澤も槍を放り捨て、敵を組み伏せて首を取った。森・村井も手疵を負ったが、難なく敵を仕留めた。高下の死骸は足軽に担がせ、味方の陣に運ばせた。

この日の首実検では五百六十余級あった。皆川家もそれなりの者が多く討たれたので、以後は城を固め、守りに専念したので、寄手もこれ以上攻めることはできなかった。佐野・壬生・榎本からの援軍が来るとのうわさもあり、味方も疲労したので、これ以上はと氏政も陣払いをして、小田原に帰陣した。

里見上総入道父子の一件――桐生重綱の器量が招いた、上野赤萩城の悲劇

この頃、東上野山田郡高津戸《たかつど》城（群馬県みどり市）において無残な悲劇が起こった。

この出来事の発端を尋ねてみると、安房の里見刑部大輔義堯の叔父に上総介実堯《さねたか》という人物がいた。生実御所足利義明に従い、所々の戦いで軍功をあげていたが、天文七年（一五三八）十月の国府台合戦で足利義明が討ち死にして以後、甥の義堯と不和となり、本国を出て上野へ来た。一族の誼で仁田《にた》山《やま》城の里見蔵人家連を頼り、世話になっていた。

弘治の頃、上杉謙信のため仁田山城が落城し、実堯は拠り所を失い、桐生に移った。桐生大炊介直綱は実堯を名門の出で、部将ともなれる力を持っているとみて丁重にもてなし、一族に準じて赤萩《あかはぎ》の砦を築きその城将とし、仁田山八郎に補佐させた。

直綱が死んだ後、又次郎重綱が家督を継いだが、奸臣にだまされて家中が乱れた。実堯は何度か自分の意見を述べたが、重綱は聞く風はないばかりか忠言にも耳をふさぎ、かえって疎まれるようになったので、嫡子平四郎実勝《さねかつ》・次男兵部少輔安勝《やすかつ》に家人正木大蔵左衛門をつけ、密かに赤萩を出て越後に走らせた。兄弟は上杉謙信に仕え、佐渡・越中や本庄城攻めなどで手柄を立て、それなりの恩賞を与えられた。

上総入道実堯はその後七年余り赤萩に留まって老後を送っていたが、例の奸臣津布久・山越らが重綱に讒言した。その結果、実堯に詰め腹を切らせることになり、山越出羽守・荒巻式部太輔・斎藤丹後守・藍原《あいはら》左近大太・津久井和泉守・風間将監・清水道仙《どうせん》・内田主殿介・水沼主税助らが人数を率いて赤萩に攻め寄せた。

このとき、上総入道は少しも騒ぐことなく、

桐生よりの討っ手であろう。子らがいれば、吾らも麾を執って華やかに一戦に及び冥途の思い出にするものを、残念の至りである。今は考えても仕方ない。しわ腹を切るより外はあるまい。

と言うと、石原石見守は「いや、ひとまず谷山に逃れましょう。様子をみてからでも遅くはありません。」と申し述べた。これに対して、大貫左兵衛弘景《ひろかげ》兄弟は、

何故か。この儀に及んで谷山へ引いても、もはや逃れられまい。みだりに逃げても見苦しいことになれば、越後にいる御両息まで恥をかくことになりましょう。ここで切腹なされませ。

と忠言したが、石原は無理やり引き立てて後ろの山から落ちていった。大貫左兵衛は、「もはやこれまでだ。殿が逃れるまで防ぎ矢を致そう。」と、長男彦八郎・次男彦七郎・舎弟源左衛門・郎等の筒田三郎衛門らと一緒に大庭に躍り出て、最期の杯をかわし、さらに思いのままに敵を射立てて、その後太刀を抜いて切り廻った。寄手の清水入道道仙・水沼主税助・風間将監の配下二十騎ばかりを討ち捨てたが、味方も源左衛門ら十四人が一所に死んだ。

左兵衛父子は館に火をかけ、煙の中からまた打ち出てついに切り死にした。上総入道は谷山まで落ち延びたが、石原はここで裏切った。上総入道に自害を勧め、その首をもって敵陣に降ったのである。石原を恨まぬものはいなかった。

東上野高津戸城の戦い――赤萩落城は里見兄弟の悲劇へと語り継がれた

赤萩落城の様子は越府にも伝えられ、里見平四郎兄弟は涙に沈んだ。無念の思いが募り、是非もない、一度桐生に帰って仇を討とうと一日中思い悩んだ。在郷の浪人や百姓に思いを打ち明け、ようやくこの企てに加わる者も百人ばかりとなった。これで運を天に任せようと思い立って、去年丁丑《ひのとうし》（天正五年、一五七七）九月、謙信へその旨を訴えたところ、謙信も憐れんで白銀二百枚を与えて、暇《いとま》を与えた。

平四郎兄弟らは越後を出て、東上野黒川谷《くろかわだに》へ赴き、神梅《かんばい》の郷士松島《まつしま》式部入道古拍《こはく》・愛久澤《あくざわ》能登入道道伴《どうはん》の所に寄り、今までの経緯を話した。話を聞いて両人はその志に強く感じ、甲斐甲斐しく援助をした。高津戸の地は松島の領内で、二方を渡良瀬川が流れ、北は大木が生い茂り、鳥も通わぬ深山で人家もなく、誰にもわからない場所である。隠れ家をつくるには持ってこいの適地で、まず兄弟はここに館を構え、二重三重に堀を構え、鹿垣《ししがき》を結んで要害とした。

兄弟はここに移って、まず前祝いの酒宴を開き、百四十人の同志に一献を勧めた。

父上の生前に、このような要害を構えられたらどれほどよかったろうか。今日は六日の菖蒲の日、

仕事を休んでゆっくり飲んでもらいたい。

と兄弟は涙にむせんだ。

松島は親しく援助してくれるが、愛久澤の心は計りがたい、使者を遣わし本心を聞いてみようと、正木大蔵左衛門を赴かせ、ていねいに聞かせた。愛久澤は、

およそここに住んでいるものは、古来より他家に加勢したことはなく、神梅の山中で自立を守るのを例としている。避けているわけではなく、気持ちは通じている。

と答えた。松島と愛久澤は兵糧米として米十石ずつを兄弟に送ってきた。随見は正木に下知して、要害を廻って流れる川を利用してこの俵物を城内に入れた。

里見兄弟はどのようにしても時期を選んで、まず津布久刑部少輔と石原石見守を闇討ちにしようと佐野・桐生に忍んで様子をうかがったが、彼らは高禄を得て有力者である上、用心深いのでなかなか

その機会がなかった。

苦悩の余り兄弟は、父の上総入道が懇意にしていた佐野家の重代の家臣、遠藤織部正にわたりをつけた。遠藤は俵藤太秀郷の縁の者の末裔で、天性篤実な武者である。秀郷は延喜十八年（九一八）十月二十八日に江州琵琶湖の龍宮城に入り、跋難陀《ばつなんだ》龍王《りゅうおう》から引出物をもらった。その避来矢《ひがきや》の鎧を海中から持ち出した如意《にょい》という神童は後に龍次郎と名乗ったが、これが遠藤の先祖であるという。その頃、遠藤は栃木におり、兄弟は遠藤を訪れ、昔話のあいまに、津布久刑部少輔を討ち果たす決心を伝えた。遠藤はうなずき感無量の境地で言った。

津布久はすでに病身となり、奉公をやめて隠居したが、起きることもできない。これを何とするのか。

随見はこれを聞いて、「それが本当なら、討っても仕方ない。」と思い、高津戸に帰った。この上は石原兄弟のみを討つと決めて、この年 戊寅《つちのえとら》（天正六年、一五七八）五月二日の夜半、兄弟は二十三人で石原石見守の用明の館に押しかけた。

石見守も高津戸の里見兄弟を危険な存在とみていつも用心していた。この日、何者かが知らせたのであろう、急に足利領栗崎のほうへ移って、用明の屋敷には人影もなかった。里見兄弟はむなしく屋敷に火をかけ、引き返した。

これより前、石原石見守は岡田彦七郎方から里見方の様子を藤生紀伊守方へ言い送り、「桐生を手

に入れる企みがある。油断めさるな」と訴えたのを由良国繁が聞いて、
今度のことを腹に据えかね、ともに天を戴かぬという志を立てたのはわからないでもない。確かに、石原兄弟らには落ち度もあるが、彼らも由良家に仕えている身、捨てておくわけにもいくまい。人数を遣わし、追い払え。

と下知した。先陣は藤生紀伊守と決めて、桐生の先手には関口尾張守・荒井主税助・茂木右馬允・風間将監・内田兵庫・大谷勘解由左衛門・荒巻式部・常見《つねみ》隠岐守・佐下橋右近尉・中黒《なかぐろ》若狭守・守寺《もりでら》左近・伊藤右京亮・峯岸志摩守・岩下織部・堀部《ほりべ》内蔵助・大澤弁之介・岩永《いわなが》喜太郎・森下長右衛門・飯塚又五郎・郷原与右衛門・野村彦次郎・箱島卒之助・片山十藏・籾山太郎右衛門・岡田石見守・木戸伊豆入道元斎・井上出羽守・大頼丹後守・堪野加賀守・小泉左近・大沼弾正左衛門・長島《ながしま》外記・清水太郎兵衛・安藤次郎介・板橋戸一郎など、かれこれ四百五十余人が浅原を過ぎて桐生との間に備えを敷いた。

天正六年九月十五日巳の刻（午前九時頃）、寄手は三手に分かれて押し寄せた。桐生の面々は金山衆に先んじられては面目を失うと、荒巻式部・大谷勘解由左衛門・常見隠岐守らが手勢を率いて抜け駆けし、北の攻め口から押し詰め、声高に名乗りをあげると、城内は矢衾をつくり、遠矢を射かけた。金山勢もすぐに追いつき、渡良瀬川を隔てて弓・鉄砲の撃ち合いとなった。

金谷因幡守は麾を採って川を渡そうと下知したが、徒歩の者が多く進みかねていた。これを見て、

大沼弾正左衛門は真先に川端に立って渡ろうとしたが、ここかしこに落とし穴があったのでまずこれを埋めさせ、川中の乱杭《らんぐい》も引き抜かせ、浅瀬を探して馬を入れると、金山衆三十騎も連れ立って渡り始めた。山の麓には逆茂木《さかもぎ》が引かれており、もとより屛風を立てたような峻険な山城なので、寄手は攻め込もうにも自由に進むこともできず、しばらくは小競り合いが続いた。

そのうち、城中では矢種が切れたので、勝安は矢倉に登って、

これは里見入道の倅《せがれ》である。何の恨みがあって新田金山の人々が吾らを攻めるのか。そうはいっても命が惜しくて言っているのではない。亡父の仇があるので、それを果たすためここにいるだけなのだ。今は弓矢もこれまでだ。願わくば、退陣あらんことを。

と大声で言った。寄手の中にも物の道理を知る輩は「尤もなことだ。」と感じたが、ここまでの戦いをして何もなしに引き返すわけにもいかず、聞かないふりをして再び声を出して攻めかかった。城中も他に方法もなく、最後の戦と「吾も吾も。」と切って出た。寄手は大沼弾正左衛門・岩下織部・板橋戸一郎をはじめ十一人が討たれ、この他弓・足軽五十人が命を落とした。日も晩に及んだので揚げ法螺を吹いて用明に引き揚げた。

里見兄弟は大いに喜び、勝ち戦の祝いとして城中の者共に酒を振る舞ってねぎらった。

あすも敵は必ず押し寄せてくる。後詰め・加勢もなき少数の兵で、桐生・金山の両勢を迎え討つので、切り死に以外は考えられないが、藤生紀伊守か金谷因幡守の内一人でも討ち取れば、父へ

の孝養となろう。

と随見は覚悟の程を語った。城兵らはこれを聞いて、「どうせ助からない命なら、今夜用明へ夜討ちをかけ、吉か凶か勝負に出るのがよかろう。」と言いだした。兄弟もそう思ったのでこれを採り、百人ばかりを三手に分け、その夜子の刻（午後十一時頃）、用明の陣に押し寄せ、三方から鬨の声を揚げた。敵は昼の戦に疲れていたので混乱して同士討ちをする者も多かった。しかし、さすがに藤生紀伊守は剛の者で、よく下知をして巻き返した。

里見兄弟は力戦し、金山勢の渥美《あつみ》又兵衛・島田《しまだ》久五郎・引田《ひきた》弥八郎・藤澤団右衛門、桐生勢では木村縫殿助・大澤弁之助・園田彦七郎・稲垣源次郎以下十六騎を討ち取り、味方も二十三人が命を落とし、手負いも多かった。

高津戸に帰ると、兵部少輔勝安は深手を負ってついに空しくなってしまった。兄の随見は泣く泣くこれを葬った。これまで兄弟として水魚《すいぎょ》のように一緒にやってきたが、今はもう生きる楽しみもない。もはや早く討ち死にして、死出の道をともに打ち連れて行こうなどと言い、悲しみは深かった。随見は正木大蔵右衛門を藤生紀伊守の陣所に遣わし、

吾ら兄弟、昔の誼によってここに住んだが、思いも寄らない討っ手を差し向けられ、理由のない一戦に及んだ。今兄弟の首を贈る。楯籠もった浪人らは義を重んじて吾らに一時加担したもの、どうか無事退散できるように御計らいを願いたい。

と言い送ると、藤生も承諾し、

砦を開かれれば、そう計らおう。もともと当家に恨みがあったわけではない。成繁・国繁様にもよきように取りなそう。浪人にも何の咎めをするつもりもない。引き払って当然である。

との返事であった。随見は「これで安心した。死を免れれば末代までの恥となる」と皆に暇乞いをして、一掻《ひとかき》に腹を十文字に切り、大蔵右衛門に介錯させて、首を敵に送らせた。亡父の仇を討とうとする大義の心は深かったが、力が足らず討たれてしまったことは運命という以外にはない。由良も哀れに思ったのであろう、子孫があれば扶助すると探し廻ったが、ついにわからず、哀れにも里見家はこれで断絶した。

【訳者略歴】

久保田順一（くぼた・じゅんいち）

1947年、群馬県生まれ。東北大学文学部国史専攻卒。専攻は日本中世史。現在は群馬県文化財保護審議会専門委員。著書として『室町・戦国期　上野の地域社会』（岩田書院、2006年）、『中世前期　上野の地域社会』（岩田書院、2009年）、『上杉憲顕』（戎光祥出版、2012年）、『新田義重』（戎光祥出版、2013年）、『新田三兄弟と南朝』（戎光祥出版、2015年）、『上杉憲政』（戎光祥出版、2016年）、『長野業政と箕輪城』（戎光祥出版、2017年）、『上州白旗一揆の時代』（みやま文庫、2018年）、『戦国上野国衆事典』（戎光祥出版、2021年）、『上野武士と南北朝内乱』（戎光祥出版、2023年）などがある。

装丁：山添創平

現代語訳《げんだいごやく》　関八州古戦録《かんはっしゅうこせんろく》　上《じょう》

二〇二四年一二月一〇日　初版初刷発行

訳　者　久保田順一

発行者　伊藤光祥

発行所　戎光祥出版株式会社
東京都千代田区麹町一－七
相互半蔵門ビル八階
電　話　〇三－五二七五－三三六一㈹
FAX　〇三－五二七五－三三六五

編集協力　株式会社イズシエ・コーポレーション

印刷・製本　モリモト印刷株式会社

https://www.ebisukosyo.co.jp
info@ebisukosyo.co.jp

ISBN978-4-86403-555-2